3교시
경제 대공황

책 속의 QR 코드로 용선생의 세계 문화유산 강의를 볼 수 있습니다.
QR 코드를 스캔하여 회원 가입 및 로그인 진행 후
도서 구매 시 제공된 영상 쿠폰 번호를 등록해 주세요.

영상 재생 방법
❶ QR 코드 스캔 ⋯▶ ❷ 회원 가입 / 로그인 ⋯▶ ❸ 영상 쿠폰 번호 등록 ⋯▶ ❹ 영상 재생

회원 가입/로그인 후에 영상 재생을 위해 QR 코드를 다시 스캔해 주세요.
쿠폰 번호는 최초 1회만 등록 가능하며, 변경 또는 양도할 수 없습니다.
로그인 상태라면 즉시 영상을 재생할 수 있습니다.
PC에서는 용선생 클래스(yongclass.com)에서 시청할 수 있습니다.

영상 재생 방법 안내

글 차윤석
서울대학교 독어독문학과를 졸업하고 같은 학교 대학원에서 석·박사 과정을 거친 뒤 독일 뮌헨대학교에서 중세문학 박사 과정을 마쳤습니다.

글 김선빈
고려대학교 국어국문학과를 졸업하고 웹진 <거울> 등에서 소설을 썼습니다. 어린이 교육과 관련된 일을 시작하여 국어, 사회, 세계사와 관련된 다양한 교재와 콘텐츠를 개발했습니다.

글 박병익
고려대학교 사학과를 졸업했습니다. 사실의 나열이 아닌 '왜'와 '어떻게'라는 질문을 통해 어린이들이 역사와 친해지는 글을 쓰기 위해 오늘도 고민하고 있습니다.

글 김선혜
고려대학교 사학과를 졸업하고 여러 회사에서 콘텐츠 매니저, 기획 업무를 담당했습니다.

그림 이우일
홍익대학교에서 시각디자인을 공부한 만화가입니다. '노빈손'시리즈의 모든 일러스트레이션을 그렸으며 지은 책으로는 《우일우화》, 《옥수수빵파랑》, 《좋은 여행》, 《고양이 카프카의 고백》 등이 있습니다.

설명삽화 박기종
단국대학교 동양화과와 홍익대학교 대학원을 나와 지금은 아이들의 신나는 책 읽기를 위해 어린이 책 일러스트 작가로 활동하고 있습니다.

지도 김경진
'매핑'이란 지도 회사에서 일하면서 어린이, 청소년 책에 지도를 그리고 있습니다. 얼마 전까지 중학교 교과서 만드는 일도 했습니다. 참여한 책으로는 《아틀라스 중국사》, 《아틀라스 일본사》, 《아틀라스 중앙유라시아사》, 《미래를 여는 한국의 역사》 등이 있습니다.

구성 장유영
서울대학교에서 지리교육과 언론정보학을 공부했습니다. 졸업 후 학교에서 학생들을 가르치다 지금은 어린이책을 만들고 있습니다.

구성 정지윤
서울대학교 국어교육과를 졸업하고 문화예술, 교육 분야 기관에서 기획업무를 담당했습니다.

자문 및 감수 강영순
아세아연합신학대학교 아세아학과를 졸업하고 한국외국어대학교 대학원 아시아학과에서 석사 학위를, 국립 인도네시아대학교에서 박사 학위를 받았습니다. 현재 한국외국어대학교 말레이·인도네시아어통번역 학과에서 강의를 하고 있습니다. <인도네시아 환경정치에 대한 연구: 열대림을 중심으로>, <수까르노와 이승만: 제2차 세계 대전 후 건국 지도자 비교>, <인도네시아 서 파푸아 특별자치제에 관한 연구> 등의 논문을 지었습니다.

자문 및 감수 박병규
고려대학교 서어서문학과를 졸업하고 멕시코 국립대학(UNAM)에서 문학 박사 학위를 받았습니다. 현재는 서울대 라틴아메리카연구소 HK교수로 재직 중입니다. 《불의 기억》, 《파블로 네루다 자서전- 사랑하고 노래하고 투쟁하다》, 《1492년, 타자의 은폐》 등을 우리말로 옮겼습니다.

자문 및 감수 박상수
고려대학교 사학과를 졸업하고 같은 학교 대학원에서 석사학위와 박사과정 수료를, 프랑스 국립 사회과학고등연구원에서 박사 학위를 받았습니다. 현재 고려대학교 사학과 교수로 재직하고 있습니다. 지은 책으로 《중국혁명과 비밀결사》 등이 있고, 함께 지은 책으로는 《동아시아, 인식과 역사적 실재: 전시기(戰時期)에 대한 조명》 등이 있습니다. 《중국현대사 - 공산당, 국가, 사회의 격동》을 우리말로 옮겼습니다.

자문 및 감수 이은정
한국외국어대학교 터키어과를 졸업하고 튀르키예 국립 앙카라 대학교 역사학과에서 석사 학위를, 서울대학교 서양사학과에서 박사 학위를 받았습니다. 현재는 서울대학교 등에서 강의를 하고 있습니다. <16-17세기 오스만 황실 여성의 사회적 위상과 공적 역할- 오스만 황태후의 역할을 중심으로>와 <'다종교·다민족·다문화'적인 오스만 제국의 통치전략> 등의 논문을 지었습니다.

자문 및 감수 이지은
이화여대 사학과를 졸업하고 한국외국어대학교와 인도 델리대학교, 네루대학교에서 석사·박사 학위를 받았습니다. 현재 한국외국어대학교 인도연구소 HK연구교수로 일하고 있습니다. 함께 지은 책으로는 《탈서구중심주의는 가능한가》가 있으며 <인도 식민지 시기와 국가형성기 하층카스트 엘리트의 저항 담론 형성과 역사인식>, <반서구중심주의에서 원리주의까지> 등의 논문을 지었습니다.

자문 및 감수 최재인
서울대학교 서양사학과를 졸업하고 같은 학교 대학원에서 석사·박사학위를 받았습니다. 현재 서울대학교 강사로 일하고 있습니다. 함께 지은 책으로 《서양여성들 근대를 달리다》, 《여성의 삶과 문화》, 《다민족 다인종 국가의 역사인식》, 《동서양 역사 속의 다문화적 전개양상》 등이 있고, 《가부장제와 자본주의》, 《유럽의 자본주의》, 《세계사 공부의 기초》 등을 우리말로 옮겼습니다.

교과 과정 감수 박혜정
성균관대학교 역사교육과를 졸업하고 현재는 경기도 용인 신촌중학교에서 근무하고 있습니다. 『나의 첫 세계사』를 집필하였습니다.

교과 과정 감수 한유라
홍익대학교 역사교육과를 졸업하고, 현재는 경기도 광명 충현중학교에서 근무하고 있습니다. 『12.3 사태, 그날 밤의 기록』을 집필하였습니다.

교과 과정 감수 원지혜
동국대학교 역사교육과를 졸업하고, 현재는 경기도 시흥 은계중학교에서 근무하고 있습니다. 『더 늦기 전에 시작하는 생태환경사 수업』의 공저자입니다.

기획자문 세계로
1991년부터 역사 전공자들이 모여 함께 고민하고 연구하며 한국사와 세계사를 가르치고 있습니다. 《용선생의 시골벅적 한국사》 기획에 참여했고, 지은 책으로는 역사 동화 '이선비' 시리즈가 있습니다.

13 두 세계 대전 사이의 세계
러시아 혁명, 경제 대공황, 전체주의의 등장

교양으로 읽는
용선생
세계사

글 | 차윤석 김선빈 박병익 김선혜
그림 | 이우일 박기종

차례

1교시 러시아에서 최초의 사회주의 혁명이 일어나다

러시아의 두 심장 모스크바와 상트페테르부르크	014
사회주의 세력이 커지고 차르가 암살당하다	020
'피의 일요일'에서 시작된 러시아 제국의 붕괴	027
레닌이 사회주의 혁명에 성공하다	034
개혁에 나선 레닌, 내부의 저항에 부딪치다	040
러시아 내전의 시련을 딛고 소련이 탄생하다	043
나선애의 정리노트	051
세계사 퀴즈 달인을 찾아라!	052
용선생 세계사 카페	
러시아의 마지막 차르 니콜라이 2세 일가의 비극	054
사회주의 혁명가 레닌은 어떤 사람일까?	056

교과 연계 중학교 역사① Ⅵ-1 세계 대전과 국제 질서의 변화

2교시 아시아에서 민족 운동이 활발하게 일어나다

서아시아의 입헌 군주국 쿠웨이트, 바레인, 요르단에 가다	064
영국이 서아시아에 갈등의 씨앗을 심다	070
서아시아에서 여러 나라가 독립하다	078
오스만 제국이 멸망하고 튀르키예가 탄생하다	081
간디가 비폭력 비협조 운동에 나서다	089
종교 갈등에 발목을 붙잡힌 인도	095
동남아시아의 저항 운동이 여러 갈래로 일어나다	100
중국에서 5·4 운동이 일어나다	107
장제스가 북벌에 성공해 중국이 다시 한번 통일되다	113
나선애의 정리노트	121
세계사 퀴즈 달인을 찾아라!	122
용선생 세계사 카페	
튀르크 민족주의의 그림자 아르메니아인과 쿠르드인	124
코민테른, 전 세계에 혁명의 불꽃을 퍼뜨려라!	128

교과 연계 중학교 역사① Ⅵ-3 아시아와 아프리카의 민족 운동

3교시 전 세계가 경제 대공황에 빠지다

세계 도시 뉴욕에 가다	134
바이마르 공화국이 시작부터 가시밭길을 걷다	140
평화를 위한 논의가 시작되다	149
미국이 경제 호황을 누리다	153
미국의 경제 위기가 세계 경제를 대공황에 빠트리다	162
대공황 탈출을 위해 국가가 나서다	169
나선애의 정리노트	179
세계사 퀴즈 달인을 찾아라!	180
용선생 세계사 카페	
힘든 가사 노동을 줄여 준 새로운 가전제품들	182
1920년대 미국의 황금시대를 배경으로 한 《위대한 개츠비》	184

교과 연계 중학교 역사① VI-1 세계 대전과 국제 질서의 변화

4교시 독재의 길로 내달리는 유럽

오늘날 독일의 중심지 베를린과 뮌헨을 가다	190
무솔리니가 파시스트를 앞세워 이탈리아의 권력을 잡다	196
히틀러와 나치당이 성장하다	205
히틀러가 선거를 통해 독일의 권력을 잡다	210
경제가 회복되자 독일과 이탈리아가 야심을 드러내다	216
선전과 선동으로 국민의 눈을 가리다	221
스탈린이 권력 투쟁 끝에 권력을 잡다	229
스탈린이 소련의 산업화에 성공하다	235
나선애의 정리노트	245
세계사 퀴즈 달인을 찾아라!	246
용선생 세계사 카페	
대중을 휘어잡은 나치의 선전 선동	248
에스파냐 내전, 크나큰 비극을 예고하다	250

교과 연계 중학교 역사① VI-1 세계 대전과 국제 질서의 변화

한눈에 보는 세계사-한국사 연표	254
찾아보기	256
참고문헌	258
사진 제공	265
퀴즈 정답	267

초대하는 글

용선생 역사반, 세계로 출발!

여러분, 안녕! 용선생 역사반에 온 걸 환영해!

용선생 역사반의 명성은 익히 들어 잘 알고 있겠지? 신나고 즐거운 데다 깊이까지 있다고 소문이 쫙 났더라고. 역사반에서 공부한 하다와 선애, 수재, 영심이도 중학교 잘 다니고 있다는 소식을 들었지.

그런데 어느 날 중학생이 된 하다와 선애, 수재, 영심이가 다짜고짜 찾아와서 막 따지는 거야.

"선생님! 왜 역사반에서는 한국사만 가르쳐 주신 거예요?"

"중학교 가자마자 세계사를 배우는데, 이름도 지명도 너무 낯설고 어려워요!"

"역사반 덕분에 초등학교 때는 천재 소리 들었는데, 중학교 가서 완전 바보 되는 거 아니에요?"

한참을 그러더니 마지막에는 세계사도 가르쳐 달라고 조르더라고.

"너희들은 중학생이어서 역사반에 들어올 수 없어~"

그랬더니 선애가 벌써 교장 선생님한테 허락을 받았다는 거야. 아닌 게 아니라 다음날 교장 선생님께서 나를 불러 이러시더군.

"용선생님, 방과 후 시간에 역사반 아이들을 위한 세계사 수업을 해 보면 어떨까요?"

결국 역사반 아이들은 다시 하나로 뭉쳤어.

원래 역사반에서 세계사까지 가르칠 계획은 전혀 없었지만… 피할 수 없다면 즐겨라. 역사반 아이들이 이토록 원하는데 용선생이 어떻게 가만히 있을 수 있겠어? 그래서 중·고등학교 세계사 교과서들은 물론이고, 서점에 나와 있는 세계사 책들, 심지어 미국과 독일을 비롯한 세계사 교과서까지 몽땅 긁어모은 뒤 철저히 조사했어. 뭘 어떻게 가르칠지 결정하기 위해서였지. 그런 뒤 몇 가지 원칙을 정했어.

첫째, 지도를 최대한 활용하자! 서점에 나와 있는 책들은 대부분 지도가 부족하더군. 역사란 건 공간에 시간이 쌓인 거야. 그러니 그 공간을 알아야 역사가 이해되지 않겠어? 그래서 지도를 최대한 많이 넣어서 너희들의 지리 감각을 올려주기로 했단다.

둘째, 사람들이 살아가는 모습을 꼼꼼히 들여다보자! 세계사 공부를 할 때 중요 사건이 왜 일어났는지도 중요하지만, 그때 사람들이 어떤 모습으로 살았는지도 중요해. 그 모습을 보면, 그들이 왜 그렇게 살았는지, 우리와는 무엇이 같고 다른지 알 수 있게 될 거야.

셋째, 사진과 그림을 최대한 많이 보여주자! 사진 한 장이 백 마디 말보다 사건이나 시대 분위기를 훨씬 더 효과적으로 전달할 때가 많아. 특히 세계사를 처음 배울 때는 이런 시각 자료가 큰 도움이 되지. 사진이나 그림은 당시 분위기를 파악하는 데도 아주 좋은 자료란다.

넷째, 다른 역사책에서 잘 다루지 않는 지역의 역사도 다루자! 인류 문명은 어떤 특정한 집단이나 나라가 만든 게 아니라, 지구상에 살았던 모든 집단과 나라가 빚어낸 합작품이야. 아프리카, 아메리카 원주민, 유목민도 유럽과 아시아 못지않게 인류 문명의 발전에 기여했다는 말이지. 세계 각지에서 일어난 문명과 역사를 알면 세계사가 더 쉽게 느껴질 거야.

다섯째, 과거와 현재를 연결하자. 수업 시작하기 전에 그 시간에 배울 사건들이 일어났던 나라나 도시의 현재 모습을 보게 될 거야. 그 장소가 과거뿐 아니라 지금도 사람들의 삶의 현장이라는 것을 보여 주기 위해서지. 예를 들어 메소포타미아 하면 사람들은 메소포타미아 문명이 일어난 곳으로만 알지, 지금 그곳에 이라크라는 나라가 있다는 사실은 모르는 경우가 많아. 지금 이라크 사람들의 모습과 옛날 메소포타미아 문명 사람들의 모습을 비교해 보는 것도 좋은 역사 공부 방법이란다.

이런 원칙으로 재미있게 세계사 공부를 하려는데, 작은 문제가 하나 있어. 세계사는 한국사와 달리, 직접 현장을 방문하기가 쉽지 않다는 점이지. 하지만 용선생이 누구냐. 역사 공부를 위해서라면 물불 가리지 않는 용선생이 이번에는 너희들이 볼 수 있는 영상도 만들었어. **책 속의 QR코드를 찍으면 세계 곳곳의 문화유산과 흥미로운 사건을 볼 수 있을 거야.**

자, 얘들아. 그럼 이제 슬슬 세계사 여행을 시작해 볼까?

등장인물

'용쓴다 용써' 용선생

어쩌다 맡게 된 역사반에, 한국사에 이어 세계사까지 가르치게 됐다. 맡은바 용선생의 명예를 욕되게 할 수는 없지. 제멋대로 자란 머리카락을 휘날리며 오늘도 용쓴다.

'장하다 장해' 장하다

'튼튼하게만 자라 다오.'라는 아버지의 소원대로 튼튼하게만 자랐다. 세계적인 축구 스타가 꿈! 세계를 다니려면 세계사 지식도 필수라는 생각에 세계사반에 지원했다. 영웅 이야기를 좋아해서 역사 인물들에게 관심이 많다.

'오늘도 나선다' 나선애

역사 마스터를 꿈꾸는 우등생. 공부도 잘하고 아는 게 많아서 잘 나선다. 글로벌 인재가 되려면 기초 교양이 튼튼해야 한다는 생각으로 용선생을 찾아가 세계사반을 만들게 한다. 어려운 역사 용어들을 똑소리 나게 정리해 준다.

'잘난 척 대장' 왕수재

시도 때도 없이 잘난 척을 해서 얄밉지만 천재적인 기억력 하나만큼은 인정. 또 하나 천재적인 데가 있으니 바로 깐족거림이다. 세계를 무대로 한 사업가를 꿈꾸다 보니 지리에 관심이 많다.

'엉뚱 낭만' 허영심

엉뚱 발랄한 매력을 가진 역사반의 분위기 메이커. 남다른 공감 능력이 있어서 사람들이 고통을 겪을 때면 눈물을 참지 못한다. 예술과 문화에 관심이 많고, 그 방면에서는 뛰어난 상식을 자랑한다.

'깍두기 소년' 곽두기

애교가 넘치는 역사반 막내. 훈장 할아버지 덕분에 뛰어난 한자 실력을 갖추고 있으며, 어휘력만큼은 형과 누나들을 뛰어넘을 정도. 그래서 새로운 단어가 등장할 때마다 한자 풀이를 해 주는 것이 곽두기의 몫.

1교시
러시아에서 최초의 사회주의 혁명이 일어나다

제1차 세계 대전이 한창이던 1917년,
전쟁의 고통에 시달리던 러시아 민중이 혁명을 일으켰어.
그 결과 절대 권력을 자랑하던 차르는 추방당하고
러시아는 세계 최초의 사회주의 국가 '소비에트 연방'으로 다시 태어났지.
오늘은 러시아 혁명의 진행 과정을 살펴보자!

1905년	1914년	1917년	1918년	1922년
피의 일요일 사건	제1차 세계 대전 발발	2월 혁명과 10월 혁명	브레스트-리토프스크 조약 체결	러시아 내전 종료

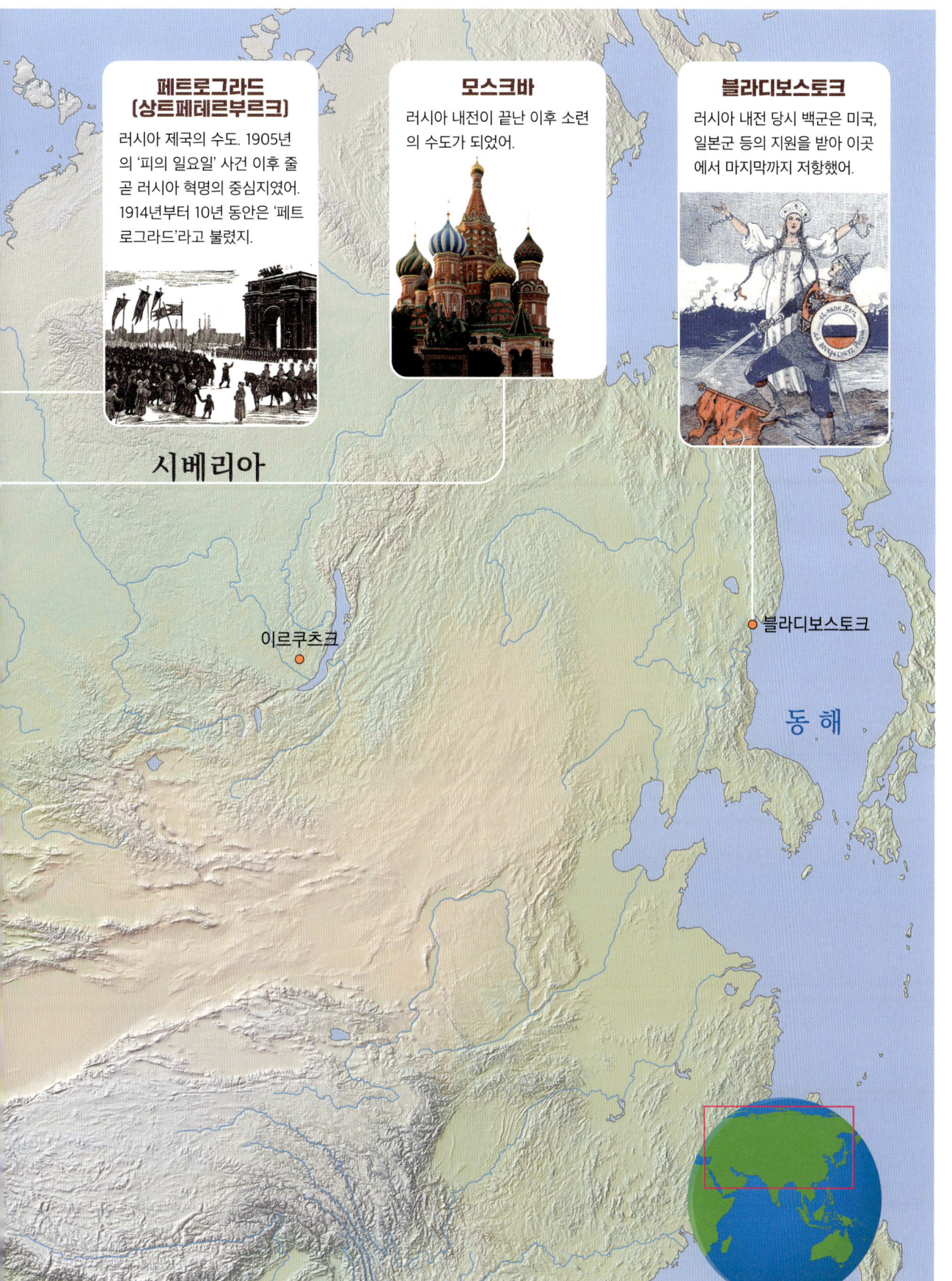

역사의 현장 지금은?

러시아의 두 심장 모스크바와 상트페테르부르크

모스크바와 상트페테르부르크는 오늘날 러시아를 대표하는 도시야. 수도 모스크바는 모든 분야에서 러시아를 이끄는 중심지로, 소련 시절에는 전 세계 공산주의 국가의 정치적 수도 역할을 하기도 했지.

18, 19세기 약 200년 동안 러시아 제국의 수도였던 상트페테르부르크는 서유럽의 선진 문화를 적극 받아들이는 관문으로 러시아의 전성기를 이끌었어. 1700년대부터 세워진 온갖 건물과 수많은 예술품이 오늘날도 그대로 남아 도시 전체가 유네스코 세계 유산으로 지정됐지. 그래서 상트페테르부르크를 러시아의 '문화 수도'라고 부르기도 해.

➔ **모스크바 신시가지** 국토 중서부 모스크바강 유역에 자리한 모스크바는 운하 교통이 발달하고 지형이 평탄해 일찍부터 여러 산업이 발달할 수 있었어.

➔ **모스크바의 LG전자 공장**
모스크바는 해외 기업을 적극 유치 중이야. LG전자는 외국계 가전 기업 최초로 러시아에 생산 공장을 세웠지. 하지만 러시아 우크라이나 전쟁이 일어나면서 운영이 중단된 상태야.

국제 비즈니스 센터.
주요 국제 기업과 대형 쇼핑몰, 공연장 등이 들어섰어.

러시아 경제의 중추 모스크바

모스크바는 모스크바 공국이 급속도로 성장한 이후 오늘날까지 러시아의 경제 중심지야. 소련 시절부터 세계에서 손꼽히는 공업 도시였고, 소련이 해체된 뒤에도 적극적으로 해외 기업을 유치해서 오늘날은 러시아의 주요 기업과 산업 시설이 모여 있는 러시아 최대 공업 도시란다. 면적은 서울의 4배, 인구는 1,300만 명 정도로 유럽에서 인구가 가장 많은 도시야.

◆ 반도체를 생산하는 직원
첨단 산업 단지답게 테크노폴리스 모스크바에는 여러 반도체 기업이 입주해 있어.

◆ 테크노폴리스 모스크바 모스크바 시가 첨단 기업을 유치하려고 개발한 산업 단지야.

러시아의 역사와 정치가 한눈에 보이는 붉은 광장

모스크바의 붉은 광장은 크렘린을 비롯해 러시아의 주요 건축물에 둘러싸여 있어. 이 주변만 돌아봐도 러시아를 다 봤다는 말이 있을 정도로 붉은 광장은 러시아의 중심지야. 크렘린 궁전의 붉은 성벽 안쪽에는 대통령 관저와 여러 정부 관청, 우스펜스키 대성당 등 주요 성당과 수도원이 들어서 있지. 러시아에서 가장 큰 백화점도 여기에 있단다.

◀ **크렘린 궁전** 크렘린은 '요새'라는 뜻이야. 러시아 제국 시절에는 차르의 거처, 소련 시절에는 소비에트 정부 기관, 오늘날은 대통령 관저로 쓰이는 곳이지.

◀ **우스펜스키 대성당** 차르의 대관식 등 주요 국가 행사가 열렸던 성당이야. 러시아 정교회의 중심지지.

◀ **붉은 광장의 '승리의 날' 행사 모습** 제2차 세계 대전 승전을 기념하는 행사야. 붉은 광장에서는 이렇게 다양한 국가 행사가 벌어져.

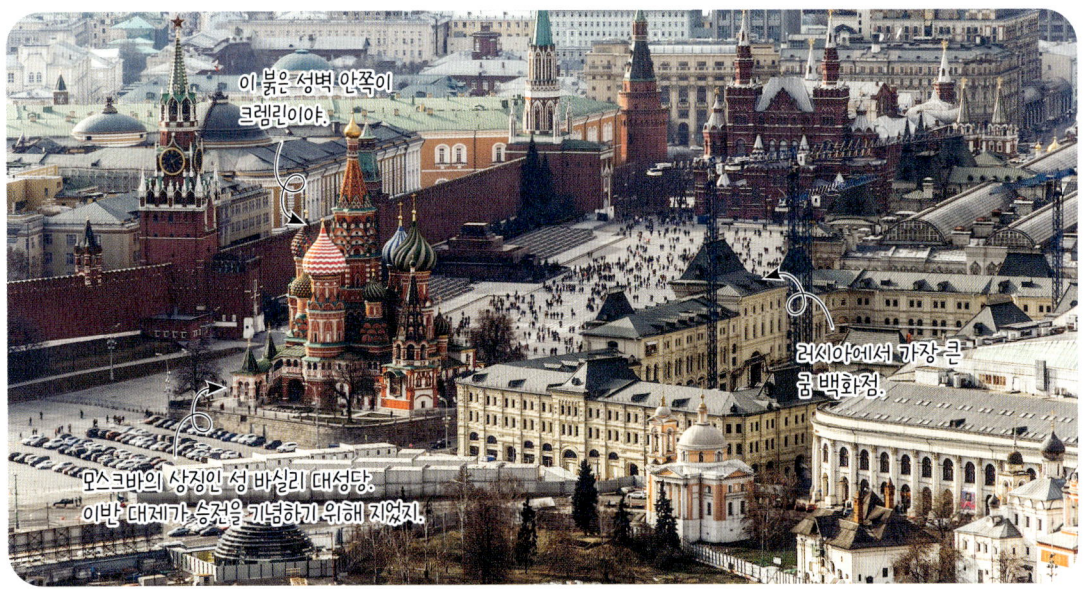

↑ **붉은 광장** 러시아어로는 '크라스나야 플로시디'인데, '크라스나야'는 '붉다'와 '아름답다'는 두 가지 뜻을 모두 담고 있어.

학문과 예술의 중심지

모스크바는 사회주의 진영 최고의 대학이었던 모스크바 대학교를 비롯한 여러 명문 대학과 연구소, 학술 아카데미가 러시아에서 가장 많은 도시야. 또, 다양한 문화 공간이 있어서 언제든 쉽게 문화 예술을 접할 수 있는 곳이란다.

▲ **트레티야코프 미술관** 상트페테르부르크의 예르미타시 박물관과 함께 러시아를 대표하는 미술관이야.

▲ **볼쇼이 극장** 러시아에서 가장 오랜 역사를 자랑하는 극장으로, 오페라와 발레 등 다양한 공연이 열려. 특히 볼쇼이 극장의 발레단은 세계 최고 수준을 자랑해.

◀ **모스크바 지하철** 모스크바 지하철은 온갖 예술품으로 장식돼 '세상에서 가장 아름다운 지하철'이란 명성을 얻었어. 지하 방공호로 쓰일 만큼 깊은 곳에 지어진 것으로도 유명하지.

▲ **모스크바 예술 극장** 세계에서 손꼽히는 연극 전용 극장이야. 안톤 체호프 등 러시아 유명 극작가의 작품 공연으로 유명하지.

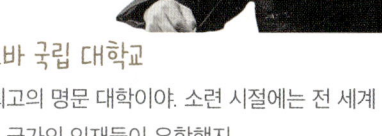

▶ **안톤 체호프** 러시아 출신의 세계적인 극작가야. <갈매기>와 <바냐 아저씨> 등을 지었어.

◀ **모스크바 국립 대학교** 러시아 최고의 명문 대학이야. 소련 시절에는 전 세계 사회주의 국가의 인재들이 유학했지.

늪지대에서 탄생한 변혁의 도시 상트페테르부르크

상트페테르부르크는 표트르 대제가 서유럽과 교류를 원활히 하기 위해 네바강 하구의 습지를 개간해 만든 계획도시야. '유럽으로 열린 창'으로서 서유럽의 문물을 받아들이며 발전한 끝에 오늘날 러시아 제2의 도시가 되었어. 인구는 약 550만 명이야. 현대자동차, 도요타 등 다국적 기업의 자동차 생산 공장이 들어서면서 '러시아의 디트로이트'라 불리기도 했어. 하지만 우크라이나와의 전쟁으로 운영이 중단되거나 사업을 철수한 곳도 많아.

↑ 상트페테르부르크 항구
러시아 제1의 무역항으로, 1년 내내 붐벼. 추운 날씨 때문에 겨울에 바다가 얼면 쇄빙선을 이용해 얼음을 깨고 이동하지.

↑ 페트로파블롭스크 성당
러시아 황실 가족의 묘. 표트르 대제도 이곳에 잠들었어.

표트르 대제를 기념하는 성 이삭 성당.

↑ 격변의 역사를 간직한 상트페테르부르크
상트페테르부르크는 '성 베드로의 도시'란 뜻의 독일식 이름이야. 제1차 세계 대전 때는 독일에 대한 반감으로 러시아식 이름인 페트로그라드, 소련 시절에는 러시아 혁명을 이끈 레닌을 기리는 의미에서 레닌그라드라고 불렀어. 소련이 해체된 뒤에는 다시 상트페테르부르크란 이름으로 부르지.

전체가 박물관인 세계적인 관광 도시

상트페테르부르크는 세계에서 손꼽히는 관광 도시야. 도시 전체가 '지붕 없는 박물관'이라고 불려. 운하를 따라 펼쳐지는 예술 같은 풍경에 러시아의 역사와 문화가 담겨 있거든. 해가 지지 않는 백야 현상이 나타나는 6~8월이 되면 수많은 관광객으로 도시가 더욱 붐비지.

↓ **예르미타시 박물관 내부**
예카테리나 2세가 프랑스 예술품을 수집하며 만들었어. 현재 약 300만 점의 예술품을 소장한 세계적인 박물관이야.

↑ **러시아 역사를 뒤바꾼 궁전 광장** 러시아 혁명이 일어난 곳이야. 오늘날에도 정치 집회, 문화 공연 등 큰 행사가 열리는 도시의 심장부지. 궁전 광장 옆에는 예르미타시 박물관이 있어.

↓ **도스토옙스키 묘지**

↑ **알렉산드르 넵스키 수도원**
도스토옙스키, 차이콥스키 등 상트페테르부르크에서 활동했던 위대한 예술가들의 무덤이 있는 곳이야.

➡ **페테르고프 궁전** 황실 가족들이 여름에 머물렀던 곳으로, '여름 궁전'이라고도 불러. 프랑스의 베르사유 궁전을 본떠 건설했기 때문에 베르사유 궁전과 거의 비슷한 모습의 분수, 정원을 볼 수 있어.

019

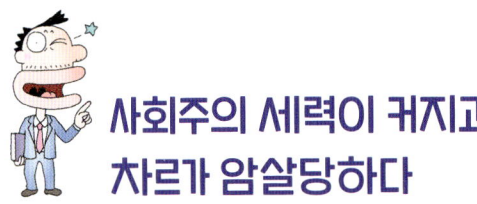
사회주의 세력이 커지고 차르가 암살당하다

"제1차 세계 대전에서 러시아는 빠졌잖아요. 대체 러시아에서는 무슨 일이 있었나요?"

"그러고 보니 러일 전쟁에서 일본한테 진 이후로는 계속 혼란스러웠다고 하셨는데요."

왕수재와 장하다가 번갈아 가며 이야기하자 용선생은 고개를 끄덕였다.

"일단 시간을 되돌려 제1차 세계 대전에 이르기까지 러시아에서 무슨 일이 있었는지 차근차근 살펴보자꾸나. 때는 1861년, 러시아에서는 차르 알렉산드르 2세가 농노 해방령을 선포하고 갖가지 개혁 정책을 펴고 있었어."

↑ **우크라이나 젬스트보** 알렉산드르 2세의 개혁 정책으로 러시아 곳곳에 지방 의회 젬스트보가 설치됐어.

↑ **알렉산드르 2세의 대관식 행렬** 1855년의 대관식 행렬 모습이야. 러시아 사람들은 차르를 여전히 신처럼 숭배하며 충성을 다했어.

"기억나요. 이때 학교와 의회도 만들고 산업도 발전하면서 러시아가 많이 바뀌었어요."

나선애가 노트를 휘리릭 훑으며 말했다.

"그래. 하지만 알렉산드르 2세의 개혁에는 한계가 분명했어. 물론 농노는 자유를 얻었고, 서유럽의 의회와 비슷한 '젬스트보' 같은 기구가 설치돼 시민의 자유와 권리는 이전보다 더 폭넓게 보장됐지. 하지만 그것만으로는 러시아 사회가 크게 변하지 않았단다. 무엇보다 차르가 마음대로 나라를 쥐고 흔드는 건 그대로였어."

"개혁이 영 미적지근했던 거군요."

"그래서 러시아에서는 혁명을 일으켜 사회를 확 바꿔야 한다는 사람들이 늘어났어. 차르를 내쫓고 공화국을 세우자는 거였지."

"프랑스 대혁명처럼요?"

"그 이상이야. 러시아의 지식인들은 당시 유럽에서 시작된 사회주의 운동의 영향을 크게 받았어. 그래서 프랑스나 영국에서 일어난 혁

↑ **차르의 황제관과 황제봉** 차르는 여전히 화려한 보석으로 치장된 왕관과 왕홀로 권위를 과시했어.

명은 진정한 혁명이 아니라고 봤지. 일부 돈 많은 부르주아가 왕과 귀족을 몰아낸 것에 불과했고, 대다수 농민과 노동자는 여전히 대지주와 기업가 같은 부르주아의 지배를 받으며 힘들게 살기 때문이야. 러시아의 지식인은 대다수 농민과 노동자가 주인이 되는 세상을 목표로 삼았지. 다시 말해 러시아에 사회주의 혁명을 일으키려 했어."

"말은 쉬운데, 어떻게 혁명을 일으키죠?"

"쉽지 않지. 특히 국민의 대다수인 농민의 지지를 어떻게 이끌어 낼 것인지가 가장 큰 문제였어. 이제 막 농노 신세에서 벗어난 러시아 농민들은 세상 물정에 너무나도 어두웠거든. 사회주의가 뭔지, 혁명이 뭔지 하나도 알지 못했고, 중세 시대처럼 아직도 차르를 아버지처럼 따르고 충성하는 사람이 많았어."

"그럼 어쩌죠?"

"혁명에 앞서 농민을 먼저 교육시켜서 일깨워야지. 그래서 러시아 곳곳의 농촌으로 뛰어들어 농민을 상대로 혁명 사상을 교육한 뒤, 농민의 힘을 모아 차르를 몰아내고 혁명을 일으키려는 지식인이 생겨났어. 이처럼 농민을 중심으로 사회주의 혁명을 이루려 했던 러시아 지식인을 '나로드니키', 우리말로 '인민주의자'라고 부른단다."

"음, 그럼 계획대로 잘 됐나요?"

"아니, 실패했어. 농민들은 뜬금없이 도시에서 찾아온 인민주의자들의 말을 귀담아듣지 않았단다. 오히려 감히 차르를 모욕하는 사람들이라며 정부에 신고하기까지 했지."

용선생의 세계사 돋보기

일제 강점기에 우리나라 지식인이 농촌에서 펼쳤던 '브나로드 운동'이란 말이 여기서 나왔어. 브나로드는 '인민 속으로'라는 뜻으로, '나로드(인민)'에서 따온 말이지. 1930년대에 우리나라에서 발간된 심훈의 소설 《상록수》에서도 브나로드 운동을 다루고 있어.

↑ 인민주의자 모임 인민주의자들은 주로 1870년대 들어 농촌을 중심으로 활발히 활동했어.

↑ **체포당하는 인민주의자** 농민은 인민주의자의 주장에 귀를 기울이는 대신 이들이 나쁜 사상을 퍼뜨린다고 고발하기도 했어.

↑ **알렉산드르 게르첸**
(1812년~1870년) 나로드니키 운동의 선구자 역할을 한 사상가로 러시아 사회주의의 아버지로 꼽혀.

"역시 생각처럼 쉽지 않네요."

"하지만 인민주의자들은 쉽게 포기하지 않았어. 나중에는 농촌 대신 대도시로 활동 무대를 넓혔지. 점차 늘어나는 도시 노동자와도 힘을 합쳐 혁명을 일으키려 한 거야. 인민주의자는 도시에 비밀 조직을 만든 뒤, 파업과 같은 단체 행동을 주도하며 조금씩 세력을 넓혔단다. 그러다가 인민주의자의 활동이 큰 호응을 얻게 되는 계기가 있었어. 바로 1878년에 열린 베를린 회의야."

"베를린 회의? 아, 러시아가 독일한테 배신당했던 그 회의요?"

"응. 러시아는 오스만 제국과의 전쟁에서 크게 이겨 놓고도, 베를린 회의에서 독일에 배신당하는 바람에 아무것도 챙기지 못했어. 기억하지? 이 사건을 계기로 러시아에서는 차르와 정부의 무능을 비판하는 목소리가 커졌단다. 인민주의자는 이 기회를 놓치지 않고 테러를 펼치며 세력을 넓혀 나갔어."

"테러라고요?"

허영심의 상식 사전

테러 '거대한 공포'란 뜻의 외래어. 적이나 상대방에게 살인, 납치, 유괴와 같은 다양한 방법의 폭력을 행사하여 공포 분위기를 만드는 행위를 가리켜.

러시아에서 최초의 사회주의 혁명이 일어나다

↑ **알렉산드르 2세 암살** 알렉산드르 2세는 상트페테르부르크에서 암살당했어. 이후 러시아에서는 차르 전제 정치가 더욱 강해졌지.

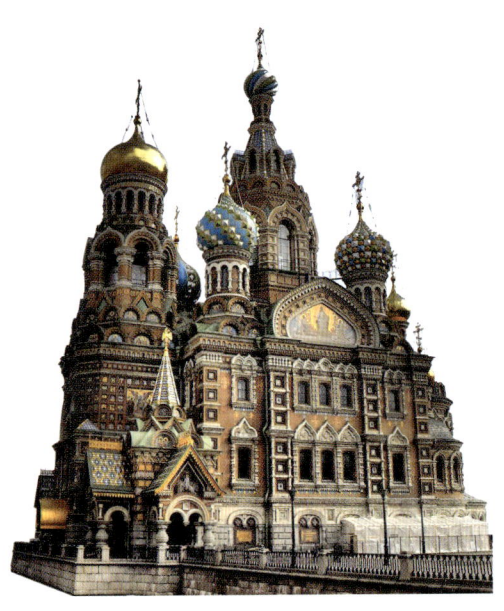

↑ **피 흘리신 구세주 교회** 1881년 3월 암살당한 알렉산드르 2세를 추모하며 세운 정교회 성당이야. 폭탄 테러로 크게 다친 알렉산드르 2세가 이곳에서 피를 흘리며 죽었대.

"응, 국민의 원망을 받는 고위 관리를 암살하려 한 거야. 그러다가 1881년에는 결국 큰 사건이 일어났지. 차르 알렉산드르 2세가 암살당했거든."

"헉, 차르가 암살당했다고요?"

아이들이 눈을 동그랗게 떴다.

"인민주의자는 차르의 죽음으로 러시아에 새 세상이 열릴 거라고 기대했어. 그동안 억눌렸던 농민들이 일제히 혁명을 일으킬 거라고 생각했거든. 하지만 실상은 전혀 달랐어. 차르의 죽음을 슬퍼하는 사람이 생각보다 훨씬 많았던 거야."

"아유, 인민주의자들은 국민의 마음을 전혀 몰랐던 거네요."

"인민주의자의 과격한 행동은 오히려 큰 부작용

을 낳았어. 알렉산드르 2세의 아들인 알렉산드르 3세는 차르 자리에 오르자마자 왕권을 더욱 강화하고 인민주의자를 철저히 단속해 자유를 외치는 목소리를 완전히 잠재웠거든. 게다가 투표권의 재산 기준을 더욱 높여서 농민이 정치에 참여할 길을 완전히 막았고, 지방 의회인 젬스트보를 철저히 정부의 관리 아래 두었지."

"어휴, 지금까지 이루어졌던 개혁이 완전히 뒷걸음쳤잖아요."

영심이가 안타까운 표정을 지었다.

"하지만 러시아에서도 도시 노동자를 중심으로 개혁을 주장하는 목소리가 날로 커졌어. 산업화가 급속히 이루어지며 노동 문제가 심각해졌거든. 하루 15시간씩 일을 해도 임금이 낮아 입에 겨우 풀칠만 하는 사람이 많았지. 그래서 1898년에는 민스크에서 노동자의 입장을 대변하는 러시아 사회민주노동당이 탄생했단다. 1902년에는 13만 명이 넘는 노동자가 파업에 참여했어."

"이제 드디어 혁명이 일어나는 건가요?"

"아직은 아냐. 러시아 정부는 파업에 참여한 노동자들을 시베리아로 추방하며 노동 운동을 강력히 탄압했거든. 그리고 러시아의 산업

↑ 알렉산드르 3세
(1845년~1894년) 알렉산드르 2세의 죽음으로 갑작스레 차르 자리에 오른 인물이야. 차르 전제 정치를 강화하며 개혁을 거꾸로 돌렸지.

↑ **민스크** 러시아 철도 교통의 요충지로 1900년 무렵 이미 58개 공장이 들어선 산업 도시였어. 지금은 벨라루스의 수도야.

화는 서유럽에 비하면 아직 걸음마 수준이었어. 1900년대 초까지도 도시 노동자 비율이 전체 인구의 2퍼센트 정도밖에 안 됐고, 러시아 인구의 절대 다수는 여전히 농민이었지. 농민 대다수는 여전히 차르가 자신들을 보살펴 줄 거라고 믿으며 혁명에 대해선 꿈도 꾸질 않았어."

"아직 차르만 쳐다보고 살았던 거군요."

"흐흐, 하지만 1905년, 러시아 민중의 이런 환상을 와장창 깨부수는 사건이 벌어졌단다."

용선생의 핵심 정리

러시아에서는 농촌을 중심으로 혁명을 이루려는 인민주의자들이 등장함. 이들은 정부를 향한 테러를 펼치며 차르까지 암살했으나, 오히려 차르 전제 정치는 더욱 강화됨. 산업화가 진행되며, 도시 노동자 중심으로 사회주의가 크게 성장함.

'피의 일요일'에서 시작된 러시아 제국의 붕괴

"무슨 일이 벌어졌는데요?"

"발단은 1904년에 시작된 러일 전쟁이었어. 전쟁을 시작했을 때만 해도 러시아 국민들은 승리를 확신하며 열렬히 환호했지. 그런데 초반부터 패배 소식이 들려오면서 곧 불만이 들끓었단다. 대체 정부가 얼마나 무능하면, 아시아 끄트머리의 조그만 섬나라 하나 못 이기냐는 거였지."

"자존심이 무척 상했겠어요."

"얼마나 자존심이 상했는지 폭동까지 일으킬 정도였어. 그렇잖아도 도시 노동자는 낮은 임금과 가혹한 노동 환경 때문에 불만이 컸는데, 러일 전쟁으로 그동안 쌓였던 불만이 폭발했지. 특히 수도 상트페테르부르크에서는 임금 인상을 요구하는 파업과 시위가 잇따라 벌어졌어. 파업에 참여한 사람이 15만 명에 이르렀단다."

"15만 명? 어휴, 수도가 발칵 뒤집어졌겠네요."

"이때 평소 노동자 편에 서서 목소리를 내 왔던 게오르기 가폰 신부가 나섰어. 가폰 신부는 직접 차르를 찾아가 노동자들이 겪는 어려움을 편지로 전하자며 노동자들을 다독였지. 그러자 다들 평소 존경했던 가폰 신부의 제안을 받아들였단다."

> 폐하, 저희 백성들을 저버리지 마시옵소서. 당신과 당신의 백성을 가르는 벽을 부숴 버리십시오. …(중략)… 저희에게는 오로지 두 갈래 길밖에 없습니다. 자유와 행복으로 가는 길이냐, 무덤으로 가는 길이냐.

↑ **게오르기 가폰 신부**
(1870년~1906년) 러시아 정교회 사제로 피의 일요일 사건 때 시위대를 이끌고 겨울 궁전으로 간 인물이야.

↑ **피의 일요일 사건을 묘사한 판화** 궁전을 향해 행진해 온 시위대가 차르의 근위대와 마주하고 있어.

↑ **나르바 개선문** 시위대는 이곳에서 근위대에 가로막혀 더 이상 행진할 수 없었어.

"에이, 차르를 찾아간다고 해결되나요?"

"대다수 국민들은 차르를 믿고 따랐어. 차르가 우리 사정을 알면 뭐든 해결해 주리라 생각했지. 1905년 1월 9일 일요일 오전, 가폰 신부와 노동자들은 청원서를 들고 차르가 머무는 겨울 궁전으로 행진했어. 노동자의 가족까지 참여해 행진에 참가한 인원이 5만 명에 이르렀지. 이들은 손에 차르의 초상화와 이콘을 들고, 차르를 찬양하는 노래를 부르며 평화롭게 행진했단다."

"그래서 차르가 만나 줬나요?"

"아니. 차르는 때마침 가족과 함께 휴가를 떠나서 겨울 궁전에 없었어. 게다가 시위대는 겨울 궁전 근처에도 가지 못했지. 차르의 근위대가 길을 가로막았거든."

"그럼 어쩌죠?"

"시위대는 차르가 궁전에 없다는 걸 알지 못한 채 어떻게든 차르를 만나려고 했어. 그래서 다른 길로 돌아 겨울 궁전으로 향했고, 가는

허영심의 상식 사전

이콘 가톨릭과 정교회의 종교적 그림과 상징. 예수 그리스도나 성인과 순교자 등을 목판이나 벽에다 그린 그림이 많아.

길에 시위대 수는 더욱 불어났단다. 하지만 겨울 궁전 광장에 도착하자 시위대를 맞이한 건 근위대의 총칼이었어. 근위대는 시위대를 향해 일제히 사격을 시작했고, 뒤이어 기병이 돌격해 칼을 휘둘렀어. 삽시간에 수천 명이 죽거나 다쳤단다. 정확히 몇 명이 목숨을 잃었는지 헤아리기 어려울 지경이었지. 이날을 '피의 일요일'이라고 해."

↑ 시위대를 막는 근위대(재연) 겨울 궁전 광장에서 근위대의 진압으로 수천 명이 죽거나 다쳤어.

"세상에……! 평화롭게 시위를 하는 사람들한테 총을 쏴요?"

깜짝 놀란 아이들이 눈을 동그랗게 떴다.

"피의 일요일 사건으로 러시아 국민은 큰 충격을 받았어. 차르에 대한 믿음은 배신감으로 바뀌었고, 파업과 시위, 폭동이 들불처럼 방방곡곡으로 번져 나갔단다. 거의 모든 노동자가 파업에 돌입하는 바람에 러시아는 말 그대로 멈춰 버렸어. 전기도 끊기고, 공장도 모조리 문을 닫고, 기차도 운행을 멈추었지."

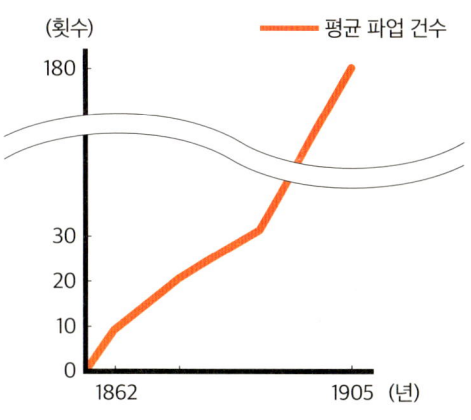

↑ 러시아의 연간 평균 파업 횟수

"어휴, 러시아가 완전히 뒤집어졌네요."

"6월에 수병들의 반란까지 일어나자 차르인 니콜라이 2세도 사태가 심각하다는 것을 깨달았어. 어떻게든 국민의 뜻을 반영할 조치를 할 수밖에 없었지. 결국 차르는 10월에 서유럽처럼 국민의 투표를 거쳐 의회를 만들고 의회에 권력을 넘기기로 약속했단다. 또, 헌법을 만들고 국민에게 언론과 집회의 자유를 정식으로 주기로 했지."

"오! 드디어 러시아도 변하는군요!"

장하다의 인물 사전

니콜라이 2세 (1868년~1918년) 러시아 제국의 마지막 차르. 피의 일요일 사건 이후 분노한 국민을 달래려 여러 개혁을 시도했지만 결국 실패했어.

러시아 혁명의 또 다른 불씨 포툠킨 반란

▲ 흑해 연안의 오데사 항

1900년대 초반 러시아군은 가혹한 생활 환경으로 악명 높았어. 낡은 시설과 부족한 보급품도 문제였지만, 권위적인 신분 제도의 영향도 있었지. 소수의 귀족 출신 지휘관만이 편안한 생활을 하며 평민 출신 병사들을 폭행하고 비인간적으로 대우하기 일쑤였거든. 특히 배라는 한정된 공간에서 몇 달씩 함께 생활해야 하는 해군의 상황이 가장 심각했지.

이런 상황에서 피의 일요일 사건이 터지고, 러일 전쟁에서는 패배 소식이 계속 들려왔어. 병사들의 불만은 점점 커졌지. 그러던 1905년 6월, 러시아 흑해 함대 소속 전함 포툠킨에서 소동이 일어났단다. 병사들이 먹을 고기가 썩어 구더기가 들끓는 게 발견됐거든. 포툠킨의 지휘관들은 끓여 먹으면 멀쩡한 고기라며, 고기를 먹지 않으려 하는 병사를 명령을 거부한다는 이유로 처형하려 들었지. 불만이 폭발한 병사들은 무기를 들고 반란을 일으켜 포툠킨을 장악했어.

반란군은 포툠킨에 사회주의의 상징인 붉은 깃발을 내걸었어. 그리고 흑해의 러시아 항구 도시인 오데사로 향해 러시아군에 함포를 발사했단다. 포툠킨의 반란을 진압하기 위해 러시아 전함 다섯 척이 출동했지만 모든 전함이 싸우길 거부했어. 심지어 한 척은 포툠킨의 반란에 합류했지.

하지만 반란은 한 달도 채 못 되어 끝이 났어. 시간이 흐르며 반란을 일으킨 병사들 사이에 의견이 갈렸고, 러시아 정부에 항복하는 병사도 늘어났지. 포툠킨은 흑해 서쪽의 루마니아까지 도망가며 싸우다 무릎을 꿇었어. 반란 주동자들은 사형당하거나 시베리아로 유배당했단다.

포툠킨 반란 사건은 비록 실패로 끝났지만, 당시 평범한 시민뿐 아니라 군인까지도 러시아 정부에 대한 불만이 가득했음을 알게 해 준 사건이야. 그래서 피의 일요일 사건과 함께 러시아 혁명의 시작을 알린 사건으로 평가받는단다.

▲ 전함 포툠킨 포툠킨은 1905년에 만들어진 러시아 최신 전함이었어.

◀ 영화 〈전함 포툠킨〉 (1925년) 한 장면
1925년 포툠킨 반란 사건을 소재로 제작한 영화야.

"하지만 알고 보면 겉만 번지르르한 개혁이었어. 차르는 여전히 절대 권력자였고, 언제든지 의회를 해산할 수 있었거든. 실제로 1907년, 의회에 차르를 비판하는 세력이 많아지자 차르는 의회를 해산해 버리고는, 돈 많은 부르주아만 정치에 참여할 수 있도록 선거법을 바꿨단다. 그 결과 의회는 차르의 편을 드는 부르주아 의원으로 가득 찼지."

▲ **러시아 의회** 1905년에 설립돼 여러 개혁을 실시했어. 그러나 의원을 선출하는 투표권은 심하게 제한되었고, 차르의 권력에 맞설 수는 없었지.

"그러다 다시 파업과 시위가 벌어지면 어떻게 하려고요?"

"러시아 정부는 그동안 파업과 시위를 주도해 온 혁명가를 모조리 잡아들였어. 1907년부터 3년 사이에 무려 3만 명이 넘는 사람을 감옥에 가뒀고, 5,000명이 넘는 사람을 처형했지."

"시계를 거꾸로 돌린 셈이네요."

"하지만 개혁을 모두 멈춘 건 아니야. 그러다가 피의 일요일 같은 사건이 또다시 터지면 정말 큰일이었거든. 그래서 러시아 정부는 지지 세력을 넓히기 위한 개혁 정책을 함께 진행했단다."

"어떤 개혁 정책을 펼쳤는데요?"

"농민과 노동자를 달래는 정책이야. 우선 농민에게 왕실 땅을 나누어 주고, 농민들을 강제로 농촌에 붙들어 놓은 공동체 미르에서 벗어나도록 해 줬어. 또, 농노 해방 이후 강제로 갚아 나가던 땅값도 완전히 면제해 주었지. 노동자를 위해서 노동 시간도 하루 10시간 이내로 단축하고 의료 보험 같은 사회 보장 제도도 갖췄단다. 즉, 정치에 참여할 권리는 완전히 틀어막았지만, 그동안 사회주의자들이 요구해

▲ **표트르 스톨리핀** (1862년~1911년) 러시아 제국의 총리였어. 차르의 안정적인 통치를 도우며 노동 운동과 자유주의 운동을 탄압했지.

온 개혁은 꽤 받아들인 거야."

"그럼 정부의 인기가 좀 올라갔겠는걸요."

"국민의 불만을 잠재워 급한 불은 끌 수 있었지. 근데 러시아가 제1차 세계 대전에 뛰어든 이후로 다시 불만이 들끓기 시작했단다."

"선생님, 러시아는 왜 전쟁에 뛰어든 거예요? 나라 상황도 좋지 않은데."

영심이가 의아한 듯 물었다.

"제1차 세계 대전 초반만 해도 다들 전쟁이 금방 자기 나라의 승리로 끝나리라 생각했어. 러시아도 마찬가지였지. 차르는 오히려 전쟁을 시작하면 국민의 애국심을 자극할 테니, 불만을 줄일 수도 있다고 여겼단다. 혹시라도 승리를 거두어 영토라도 넓히게 된다면 더 바랄 나위도 없고."

"그런데 예상과는 전혀 달랐던 거군요."

"달라도 너무 달랐지. 러시아는 독일과 전투를 벌일 때마다 어마어마한 인명 피해를 내며 패배하기 일쑤였거든. 제1차 세계 대전에서 가장 많은 인명 피해를 본 나라가 다름 아닌 러시아야. 러시아군의 사상자 수는 거의 프랑스와 영국군의 피해를 합친 것만큼이란다."

"진짜요? 러시아의 피해가 그렇게 큰 줄 몰랐어요."

"전쟁터에 나가지 않은 시민들도 식량과 각종 생필품이 부족해지는 바람에 엄청난 고통을 받았지. 엎친 데 덮친 격으로 이 와중에 차르 니콜라이 2세는 라스푸틴이라는 요상한 인물에 휘둘려 정신을 차리지 못했어."

"라스푸틴이 누군데요?"

↑ 만평에 등장한 라스푸틴 라스푸틴이 니콜라이 2세 부부를 조종한다는 걸 풍자한 만평이야.

"라스푸틴은 1903년 무렵 황태자의 불치병을 낫게 해 주겠다며 갑작스레 나타난 수도승이야. 라스푸틴이 나타난 이후 신기하게도 황태자의 병이 호전되면서 차르의 신임을 한 몸에 받았지. 그 뒤 라스푸틴은 차르를 대신해 권력을 쥐고 러시아를 좌지우지하기 시작했단다. 전쟁터의 군대도 라스푸틴의 한마디에 이리저리 움직일 정도였지. 그렇다고 라스푸틴이 나라를 제대로 다스렸냐 하면, 그것도 아니야. 뇌물을 어마어마하게 챙기며 자기 잇속을 채우기에 바빴거든."

"어휴, 러시아가 제대로 돌아갈 리가 없었겠네요!"

"맞아. 결국 1917년에 러시아 전국에서 또다시 파업과 시위가 벌어

곽두기의 국어 사전

호전 좋을 호(好) 구를 전(轉). 일이 좋은 쪽으로 바뀌는 것을 말해.

러시아에서 최초의 사회주의 혁명이 일어나다

▲ 전쟁 반대를 외치는 상트페테르부르크 시민들
제1차 세계 대전으로 인한 피해가 증가하며 전국에서 전쟁 반대 시위와 파업이 잇따랐어.

졌어. 특히 수도 상트페테르부르크에서 시위가 거셌지. 남편과 아들을 전쟁터에 보낸 여성들까지 참여해 시위대는 어마어마한 수로 불었어. 시민들은 전쟁을 즉각 중단하고, 식량을 달라고 했지만 차르는 군대를 동원해 시위대를 진압하려 했단다."

"다시 시민한테 총을 겨눈 거예요?"

"하지만 근위대가 차르의 명령을 듣지 않았어. 군대마저 차르에게 등을 돌린 거지. 그러자 의회는 시위를 벌이는 병사, 노동자와 힘을 합쳐 차르를 물러나게 했단다. 차르 가족은 체포되어 시베리아로 추방당했어. 이로써 러시아 제국이 무너졌지. 이 사건을 '2월 혁명'이라고 부른단다."

 용선생의 핵심 정리

러시아에서는 1905년 피의 일요일 사건을 계기로 파업과 시위가 이어짐. 니콜라이 2세는 의회를 만들고 개혁을 진행해 사회를 안정시키려 했으나, 제1차 세계 대전 도중인 1917년 다시 혁명이 일어나 차르가 쫓겨나고 러시아 제국이 무너짐.

레닌이 사회주의 혁명에 성공하다

"흠, 러시아가 제1차 세계 대전 중에 갑자기 전쟁을 멈춘 이유가 그것 때문이었군요."

왕수재가 알겠다는 듯 말했지만 용선생은 고개를 절레절레 저었다.

"2월 혁명이 일어났다고 러시아가 당장 전쟁을 멈추지는 않았어. 차르를 몰아낸 임시 정부가 전쟁을 좀 더 치르려고 했거든."

"아니, 다들 전쟁을 중단하기를 바란 거 아니었어요?"

"1917년 무렵 독일군은 연합군에 밀리고 있었어. 그래서 임시 정부는 조금만 더 싸우면 러시아가 전쟁 초반에 독일에 빼앗겼던 땅을 되찾을 수 있을 뿐만 아니라 자원이 풍부한 독일 동부까지 차지할 수 있으리라 생각했지. 게다가 다른 연합국과의 외교 관계도 문제였어. 전쟁이 한창인데 갑자기 '난 그만 싸울래!' 하고 그만둬 버리면 다른 연합국에게 배신자 취급을 받을 게 분명했거든."

"하긴 같이 싸우기로 약속했는데 그러면 곤란하죠."

"하지만, 전쟁터에 나가서 직접 싸워야 하는 국민의 생각은 전혀 달랐어. 이들은 당장 전쟁을 그만두라고 아우성을 쳤지. 계속 싸우자는 임시 정부의 주요 정치인들과 전쟁을 관두자는 대다수 국민 사이의 갈등으로 러시아는 다시 혼란에 빠졌단다. 이때, 혜성처럼 등장한 사람이 있었어."

"그 사람이 누군데요?"

호기심으로 아이들의 눈빛이 초롱초롱해졌다.

"바로 사회주의 운동가인 블라디미르 레닌이야. 레닌은 1905년 피의 일요일 사건 이후 러시아에서 사회주의 혁명을 준비한 적이 있었

↑ **임시 정부 주역들** 노동자와 병사들이 차르를 몰아내자, 임시 정부를 세우고 8개월 동안 러시아를 이끈 인물들이야. 이들은 대부분 돈 많은 부르주아와 지식인 출신이었지.

↑ **알렉산드르 케렌스키** (1881년~1970년) 러시아의 정치가로 2월 혁명으로 들어선 러시아 임시 정부의 총리였어.

어. 그러다가 러시아에서 추방당해, 제1차 세계 대전 동안에는 스위스에서 망명 생활을 했지. 레닌은 2월 혁명이 일어났다는 소식을 듣고 비밀리에 귀국을 준비했어. 이때 독일이 물심양면으로 레닌의 귀국을 도왔단다."

"어? 독일이 왜 레닌을 도와요?"

"이 당시 전쟁에서 독일은 계속 궁지에 몰렸어. 특히 독일은 서부 전선에서 영국, 프랑스 연합국과 싸우는 동시에 동부에서는 러시아와 싸우느라 전쟁 부담이 매우 컸지. 그런데 레닌이 러시아로 돌아가서 혁명을 진행하면, 동부 전선에서 러시아와 전쟁을 해야 하는 부담이 줄어들 수도 있다고 생각한 거야. 더구나 레닌은 전쟁을 강력히 반대했거든."

"그런 이유가 있었군요. 그래도 독일은 적국인데, 레닌이 적의 도움까지 받아 혁명을 일으키려 했다니 잘 이해가 안 돼요."

"레닌은 적과 손을 잡더라도 하루바삐 사회주의 혁명을 일으켜야 한다고 주장했어. 부르주아의 끝없는 욕심 때문에 계속해서 전쟁이

↑ 모스크바 광장에서 연설하는 레닌

일어난다고 생각했거든. 조국인 러시아가 전쟁에 이긴다 하더라도, 부르주아가 그대로 나라를 다스린다면 아무런 발전이나 변화가 없다고 생각했지. 정말 전쟁이 없는 평화로운 세상을 만들려면 사회주의 혁명이 반드시 일어나야 한다고 믿은 거야."

"그러니까 독일과 레닌이 저마다 속셈이 있어서 서로 손을 잡았다는 거네요."

"맞아. 러시아에 도착한 레닌은 소수의 부르주아가 주도하는 정부를 즉각 해체하고 노동자와 농민이 국가의 주인이 되는 혁명을 이루자고 외쳤단다."

"러시아 국민들이 그 말을 들었나요?"

"그래. 계속되는 전쟁과 배고픔에 지쳐 있던 러시아 국민들은 레닌의 말에 귀를 기울였지. 게다가 레닌이 귀국한 지 몇 달 후 임시 정부가 야심차게 주도한 독일 공격이 모두 실패로 돌아가면서 민심은 더

러시아에서 최초의 사회주의 혁명이 일어나다 **037**

↑ 볼셰비키 혁명 주요 봉기 지역

↑ 적위대 주로 공장 노동자들이 중심이 되어 자발적으로 조직한 군대야. 러시아 혁명 성공에 큰 힘이 되었어.

용선생의 세계사 돋보기

사실 2월 혁명과 10월 혁명은 지금 우리가 쓰는 달력으로는 각각 3월과 11월에 일어났어. 그런데 당시 러시아에서 쓰던 율리우스력으로는 2월 23일, 10월 25일에 일어났기 때문에 이렇게 부른단다.

나선애의 세계사 사전

볼셰비키 '다수파'라는 뜻의 러시아어야. 러시아의 사회주의 정당인 사회민주노동당에서 레닌을 따르는 급진파를 가리켜. 볼셰비키의 라이벌인 멘셰비키는 '소수파'라는 뜻이지.

욱 험악해졌단다. 상트페테르부르크에서는 무장한 수병 2만 명이 노동자들과 함께 거리로 나와 '빵과 평화'를 외치며 시위를 벌였어."

"사태가 심각해졌군요."

"뒤이어 군대마저 임시 정부에 등을 돌려 혁명에 가담했어. 임시 정부는 더 이상 버틸 수 없었지. 결국 1917년 10월, 레닌은 노동자, 농민으로 구성된 군대를 앞세워 임시 정부를 몰아내고 권력을 잡았단다. 세계 최초의 사회주의 혁명이 이루어진 거야! 이 사건을 '10월 혁명' 혹은 '볼셰비키 혁명'이라고 해."

용선생의 핵심 정리

스위스에 망명해 있던 레닌이 독일의 지원으로 귀국한 뒤, 10월 혁명을 일으켜 러시아 임시 정부를 몰아내고 노동자, 농민이 이끄는 사회주의 공화국을 세움.

멕시코에서 일어난 또 하나의 혁명

러시아가 한창 혁명의 열기로 달아오를 무렵, 머나먼 바다 건너 멕시코에서도 혁명의 불길이 타올랐어. 30년 넘게 멕시코를 지배해 온 독재 정권을 뒤엎으려는 움직임이 시작된 거야.

멕시코는 1876년 포르피리오 디아스 대통령이 집권한 이후 미국과 영국 등 외국 자본을 끌어와 산업화를 이루려 했어. 산업화는 어느 정도 성공했지. 다만 산업화의 결실을 극소수 부자가 독차지한 게 문제였어. 특히 농민의 불만이 심했어. 이 당시 멕시코 농경지의 98퍼센트가 대농장주 차지였거든. 대다수 멕시코 농민은 땅 한 뼘도 갖지 못한 채 대농장에서 노예처럼 일했어. 그러나 디아스 정부는 농민의 불만을 힘으로 짓누르며 30년 넘게 독재를 했지. 쌓이고 쌓인 분노는 1910년에 폭발했어. 멕시코 북부에서는 판초 비야, 남부에서는 에밀리아노 사파타라는 혁명가가 농민의 절대적인 지지를 등에 업고 혁명군을 조직해 디아스 정권에

↑ **포르피리오 디아스**
(1830년~1915년) 멕시코 공화국의 대통령이자 독재자야. 1876년 당선된 뒤 30년 넘게 독재를 펼쳤어.

맞서 싸웠지. 결국 1911년, 포르피리오 디아스 대통령이 쫓겨나고 멕시코에는 새 정부가 들어섰단다. 하지만 혁명은 여기서 끝이 아니었어. 혁명의 결과로 들어선 새 정부가 토지 분배에 적극적으로 나서지 않고 우왕좌왕했거든. 대통령을 비롯한 새 정부의 관리들 대부분이 대농장주나 외국 자본가의 지원을 받았기 때문에 생긴 일이었지. 그러자 군인들이 쿠데타를 일으켜 정권을 빼앗았고, 뒤이어 멕시코 농민들은 비야와 사파타의 지휘 아래 또다시 혁명을 일으켰단다. 쿠데타 정부와 비야, 사파타가 이끄는 혁명군 사이에 치열한 내전이 벌어졌지.

혁명군은 치열한 전투 끝에 승리를 차지했어. 그러나 이번에는 혁명군 내부에서 정책 차이를 놓고 내분이 시작됐지. 비야와 사파타 등 농민 편에 선 장군들은 토지 분배를 우선적인 목표로 삼았지만, 단지 독재 정권을 몰아내고 멕시코에 제대로 된 민주주의를 정착시키는 것이 목적인 사람들도 많았거든. 결국 내분 끝에 비야와 사파타 모두 암살당하며 멕시코 혁명은 일단락되었어. 혁명을 통해 독재자는 몰아냈지만, 농민의 나라를 만들겠다는 꿈은 끝내 이루지 못한 거야.

그러나 이후 멕시코에는 비야와 사파타의 뜻을 이어받은 정치인이 꾸준히 등장했단다. 그 결과 멕시코는 1940년대에 이르러 안정적인 산업화와 경제 성장의 기반을 마련했고, 이후 1980년대에 이르기까지 꾸준히 성장을 이어 나갔어.

↑ **판초 비야(가운데)와 에밀리아노 사파타(오른쪽)**
두 인물은 멕시코 농민의 절대적인 지지를 받는 영웅으로, 멕시코 혁명을 주도했어.

개혁에 나선 레닌, 내부의 저항에 부딪치다

"그럼 정말 사회주의 국가가 세워진 거예요?"

"물론이지. 새로운 사회주의 정부는 권력을 잡자마자 강력한 개혁을 실시했어. 신분제를 폐지해 귀족의 특권을 없앴고, 모든 남녀 성인에게 투표권을 줬지. 또 무엇보다 모든 토지와 공장을 국가 소유로 삼았어. 마르크스의 사회주의 이론 기억하지? 혁명을 통해 노동자와 농민이 나라의 권력을 잡았으니까, 러시아는 이제 모든 생산 수단을 노동자와 농민이 공유하는 사회주의 국가로 다시 태어난 거야."

"말로만 가능할 줄 알았던 개혁을 진짜 했네요."

"여기서 끝이 아니야. 새 정부는 부르주아의 대저택과 궁전을 모두 시민에게 개방했어. 차르의 으리으리한 궁전은 시민 누구나 방문할 수 있는 박물관과 회의장이 되었지. 또 하루 8시간 노동이 법으로 정해져서 일이 끝나면 누구나 여가를 즐길 수 있게 됐단다. 그뿐만 아니라 학교도 무료, 병원도 무료, 식량도 무료였어."

"와! 사람들이 엄청 좋아했겠어요."

"그야말로 혁명적인 변화였지. 하지만 너무나 급격한 변화 때문에 저항도 컸단다. 차르를 다시 모셔야 한다는 귀족, 임시 정부를 지지하는 부르주아는 혁명에 반발해 러시아 곳곳에서 무장 봉기를 일으켰어. 여기에 그동안 러시아 제국의 지배를 받았던 여러 소수 민족도 혼란을 이용해 독립하려 했어. 결국 러시아는 혁명과 동시에 엄청난 혼란

↑ **레닌의 개혁을 보여주는 포스터** 레닌이 차르, 성직자, 부르주아 등 러시아의 옛 권력자들을 몰아내고 있어.

↑ **스몰니 학원** 상트페테르부르크의 스몰니 수도원에 딸려 있던 건물이야. 원래는 귀족과 황족 여성들을 위한 학원이었지만, 10월 혁명 당시에는 혁명군이 점거해 혁명 본부로 썼지.

에 휘말리게 됐단다."

"어휴, 아직 독일과 전쟁도 끝나지 않았는데……."

왕수재가 이맛살을 찌푸렸다.

"그래. 독일군은 러시아가 혼란에 빠진 틈을 놓치지 않고 거세게 몰아붙였어. 레닌이 이끄는 사회주의 정부는 굉장히 불리한 입장에서 평화 협상에 나설 수밖에 없었단다. 결국 1918년 3월, 러시아는 독일의 어마어마한 요구를 다 들어준 끝에 겨우 평화 조약을 맺었어."

"독일이 뭘 요구했는데요?"

"독일은 60억 금 마르크의 배상금뿐 아니라 독일이 점령한 러시아 서부 지역의 광활한 땅을 요구했어. 또 동맹국인 오스만 제국에 캅카스 남부 지역도 내어 달라고 했지. 러시아가 포기해야 하는 지역의 넓이만 해도 한반도의 2.5배에 육박했어. 이 중에는 러시아의 주요 곡창 지대와 산업 시설이 몰려 있는 우크라이나도 포함돼 있었단다."

"그런 요구를 다 들어줬다고요?"

허영심의 상식 사전

금 마르크 1873년부터 1914년까지 사용된 독일 제국의 통화야. 1918년 당시 1 금 마르크는 지금 돈으로 약 2,000원의 가치가 있었대.

용선생의 세계사 돋보기

러시아는 오늘날 발트 3국, 핀란드, 폴란드 지역의 권리를 포기했어.

↑ **브레스트-리토프스크에 도착하는 러시아 대표**
1917년 12월, 러시아의 레프 트로츠키 외무 장관은 독일 지도부와 만나 본격적으로 평화 협상을 논의했어.

↑ **브레스트-리토프스크 조약문** 이 조약이 체결되면서 러시아는 제1차 세계 대전에서 빠지게 되었어. 조약문은 독일어 등 5개 국어로 작성됐어.

↑ 평화 협정으로 러시아가 상실한 영토

용선생의 세계사 돋보기
실제로 8개월 뒤 독일이 연합국에 항복하자 러시아는 브레스트-리토프스크 조약을 즉시 파기했어.

↑ 우크라이나 흑토 지대
우크라이나는 지금도 세계적인 농업 국가야.

"뾰족한 수가 없었어. 반혁명파와 싸움에 집중하기 위해서는 하루라도 빨리 전쟁을 끝내야 했거든. 자칫하다간 사회주의 혁명이 물거품으로 돌아갈 수 있으니까. 게다가 이제 독일의 패배는 거의 확실해 보였어. 그래서 잠시 양보하더라도, 전쟁이 끝나면 빼앗긴 땅은 쉽게 되찾을 수 있을 거라고 생각했지."

"오호~ 나름 속셈이 있었군요."

"응. 하지만 평화 조약을 통해 가까스로 전쟁을 끝냈는데도 레닌이 이끄는 볼셰비키 정부는 계속 어려움을 겪었단다. 러시아 국민의 대다수인 농민이 레닌을 지지하지 않았다는 게 가장 큰 문제였어."

"아니, 왜요?"

"일단 평화 조약으로 곡창 지대인 우크라이나를 독일에 내주는 바람에, 그렇지 않아도 심각했던 식량 문제가 더욱 커졌거든."

"그럼 레닌 말고 누굴 지지했는데요?"

"인민주의자들이었어. 이미 1870년대부터 농촌에서 꾸준히 활동해 온 사람들 말이야. 이들은 볼셰비키와 함께 혁명을 일으켰지만, 주로 도시 노동자 편에 서 있던 레닌과 달리 농민을 중심으로 혁명을 진행하려 했거든. 그래서 혁명 이후 진행된 첫 국회 의원 선거에서는 인민주의자들이 만든 '사회혁명당'이 레닌이 이끄는 볼셰비키를 제치고 다수당을 차지했단다."

"어휴, 이러다 레닌도 쫓겨나는 거 아녜요?"

"궁지에 몰린 레닌은 '선거 결과가 실제 러시아 국민의 뜻과 맞지 않는다.'며 의회를 아예 폐쇄하고 러시아 공산당을 세워 독재를 시작했어."

"노동자와 농민을 위한다더니 독재를요? 그런 식이면 반발이 더 커질 것 같은데요?"

"그런데 레닌의 독재보다 더 큰 문제가 있었단다. 러시아 전역에서 반혁명 세력의 반란이 들끓어서 가까스로 이뤄 낸 혁명 자체가 위기에 처해 있었거든. 대다수의 농민과 노동자는 일단 레닌이 이끄는 혁명 세력과 함께 반란을 진압하려고 했어. 이로써 러시아는 혁명 세력과 반혁명 세력이 정면으로 맞서는 내전의 소용돌이에 휘말렸단다."

나선애의 세계사 사전

러시아 공산당 10월 혁명을 주도했던 볼셰비키는 1918년에 러시아 공산당으로 이름을 바꿨어. 러시아 공산당은 레닌이 의회를 폐쇄한 이후 러시아에 있는 유일한 정당으로 사실상 러시아를 다스리는 기구가 됐어.

용선생의 핵심 정리

레닌 정부는 독일과 평화 협상을 맺으며 제1차 세계 대전에서 빠짐. 그러나 반혁명 세력이 반란을 일으키며 내전이 발생함.

러시아 내전의 시련을 딛고 소련이 탄생하다

"러시아 내전은 1922년까지 약 5년 동안 계속됐어. 이때 레닌의 정부군은 붉은색을 상징으로 썼기 때문에 붉은 군대, '적군'이라고 하고, 반대파는 왕을 상징하는 하얀색을 상징으로 썼기 때문에 '백군'

↑ 적군과 백군의 공격로

이라고 하지. 그래서 러시아 내전을 '적백 내전'이라고도 불러. 그런데 자세히 보면 백군에 참여한 세력은 참으로 다양했단다."

"엥? 어떻게요?"

"백군에는 옛날 임시 정부를 지지했던 부르주아들, 의회에서 쫓겨난 인민주의자, 다시 차르를 모셔야 한다고 주장하는 귀족까지 있었어. 그리고 폴란드와 핀란드, 리투아니아, 우크라이나처럼 민족의 독립을 위해 적군과 맞서 싸운 나라도 있었단다. 여기에 나중에는 영국, 프랑스, 미국 등 제1차 세계 대전의 연합국까지 러시아 내전에 뛰어들어 백군 편을 들었어."

"영국이랑 프랑스도요? 아니, 독일이랑 싸우기도 바쁠 텐데 왜요?"

"연합군이 독일에 승리를 거두는 건 시간문제였어. 오히려 러시아 혁명의 영향으로 사회주의 혁명의 기운이 서유럽으로 번지는 것이 더 큰 골칫거리였지. 심지어 일본은 이 기회에 만주와 시베리아에 세

용선생의 세계사 돋보기

이 나라들은 독일과 러시아의 평화 협상을 통해 러시아의 지배에서 벗어났어. 하지만 제1차 세계 대전에서 독일이 패배하자, 러시아는 평화 협상의 무효를 선언하고 이 나라들을 다시 지배하려 들었지.

력을 넓힐 목적으로 러시아 내전에 끼어들었어. 이렇게 모두들 목적이 제각각이다 보니 백군이 하나로 뭉쳐 싸우기는 어려웠어."

"그래도 적이 많으면 싸움이 힘들잖아요."

"맞아. 적군은 내전 초기 백군에 밀렸어. 그러자 레닌은 극단적인 경제 정책을 실시해 백군과의 싸움에 모든 걸 퍼부었단다."

"어떻게요?"

↑ 시베리아를 공격하는 일본군 일본군은 블라디보스토크에 상륙해 시베리아를 향해 진군을 계속했어. 그러나 현지 주민들의 반발을 산 탓에 오랫동안 전쟁을 이어 가기는 어려웠지.

"군대에 필요한 무기와 식량 공급을 최우선으로 삼고, 국가가 공장과 농장의 모든 생산 품목과 생산량을 계획하고 조정했어. 이렇게 생산된 모든 식량과 물자는 국가가 거둬 가 먼저 군대로 보낸 뒤, 나머지만 국민에게 배급했단다."

"국가가 경제를 완전히 조정하는 거군요?"

용선생의 세계사 돋보기

이런 걸 계획 경제라고 해. 이와 반대로 국가의 간섭 없이 시장에서 수요와 공급의 법칙에 따라 물건을 생산하고 거래하는 걸 '시장 경제'라고 하지.

"응, 레닌은 국민 간에 물건을 사고파는 행위를 금지하고, 외국과의 무역도 통제했어. 1918년 6월에는 강제 징집 명령을 내려 수백만 명이 넘는 국민을 군대로 끌고 갔지. 그래서 공장이 문을 닫았고, 도시의 인구가 줄어들었어. 모스크바의 인구는 혁명 전의 절반까지 감소했지. 농촌에서는 일손이 부족해 제대로 농사를 지을 수가 없었단다."

"사람들의 불만이 이만저만 아니었겠어요."

"러시아 국민은 굶주림으로 엄청난 고통을 받았어. 하지만 비밀경찰의 감시 때문에 비판

↑ 모스크바 붉은 광장을 행진하는 적군과 적군 깃발 레닌과 러시아 공산당의 지휘를 받는 적군은 모스크바와 그 일대를 중심 세력권으로 삼고 백군과 맞서 싸웠어.

↑ 레닌을 비난하는 백군의 선전 포스터
레닌이 마르크스의 제단에 러시아를 희생양으로 바친다고 비난하는 백군의 선전 포스터야. 레닌을 사이비 종교 지도자로 묘사했지.

의 목소리조차 제대로 낼 수도 없었단다. 징병을 거부하는 사람은 그 자리에서 죽이기까지 했지."

"그러다가 백군을 지지하는 사람들이 더 많아지는 거 아녜요?"

"아니. 대다수 농민은 백군을 지지하지 않았어. 레닌의 정책이 가혹했던 건 사실이지만, 백군이 승리하면 혁명을 통해 가까스로 얻은 땅을 다시 빼앗길 수 있었거든. 그것만은 절대 싫었던 거야. 게다가 노동자와 농민을 닥치는 대로 징병한 결과, 적군은 5백만 명이 넘는 병력으로 백군을 크게 압도했지. 그래서 시간이 갈수록 레닌이 이끄는 적군이 점차 유리해졌어. 농민의 지지를 잃은 백군이 궁지에 몰리자 연합국 군대도 철수할 수밖에 없었어. 아무래도 남의 내전에 끼어드는 데에는 한계가 있었던 거지."

"독립을 바라던 소수 민족도 있잖아요?"

"폴란드나 리투아니아 같은 나라와의 전쟁도 오래가지 않았어. 이

나라들은 애초에 독립을 얻는 게 목적이지 레닌의 혁명을 막는 게 목적이 아니었거든. 그래서 러시아가 우크라이나 이외에 다른 나라의 독립을 인정해 주자 다들 전쟁에서 빠졌어."

"어, 그럼 일본만 남은 건가?"

장하다가 눈을 끔뻑거리며 말했다.

"일본군도 오래 버티기 힘들었어. 일본군은 시베리아의 점령지를 닥치는 대로 약탈하고 민간인을 학살한 탓에 현지 주민들의 격렬한 저항에 시달렸거든. 그래서 내전이 4년차로 접어드는 1921년 무렵이면 사실상 적군이 승기를 잡고 러시아는 어느 정도 안정을 찾았단다."

"그럼 레닌이 승리한 거군요."

"맞아. 그런데 승리를 기뻐하기에는 상처가 너무나 컸어. 제1차 세계 대전의 충격에 내전의 시련까지 겹친 탓에 러시아는 말 그대로 폐허가 되어 버렸거든. 철저한 사회주의자인 레닌도 러시아 경제를 되살리려면 새로운 경제 정책을 펼쳐야 했지."

"어떻게 바꿨는데요?"

"레닌은 사회주의 경제에 약간의 자본주의적인 요소를 넣은 정책을 실시했어. 원래 완전한 사회주의 경제에서는 개인이 자기 땅을 가지고 농사를 지어서 농작물을 파는 것도 금지돼. 모든 땅은 국가 소유이기 때문이지. 하지만 레닌은 새로운 경제 정책을 펼쳐 농민이나 기업가가 자신이 생산한 물건을 자유롭게

↑ **핀란드의 독립 선전물** 핀란드를 상징하는 여인이 국기를 휘날리고 있어. 러시아 내전 당시 핀란드를 비롯한 여러 나라가 완전 독립을 선언하고 나섰지.

↑ **차리친 전투** 오늘날 볼고그라드에서 벌어진 전투로 러시아 내전 최대 전투 중 하나야. 1919년 6월 적군은 차리친 전투에서 백군에게 대승을 거두며 내전의 승기를 잡았어.

러시아에서 최초의 사회주의 혁명이 일어나다 **047**

↑ **체르보네츠** 신경제 정책이 실시될 당시 소련에서 쓰던 화폐야.

사고팔 수 있게 해 주었단다. 이걸 '신경제 정책'이라고 해."

"어, 그럼 사회주의를 포기한 거예요?"

"그건 아냐. 두 번의 큰 전쟁으로 러시아의 농토는 황무지로 변했고 공장은 모두 파괴되었어. 그런데 자기가 생산한 물건도 마음껏 판매할 수 없게 하면, 대체 누가 황무지를 개간해 농사를 짓고 공장에서 열심히 일을 하려고 하겠니? 레닌은 지금은 원래 생각했던 사회주의를 실천할 수 없다고 봤어. 그래서 어느 정도 자유로운 경제 활동을 보장해 줘서 일할 의지를 북돋우려 한 거지."

"그래서 러시아 경제가 좀 나아졌나요?"

"응, 새로운 경제 정책이 잘 실행된 덕에 러시아의 농민과 노동자의 불만은 누그러졌고, 식량과 물자 생산량도 순조롭게 늘어났어. 한숨 돌린 레닌은 1922년 러시아의 수도를 모스크바로 옮겼지."

"갑자기 수도는 왜 옮겨요?"

"너희도 잘 알다시피 원래 러시아의 수도는 발트해 연안의 항구 도시인 상트페테르부르크였어. 서유럽과 왕래하기 좋은 곳이었지. 그런데 러시아 혁명이 일어난 직후 영국과 프랑스 등 서유럽의 국가 대부분은 교류를 끊었어. 사회주의 혁명이 자기네 나라로 번지는 게 두려웠기 때문이야. 더구나 러시아 내전 때에는 상트페테르부르크에 함대를 파견해 러시아를 위협하기까지 했지. 그러다 보니 항구 도시라는 이점이 이제는 오히려 단점으로 변해 버린 거야. 그래서 레닌은 러시아의 옛 중심지인 모스크바로 수도를 옮겨서 막 자리 잡은 새

↑ **크렘린궁** 원래는 모스크바의 성채였어. 러시아 혁명 이후 러시아 공산당 의회가 이곳에 설치되면서 러시아의 정치 중심지이자 사회주의의 상징이 되었지.

↑ **초기의 소비에트 연방**

↑ **소비에트 사회주의 공화국 연방의 국기** 왼쪽 위에 새겨진 그림은 낫과 망치, 별이야. 낫은 농민, 망치는 노동자를 뜻하고 별은 노동자의 다섯 손가락과 다섯 개의 대륙을 뜻한대.

정부를 더욱 안정시키려 했단다."

"어휴, 수도를 옮길 정도면 전쟁이 정말 무서웠나 봐요."

"그래. 그뿐만 아니라 아직까지 남아 있는 소수 민족 문제도 러시아를 괴롭혔어. 레닌은 러시아 내부의 여러 소수 민족에게 자치권을 주어 사회주의 국가를 세우되, 그렇게 탄생한 나라끼리 연방을 만들어서 하나로 뭉쳤단다. 이렇게 해서 러시아는 '소비에트 사회주의 공화국 연방', 줄여서 '소련'으로 다시 태어났어."

"소련요? 어디선가 들어 본 거 같은 이름인데……."

왕수재가 얼굴을 찌푸리자 용선생은 히죽 웃어 보였다.

"흐흐. 아마 한 번쯤 들어 본 적이 있을 거야. 소련은 이후 전 세계의 사회주의 혁명을 지원하며 세계사에 큰 영향을 끼쳤거든. 그 때문에 서유럽과 미국에서는 소련의 활동을 극도로 경계했단다. 우리나라에서 한국 전쟁이 터졌을 때에도 북한이 소련의 지원을 받았지."

"아, 그러고 보니 한국사에서 본 기억이 나요!"

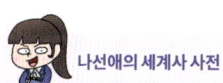
나선애의 세계사 사전

소비에트 원래는 '대표자 회의'를 뜻하는 러시아어야. 그런데 러시아 혁명에서 노동자와 농민, 병사들의 소비에트가 레닌의 주도 아래 권력을 쥐고 혁명을 주도하게 되자, 사회주의 국가를 다스리는 최고 권력 기구를 뜻하는 단어로 바뀌었지.

러시아에서 최초의 사회주의 혁명이 일어나다 **049**

"잘 기억하고 있구나. 혁명 이후 소련은 급격한 경제 성장을 이루면서 비교적 최근인 1980년대 말까지 세계 최강대국 중 하나로 군림했어. 그 이야기는 나중에 하기로 하고 오늘은 여기까지. 그럼 수업 끝!"

 **용선생의 핵심 정리**

러시아 내전에는 온갖 혁명 반대파가 끼어들었고, 많은 피해를 남김. 내전이 레닌파의 승리로 끝난 이후 레닌은 신경제 정책을 실시해 경제를 회복시키고, '소비에트 사회주의 공화국 연방'을 세움.

나선애의 정리노트

1. 러시아에서 꿈틀대는 사회주의 혁명의 움직임
- 농민들을 중심으로 혁명을 이루려는 인민주의자들이 등장함.
  - → 알렉산드르 2세 암살 이후 차르의 전제 정치는 더욱 강화됨.
- 급속한 산업화로 노동자의 수가 많아지면서 사회주의가 발전함.
  - → 낮은 임금과 열악한 노동 환경을 바꾸려는 시도가 시작됨.

2. 2월 혁명과 러시아 제국의 붕괴
- 평화 시위를 잔혹하게 진압한 피의 일요일 사건을 계기로 파업과 시위가 이어짐.
  - → 니콜라이 2세는 개혁을 통해 사회를 안정시키려 했으나, 제1차 세계 대전으로 민심을 잃음.
- 시민들이 제1차 세계 대전 참전 중단을 요구하며 2월 혁명을 일으킴.
  - → 러시아 제국이 붕괴되고 임시 정부가 들어섬.

3. 10월 혁명으로 사회주의 국가로 재탄생한 러시아
- 사회주의 운동가 레닌이 독일의 도움으로 망명을 마치고 러시아로 돌아옴.
  - → 세계 최초로 사회주의 혁명(10월 혁명)을 일으켜 사회주의 공화국을 세움.

4. 러시아 내전의 시작
- 혁명 정부는 독일과 평화 협상을 맺고, 제1차 세계 대전에서 빠짐.
  - → 레닌은 러시아 공산당을 세워 혁명을 진행함.
  - → 레닌에 맞서는 반혁명 세력이 내전을 일으킴.

5. 소련의 탄생
- 노동자와 농민의 지지를 얻은 레닌의 적군이 승리
  - → 레닌은 신경제 정책을 실시하고 수도를 모스크바로 옮긴 뒤, 소비에트 사회주의 공화국 연방을 세움.

세계사 퀴즈 달인을 찾아라!

1 알렉산드르 2세의 개혁과 그 영향에 대한 설명으로 옳은 것은? (   )

① 국민 대다수는 농노를 탄압하는 알렉산드르 2세를 미워했다.
② 인민주의자들은 알렉산드르 2세의 개혁을 적극적으로 지지했다.
③ 알렉산드르 2세가 암살당한 후 차르의 전제 정치가 더욱 심해졌다.
④ 알렉산드르 3세의 탄압으로 도시 노동자들 사이에서 사회주의가 사라졌다.

2 빈칸에 들어갈 사건의 이름을 써 보자.

1905년 1월 9일, 가폰 신부와 노동자들은 차르를 찾아가 노동자의 어려움을 호소하려고 겨울 궁전으로 평화로운 행진을 시작했어. 하지만 차르의 근위대는 시위대를 잔인하게 진압해 수천 명이 죽거나 다쳤지. 이 비극적인 날을 '○○ ○○○'(이)라고 불러. 이 사건으로 전국에서 시위와 파업이 벌어지며 러시아가 잠시 마비됐지.

(   )

3 다음 사건들을 일어난 순서대로 써 보자.

㉠ 2월 혁명
㉡ 10월 혁명
㉢ 러시아 제국의 붕괴, 임시 정부 수립
㉣ 소비에트 사회주의 공화국 연방 성립

(-   -   -   )

4 빈칸에 공통으로 들어갈 알맞은 이름을 써 보자.

○○은 1900년대 초에 활동한 러시아의 사회주의 운동가이다. ○○은 제1차 세계 대전 중에 러시아에서 세계 최초로 사회주의 혁명을 일으켜 '농민과 노동자의 나라'라는 구호를 앞세운 사회주의 공화국을 세웠다.

(   )

5 독일과 레닌 정부 사이에 평화 조약이 체결된 이후 상황으로 옳은 것은?
(   )

① 알렉산드르 2세가 암살되었다.
② 적군과 백군이 힘을 합쳐 독일에 맞섰다.
③ 러시아 제국이 붕괴되고 임시 정부가 들어섰다.
④ 제1차 세계 대전에서 레닌 정부가 빠지게 되었다.

6 러시아 내전에 대한 설명으로 옳은 것은?
(   )

① 폴란드는 민족의 독립을 위해 백군에 맞서 싸웠어.
② 일본은 백군에 가세해 시베리아를 손쉽게 차지했어.
③ 레닌을 지지한 적군과 레닌에 반대한 백군이 맞서 싸웠어.
④ 영국과 프랑스가 적군에 가세하자, 결국 백군이 패배했어.

정답은 267쪽에서 확인하세요!

용선생 세계사 카페

러시아의 마지막 차르 니콜라이 2세 일가의 비극

러시아의 마지막 차르 니콜라이 2세는 절대 권력을 가지고 있었지만 위기에 처한 러시아를 다스리기엔 여러모로 능력이 부족했어. 오히려 자신의 절대 권력을 엉뚱한 인물에게 넘기고 무책임한 태도를 보여 사태를 악화시키고 비극을 부채질했지. 러시아의 마지막 차르 니콜라이 2세와 황족이 어떤 최후를 맞이했는지 알아보자.

연애로 맺어진 황실 부부

니콜라이 2세는 26세의 나이로 독일 출신 알렉산드라 황후와 결혼했어. 알렉산드라 황후는 영국 빅토리아 여왕의 외손녀로, 알렉산드라 황후와 니콜라이 2세는 10년의 연애 끝에 결혼했대. 정략결혼이 일반적이었던 당시 유럽의 왕족 사회에서는 보기 드문 일이었지. 알렉산드라 황후는 러시아로 시집가면서 종교도 러시아 정교로 개종할 만큼 니콜라이를 끔찍하게 사랑했지.

두 부부는 결혼 생활 9년 동안 딸 넷과 아들 하나를 얻었어. 하지만 어렵게 얻은 외아들 알렉세이가 '혈우병'이라는 불치병에 걸리고 말았지. 차르 일가는 황태자를 보호하기 위해 가까운 신하 몇 명 외에는 아무도 만나지 않은 채 지냈어.

> 혈우병은 한번 피가 나면 쉽게 멈추지 않아서 목숨을 위협하는 유전병이야. 영국의 빅토리아 여왕이 혈우병 환자였는데, 증손자에게 유전된 거지.

↑ **니콜라이 2세의 가족사진**
가운데 있는 여인이 알렉산드라 황후, 그 아래쪽에 있는 남자아이가 외아들이자 혈우병으로 고생한 알렉세이 황태자야.

라스푸틴의 등장과 함께 시작된 비극

이때 차르 가족 앞에 라스푸틴이라는 수도사가 나타났어. 라스푸틴은 자신에게 황태자의 병을 고칠 신통력이 있다며 차르 부부에게 접근했지. 라스푸틴이 정확히 무슨 방법을 썼는지 알 순 없지만 황태자의 병은 점차 낫는 것처럼 보였어. 그러자 니콜라이 2세는 라스푸틴을 가까이 두었고, 라스푸틴은 차츰 니콜라이 2세를 대신해 러시아를 다스리게 된단다. 라스푸틴은 차르 부부의 신뢰를 이용해 자신의 욕심을 채우는 데만 열심이었어. 심지어 제1차 세계 대전에도 관여해서 러시아를 패배하게 만든 원인이 되기도 했지. 결국 라스푸틴은 화가 난 러시아의 귀족들에게 붙잡혀 처형당했고, 러시아 제국은 그로부터 두 달 뒤 2월 혁명으로 무너졌단다. 차르 가족은 시베리아의 예카테린부르크로 유배당해 엄중한 감시를 받았지.

그러다 10월 혁명을 통해 레닌이 집권하고 러시아 내전이 벌어졌어. 레닌의 정부군은 백군이 차르 복귀를 계획할까 걱정해 차르 일가를 붙잡아 모조리 처형했단다.

↑ 라스푸틴
러시아에 갑자기 나타나 차르 일가를 홀리고 권력을 차지해 러시아 제국을 좌지우지했던 수상한 수도사야.

마지막 황녀 아나스타시야

그런데 몇 년이 흐른 1920년에 흥미로운 사건이 벌어졌어. 자신이 니콜라이 2세의 막내 공주 아나스타시야라고 주장하는 여성이 독일의 수도 베를린에 나타난 거야. 이 여성은 자신이 1918년에 차르 일가가 처형당할 때 간신히 살아남아 지금껏 숨어 지냈다고 말했지. 그리고 유럽 곳곳에 남아 있는 러시아 황실의 재산을 상속받겠다고 나섰어.

이 여성은 러시아 황실의 예법을 잘 알았고, 아나스타시야 공주와 생김새도 매우 닮았지. 하지만 러시아어를 전혀 하지 못하고, 러시아 황실과 관련된 사실도 정확히 모르는 부분이 많아서 여러모로 수상했어. 하지만 1984년에 이 여성이 죽을 때까지 진실은 밝혀지지 않았지.

그러던 1991년, 예카테린부르크 주변의 공동묘지에서 살해당한 차르 일가의 시신이 발견됐어. 유전자 분석 결과 니콜라이 2세 가족은 1918년에 모두 총살당한 게 맞고, 자신을 아나스타시야 공주라고 주장한 여성은 폴란드 출신의 평범한 여성인 애나 앤더슨으로 밝혀졌단다.

↑ 14세 때의 아나스타시야 공주

↑ 애나 앤더슨
1920년에 홀연히 등장해 자신이 아나스타시야 공주라고 주장한 인물이야.

| 용선생 세계사 카페 |

사회주의 혁명가 레닌은 어떤 사람일까?

러시아 혁명은 1917년 10월 혁명을 통해 완성됐어. 이 사건을 주도한 건 블라디미르 레닌이라는 혁명가였지. 레닌의 흔적은 러시아뿐 아니라 지금 우리가 살고 있는 세계 곳곳에 남아 있단다. 그럼 사회주의 혁명을 이끈 레닌이 어떤 사람이었는지 함께 살펴보자.

혁명가의 길로 들어선 모범생

레닌은 1870년 모스크바에서 동쪽의 심비르스크(지금의 울리야놉스크)에서 태어났어. 레닌의 집안은 부유한 편이었고, 분위기도 자유로웠단다. 어린 시절의 레닌은 착실하고 말 잘 듣는 모범생이었지.

그러다 레닌이 17세 되던 해인 1887년, 큰형 알렉산드르가 차르 암살을 모의하는 혁명 단체에 가담한 죄로 사형을 당했어. 이후 레닌은 형을 죽인 차르와 러시아 제국에 비판의 날을 세웠지. 이때부터 사회주의 혁명가로서의 길을 걷기 시작했어.

레닌은 1895년 서유럽으로 여행을 떠났어. 그리고 유럽의 사회주의자들을 만나 마르크스의 사상을 공부한 뒤 러시아로 돌아왔지. 러시아로 돌아온 뒤로는 사회주의 단체를 만들어 노동자 파업을 도왔어. 그러다가 체포되어 시베리아로 유배당하고, 외국으로 망명을 떠나기도 했단다.

↑ 레닌의 가족사진 앞줄 맨 오른쪽에 있는 아이가 레닌이야.

↑ 울리야놉스크의 레닌 생가 지금은 박물관으로 사용해.

이 시절 러시아에는 정부의 탄압에도 불구하고 사회민주노동당이 창당되며 사회주의가 꾸준히 퍼져 나갔어. 레닌은 사회민주노동당의 기관지를 만들고 편집자로 활동하며 사회주의를 정착시키는 데에 많은 공을 들였지. 이때 러시아에 혁명을 일으키는 방법을 두고 사회민주노동당 내부에서 레닌파와 레닌 반대파의 의견이 갈렸는데, 레닌을 따르던 사람들을 '볼셰비키'라고 불렀어.

▲ 30세의 레닌
이 무렵 레닌은 핀란드 망명 중이었어.

러시아를 사로잡은 레닌

1905년 피의 일요일 사건이 터지고 러시아 전역에서 파업과 폭동이 일어났어. 러시아에서 파업을 주도하던 레닌은 정부의 탄압이 시작되자 스위스로 망명을 떠났지. 이후 레닌은 제1차 세계 대전이 터질 때까지 스위스에서 지내며 저술 활동에 힘썼단다.

그러던 중 제1차 세계 대전이 터지고, 2월 혁명으로 러시아 제국이 붕괴됐어. 새로 세워진 임시 정부가 대다수 노동자와 농민, 병사들의 지지를 얻지 못한 탓에 러시아에서는 혼란이 계속되었지. 이 상황을 눈여겨본 독일 정부는 스위스에 있는 레닌의 귀국을 돕기로 했단다. 레닌이 러시아에서 혁명을 일으켜 독일과의 전쟁을 중단하면 독일의 숨통이 조금이라도 트일 것 같았거든.

러시아로 돌아온 레닌은 사회민주노동당을 통해 러시아 혁명을 위해 실천해야 할 몇 가지 원칙을

레닌은 중립국인 스웨덴을 거쳐서 러시아로 돌아갔어.

→ 레닌이 귀국할 때 탄 열차

▲ 레닌의 귀환로

↑ 비밀경찰 '체카'의 문양 레닌이 만든 비밀경찰 체카는 오늘날 러시아 연방보호국(FSB)으로 이름을 바꿔 이어지고 있어. 푸틴 대통령 등 오늘날 러시아의 권력자 대부분이 이곳 출신이지.

↓ 레닌 무덤 내외부 레닌의 시신은 보존 처리가 된 상태로 모스크바의 붉은 광장에 전시되어 있어. 그래서 죽은 지 100년이 다 되어 가는 오늘날에도 생전 그대로의 모습을 볼 수 있지.

제시했어. 그리고 2월 혁명은 시작일 뿐이고, 이제 노동자와 농민이 나라의 주인이 되는 두 번째 혁명을 시작하겠다는 뜻을 당당히 밝혔지. 이 주장은 러시아를 발칵 뒤집어 놓았어. 러시아를 당장 사회주의 국가로 만들겠다는 과격한 뜻이 담겨 있었거든. 하지만 오랜 혼란에 지친 러시아인들에게 레닌의 주장은 한 줄기 빛으로 다가왔단다. 러시아의 노동자와 농민을 사로잡은 레닌과 볼셰비키는 10월 혁명을 통해 임시정부를 무너트리고 권력을 차지했어.

러시아 내전과 혁명의 후퇴

하지만 사회주의 혁명은 많은 반발을 낳았어. 혁명에 반대했던 이들은 반군을 조직해 내전을 일으켰지. 러시아 내전은 어마어마한 인명 피해를 낳았어. 레닌을 지원했던 러시아 국민들 사이에서는 차츰 레닌을 향한 원망이 커져 갔지. 그러자 레닌은 내부 단속을 위해 자신을 비판하는 이들을 감시하고 처벌하는 '체카'라는 비밀경찰 조직을 만들었어. 그리고 레닌과 공산당을 비판하는 사람을 체포해 처형했지. 그뿐만 아니라 부족한 병사를 보충하기 위해 많은 젊은이를 전쟁에 동원했단다.

비밀경찰과 군 조직의 규모는 점점 커졌어. 러시아 내전이 한창일 1920년 무렵 러시아의 비밀경찰은 3만여 명, 병사는 500만 명에 달할 정도였지. 러시아는 어느새 군대가 통제하고 언제나 비밀경찰의 감시를 받으며 말실수라도 했다가는 아무도 모르게 끌려가 목숨을 잃을 수 있는 사회가 되었단다. 러시아의 모든 노동자와 농민, 병사들이 평등한 권리를 누리는 사회주의 국가를 건설하겠다던 레닌의 꿈과는 거리가 먼 사회였지.

레닌은 러시아 내전이 끝난 직후인 1922년에 뇌출혈로 건강이 급속히 악화됐어. 그러자 레닌의 지위를 차지하기 위해 공산당 내부에서 치열한 권력 다툼이 벌어졌지. 그리하여 레닌이 죽은 후, 러시아에는 또 한 번 무시무시한 피바람이 몰아치게 된단다.

세계 곳곳에 남은 레닌의 흔적

레닌은 세계 최초로 사회주의 혁명을 성공시킨 인물이야. 그리고 사실상 러시아 제국을 무너트리고 현대 러시아를 세운 인물로, 러시아에서는 국부로 존경받지.

또 레닌은 미국의 우드로 윌슨 대통령보다 앞서서 세계 최초로 '민족자결주의'를 주장한 인물이기도 해. 러시아가 '러시아 제국'에서 각자 자치권을 가진 여러 사회주의 공화국의 연합인 '소련'으로 다시 태어난 것도 그 때문이란다.

> 각 민족의 일은 민족 스스로 결정하자는 주장이야.

레닌은 러시아 혁명은 시작에 불과하다고 생각했어. 곧 세계 곳곳에서 러시아를 모델로 삼은 사회주의 혁명이 일어나 세상이 완전히 뒤바뀔 거라고 생각했거든. 그래서 세계 곳곳의 사회주의자들을 지원했지. 그러다 보니 러시아뿐 아니라 세계 곳곳에서 레닌의 동상을 볼 수 있단다.

↑ 베트남 하노이의 레닌 동상

↑ 미국 시애틀의 레닌 동상

2교시

아시아에서 민족 운동이 활발하게 일어나다

제1차 세계 대전의 피바람을 간신히 헤쳐 나온 열강의 힘은 예전 같지 않았어.
그동안 착실하게 실력을 키워 온 아시아의 여러 민족은
본격적으로 자유와 독립을 위한 싸움에 뛰어들었지.
그렇다고 해서 열강이 순순히 물러났을 리는 없었겠지?
독립을 향해 한 걸음을 내디딘 아시아는 어떻게 됐을까?

1916년	1917년	1919년	1919년	1923년	1924~1927년	1930년
아랍인 반란	밸푸어 선언	중국 5.4 운동	간디, 비폭력 비협조 운동 전개	튀르키예(터키) 공화국 탄생	제1차 국공합작	간디의 소금 행진

앙카라
오늘날 튀르키예의 수도. 원래 이곳은 오스만 제국의 군사 요충지였고, 무스타파 케말이 그리스의 침략군을 무찌른 근거지이기도 해.

팔레스타인
유대인은 수천 년 전 떠났던 이곳에 유대인의 나라를 건설하는 운동을 벌여 아랍인과 충돌했어.

메카
이슬람교의 성지. 이곳을 근거지로 둔 하심 가문은 제1차 세계 대전 이후 연합군의 전후 처리에 반발하며 독립 왕국을 세웠어.

암리차르
영국은 이 도시에서 벌어진 인도인의 평화 시위를 무력으로 잔인하게 진압했어.

서아시아의 입헌 군주국 쿠웨이트, 바레인, 요르단에 가다

쿠웨이트, 바레인, 요르단은 오스만 제국과 페르시아 제국, 영국 등의 지배를 받다가 독립했어. 현재는 세 나라 모두 이슬람을 국교로 삼고 국왕이 나라를 다스리는 입헌 군주제를 유지하지. 종교와 정치를 분리시킨 세속주의 국가라 사회 분위기는 비교적 자유롭고 개방적인 편이야.

아라비아반도의 요충지 쿠웨이트

쿠웨이트는 아라비아반도 동북쪽 페르시아만 연안에 있는 나라야. 경상북도 크기인 좁은 국토는 대부분 사막이지. 하지만 세계 7위 수준의 석유 매장량 덕에 부유한 편이야. 인구는 약 480만 명인데 그중 무려 70퍼센트가 외국인이래. 임금 수준이 높아서 해외 노동자가 많이 들어왔거든. 쿠웨이트는 이라크, 사우디아라비아, 이란 등 서아시아의 주요 강국에 둘러싸인 군사·교통·외교 요충지이기도 해.

◆ 슈웨이크 항구
쿠웨이트 최대 항구로 중계 무역의 중심지야. 항구를 중심으로 자유 무역 지대가 형성돼 있어.

◆ 수도 쿠웨이트
쿠웨이트의 수도 이름도 쿠웨이트야. 나라 이름과 구분하기 위해 쿠웨이트시라고도 불러. 페르시아만을 끼고 있는 쿠웨이트는 중계 무역 기지로 발전했지.

실내 생활을 즐기는 쿠웨이트 사람들

쿠웨이트의 기후는 1년 중 대부분이 덥고 한여름에는 45도까지 올라가. 그래서 쿠웨이트 사람들은 실내에서 주로 생활해. 또 짧은 거리라도 걷지 않고 차를 이용하지. 그래서 운동량이 적어 인구의 43퍼센트가 비만이야. 쿠웨이트는 '세상에서 제일 뚱뚱한 나라'라고 불리기도 해.

↑ **교통 체증이 심한 쿠웨이트** 대중교통이 불편하고 기름 값이 저렴해서 사람들이 짧은 거리라도 걷지 않고 차를 이용해.

↑ **쿠웨이트 오페라 하우스** 서아시아 지역의 최대 문화 시설이야. 쿠웨이트 정부에서 많은 돈을 투자해 개발한 '국가 문화 지구'에 있어.

아랍의 금융 중심지 바레인

바레인은 페르시아만에 자리한 섬나라야. 서울시보다 조금 더 큰 면적에 인구는 약 160만 명으로 서아시아에서 가장 작은 국가지. 바레인은 국가 핵심 사업으로 금융업을 키우고, 외국 기업에 문을 활짝 열었어. 그 결과 이슬람 국가 중 글로벌 금융 기업이 가장 많은 '아랍의 홍콩'이 됐단다.

← **핀테크 베이** 핀테크는 첨단 금융 서비스야. 바레인은 정부가 직접 핀테크 기업을 지원하고 있어.

바레인 국제 무역 센터

400개 이상의 금융 기업이 모여 있어.

↑ **바레인 중앙은행** 이자를 금하는 이슬람 율법에 따라 바레인은 세계 최초로 이슬람 세계의 채권인 '수쿠크'를 발행했고, 보험도 만들었어.

↑ **수도 마나마** 마나마는 이슬람 금융의 중심지야. 이슬람 금융 기관 회계 감사청(AAOIFI) 등 내로라하는 이슬람 금융 기관이 밀집해 있거든.

가장 개방적인 이슬람 국가 바레인

바레인은 이슬람 국가 중에서 다양한 문화에 가장 자유롭게 열려 있는 나라야. 경제 발전을 위해 더 많은 외국 기업과 외국인이 자유롭게 활동하게 하는 것이 바레인의 정책이거든. 바레인에서는 다른 이슬람 국가에서는 엄격히 금지된 술과 돼지고기도 쉽게 구할 수 있어. 여성의 사회 활동도 활발한 편이야.

↑ **바레인 인터내셔널 서킷** 바레인은 아랍 국가 최초로 국제 자동차 경주 대회인 포뮬러 원(F1)을 개최했어. 매년 이곳에서 열리는 대회인 '바레인 그랑프리'를 보려고 전 세계에서 수많은 관광객이 몰려와.

↑ **마나마의 호텔들** 술을 찾아 바레인으로 오는 아랍인 관광객이 무척 많아. 자동차로 반나절이면 돌아볼 수 있을 만큼 작은 나라인 바레인에 60개가 넘는 중대형 호텔이 자리 잡은 이유지.

➡ **바레인의 DVD 대여점** 바레인은 서양 영화나 공연, 박람회 등도 적극적으로 받아들였어. 다른 아랍 국가에서 보기 힘든 할리우드 영화도 마음껏 볼 수 있지.

↑ **킹 파드 코스웨이** 사우디아라비아와 바레인을 잇는 25킬로미터의 다리야. 주말이면 수십만 명의 사우디인이 이 다리를 건너 바레인으로 놀러 와.

고대 유적과 유물의 보고 요르단

아라비아반도 북서부에 자리한 요르단은 이라크, 이스라엘, 사우디아라비아, 시리아와 국경을 접하고 있어. 면적은 한반도의 절반보다 작고 인구는 약 1,100만 명이야. 요르단은 아라비아반도에서는 드물게도 석유 한 방울 나지 않는 나라야. 그 대신 오랜 역사를 간직한 덕분에 각종 유적과 유물이 넘쳐 나 관광 산업이 발달했어. 특히 크리스트교 관련 유적이 많아 성지 순례 관광 명소로 유명해.

↑ **베타니 예수 세례터** 예수가 세례 받은 장소로 알려진 곳이야. 이스라엘과 요르단 사이로 흐르는 요르단강 동쪽에 있어.

로마 원형 극장이야. 오늘날에는 각종 행사가 열리는 시민 공원으로 쓰여.

↑ **수도 암만** 기원전 1700년부터 존재한 오래된 도시로 비단길의 주요 거점이었어. 한때 로마 제국의 지배를 받아 로마 유적이 많이 남아 있어.

↑ **느보산** 유대인을 이집트에서 해방시킨 모세가 숨을 거둔 것으로 알려진 산이야.

↑ **페트라** 중계 무역으로 번영했던 고대 도시로 사막 한가운데 바위산을 깎아 만들었어. 영화 <인디아나 존스>에 나와 우리에게도 친숙해.

몰려드는 난민으로 골머리를 앓는 요르단

요즘 서아시아는 긴 내전과 잦은 테러에 시달리고 있어. 요르단은 그동안 전쟁 난민을 꾸준히 받아들여 왔지만 어느덧 수백만에 이른 난민을 지원하느라 경제가 크게 침체된 상황이야.

↑ **요르단의 시리아 난민 수용소** 시리아 내전이 터진 이후 10만 명이 넘는 난민이 요르단으로 밀려들었어.

↑ **팔레스타인 난민 수용소의 수업 시간** 요르단에서 가장 큰 팔레스타인 난민 수용소야. 요르단은 같은 이슬람교도인 팔레스타인 난민을 보호하는 데에 앞장섰어.

아랍 최고의 의료 관광 중심지

요르단은 세계적인 의료 관광지야. 의료 종사자가 많고 의료 기술 또한 발달해 아랍 지역 최고의 의료 강국이지. 의료비도 저렴해 매년 전 세계에서 수십만 명의 의료 관광객이 찾아와. 피부에 좋기로 유명한 사해도 의료 관광의 큰 수입원이지.

→ **사해 진흙** 피부 미용에 효과가 좋대.

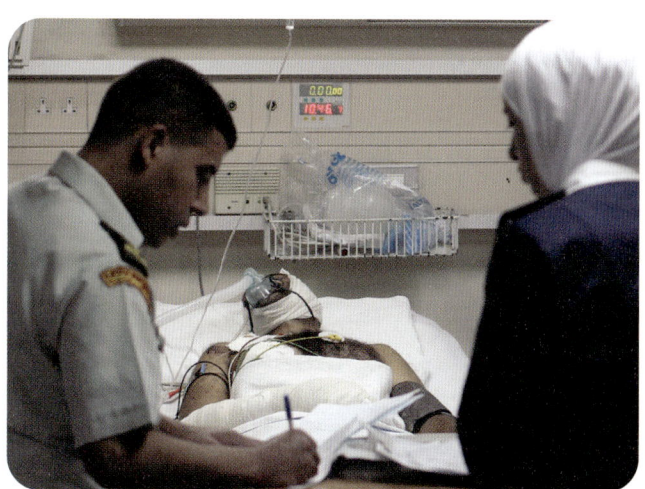

↑ **암만의 의료 센터에서 치료 받는 팔레스타인 부상자** 전쟁이 잦은 주변 국가에서 부상당한 환자들이 요르단을 많이 찾아.

↑ **사해에서 수영을 즐기는 사람들** 사해는 수면이 해수면보다 낮은 호수야. 염도가 높아 피부병에 효과가 좋고, 수영을 못 해도 물에 둥둥 뜨는 재미를 느낄 수 있어.

영국이 서아시아에 갈등의 씨앗을 심다

"세계 대전으로 유럽 나라들의 힘이 약해졌겠어요."

장하다가 눈을 반짝이며 말했다.

"그래. 유럽 열강은 식민지에 대해 이전처럼 신경을 쓰기 어려울 정도로 힘이 약해졌어. 이 틈을 타 아시아에서는 독립의 움직임이 보였지."

"아시아 사람들의 독립운동이 시작되는 거군요!"

"맞아. 게다가 열강은 전쟁에서 이기기 위해 오히려 독립운동을 지원하기도 했어. 오스만 제국이 제1차 세계 대전에서 독일 편을 들었던 것 기억나지? 영국은 서아시아의 아랍인에게 오스만 제국에 맞서 반란을 일으켜 싸워 준다면, 나중에 아랍인의 독립을 돕겠다고 약속했단다. 아랍인은 오스만 제국을 세운 튀르크인이 등장한 뒤로 수백 년 동안 튀르크인의 지배를 받는 처지였거든."

"아랍인을 이용해서 오스만 제국을 등 뒤에서 괴롭힐 생각이었군요. 근데 독립을 돕겠다는 영국의 말을 어떻게 믿죠?"

나선애가 눈을 가늘게 뜨고 미심쩍다는 표정을 지었다.

"물론 믿기 어렵지만, 아랍이 독립을 이룬 뒤 권력을 장악할 생각이었던 일부 아랍인에게는 매우 솔깃한 제안이었지. 이들은 영국의 약속을 믿고 전쟁에 뛰어들었단다."

"근데 선생님, 아랍인이 왜 갑자기 독립을 꿈꾸게 된 거죠? 그동안은 같이 잘 살았잖아요."

"오스만 제국의 전성기에는 별 문제가 없었어. 튀르크인과 아랍인은 서로 민족은 다르지만 이슬람교를 중심으로 똘똘 뭉쳤거든. 하지만 1800년대에 들어 오스만 제국이 쇠퇴하고, 정부가 유럽식 개혁에 나서자 갈등이 불거졌어."

"유럽식 개혁이 뭐가 문제였는데요?"

"개혁 때문에 지금껏 아랍인과 튀르크인을 하나로 묶어 주었던 이슬람교가 흔들렸기 때문이야. 유럽에서 비롯된 인권과 평등, 자유주의와 민족주의 같은 낯선 사상이 제국 내부로 스며들자 이슬람의 전통적인 가치가 서서히 약화되었지. 더구나 오스만 제국의 정권을 잡은 청년 튀르크당은 '튀르크 민족의 영광'을 강조하며 튀르크인 중심의 정책을 펼

↑ **이크완 낙타 부대** 이슬람 원리주의를 내세우며 탄생한 아랍인 무장 집단이야. 이들은 자동차와 기관총 등 현대 사회의 문물이 전부 '이슬람 율법에 어긋난다.'며 거부하고, 낙타를 타고 칼과 창 같은 구식 무기를 사용했지.

쳤어. 그러자 오스만 제국 안에서 아랍인의 처지는 더욱 궁색해졌고, 자연스레 독립을 꿈꾸게 되었지."

"아하, 영국이 그 상황을 이용한 거네요."

"근데 아랍인이라고 해서 다 같은 아랍인이 아니란 점이 중요해. 아랍인은 전통적으로 여러 유력한 가문을 중심으로 뭉쳐서 살아왔어. 유력 가문 간에는 서로 라이벌 의식도 굉장하고 세력 다툼도 치열했지. 서로 힘을 합쳐야 할 같은 민족이 아니라 적이라 여긴다 해도 지나친 말이 아니었어."

"그럼 영국은 어느 가문을 지원했죠?"

영심이가 고개를 갸웃거리며 물었다.

"영국은 여러 아랍 가문의 경쟁을 잘 지켜보다가 먼저 '사우드' 가문에 접근했단다. 그리고 오스만 제국을 상대로 반란을 일으키면 전쟁이 끝난 후에 아라비아반도에 독립 국가를 세워 주겠다고 약속했지."

"사우드 가문은 어떤 집안이에요?"

"사우드 가문은 1800년대 초반에 이슬람 원리주의 운동인 와하브 운동을 이끌며 아라비아반도에서 세력을 떨친 가문이야. 하지만 오스만 정부군에 진압당한 뒤 오랫동안 다시 일어설 기회를 노리고 있었지. 사우드 가문은 예전의 영광을 되찾기 위해 영국과 손을 잡았단다."

"사우드 가문은 예전의 영광을 되찾고, 영국은 오스만 제국을 괴롭히고. 뭐 서로 좋은 거네요?"

"근데 영국은 이걸로는 충분하지 않다고 생각했는지, 사우드 가문

↑ 윌리엄 셰익스피어
(1878년~1915년) 극작가 윌리엄 셰익스피어와는 전혀 관련이 없는 인물이야. 영국의 군인 출신 외교관으로서 사우드 가문에 접근해 영국의 지원을 약속했어. 실제로 사우드 가문을 도와 전투에 나섰다가 전사했지.

과 경쟁하던 '하심' 가문에도 같은 약속을 하며 반란을 부추겼단다. 하심 가문은 이슬람교의 성지인 메카와 메디나 일대를 줄곧 관리해 온 가문이야. 그야말로 천여 년에 걸친 전통과 역사를 자랑하는 데다가 종교적인 권위도 있는 명문가지. 하심 가문이 보기에 사우드 가문은 갑자기 나타난 뜨내기에 불과했고, 당연히 사이도 좋지 않았어."

▲ 헨리 맥마흔(왼쪽)과 후세인 빈 알리(오른쪽) 영국의 관리인 헨리 맥마흔은 메카의 태수인 하심 가문의 후세인 빈 알리와 여러 차례 편지를 주고받으며 아랍 민족의 독립을 약속했어.

"영국이 정말 두 가문한테 똑같은 약속을 했다고요?"

곽두기의 눈이 휘둥그래졌다.

"그래. 일단 전쟁이 급하니 마구 약속을 한 거지. 영국의 약속을 받은 각 가문은 오스만 제국을 상대로 전쟁을 시작했어. 특히 하심 가문은 1916년에 대대적으로 반란을 일으켜 북쪽으로 진격하며 오스만 제국군을 괴롭혔지. 영국은 하심 가문의 활약 덕에 서아시아 일대에서 오스만 제국을 궁지에 몰아넣을 수 있었단다."

"영국이 아랍인을 제대로 이용한 거군요."

"그런데 기가 막힌 건, 영국이 또 다른 민족

▲ 제1차 세계 대전 당시 아랍인의 반란

아시아에서 민족 운동이 활발하게 일어나다 **073**

왕수재의 지리 사전

팔레스타인 동지중해와 요르단강 사이의 땅과 그 주변 지역을 가리켜.

↑ **월터 로스차일드**
(1868년~1937년) 영국의 은행가로 당시 로스차일드 가문을 이끈 사람이야.

과도 약속을 했다는 거야."

"어머, 또 누구한테요?"

"유대인이야. 영국의 외교 장관 밸푸어는 영국의 유대인 은행가 월터 로스차일드에게 직접 편지를 보내서 팔레스타인에 유대인 민족 국가를 수립하는 계획에 적극적으로 찬성한다는 뜻을 밝혔어. 세계 최고의 부자인 로스차일드 가문의 도움도 받고, 나아가 미국에 있는 유대인의 호의를 사서 미국도 전쟁에 끌어들이려는 속셈이었지. 이 약속을 '밸푸어 선언'이라고 해."

"뜬금없이 유대인의 나라를 세운다고요?"

"유대인의 나라를 세우는 건 원래 유대인의 오랜 꿈이었어. 유대인

아랍인의 독립을 위해 싸웠던 영국인 로렌스

↑ **〈아라비아의 로렌스〉**
로렌스의 활약상을 담은 할리우드 영화야.

아랍 반란에서 아랍인 못지않게 활약한 영국인이 있어. 바로 영국에서 파견한 토머스 에드워드 로렌스란 육군 장교지. 오늘날엔 본명보다는 '아라비아의 로렌스'라는 별명으로 더 유명해.

원래 토머스 로렌스는 메소포타미아와 이집트 등 서아시아 일대의 유적지를 탐사하던 고고학자였어. 그러다 군인이 된 뒤에는 주변 지역을 정찰하고 정보를 수집하는 일도 맡았지.

1916년 아랍 반란이 일어나자 로렌스는 영국군의 명령에 따라 하심 가문에 파견되었고, 하심 가문과 함께 전장을 누볐어. 로렌스는 아랍 반란을 성공적으로 이끈 영국인으로 일약 아랍의 스타가 되었단다.

↑ **낙타를 탄 로렌스 대위**

로렌스는 자신이 진정 아랍인의 독립을 위해 싸운다고 믿었던 거 같아. 전쟁이 끝난 후에야 영국이 지킬 수 없는 약속을 했다는 걸 알게 되었지. 로렌스는 제1차 세계 대전이 끝난 뒤에 조용히 영국으로 돌아와 평생 자신이 '아라비아의 로렌스'라는 사실을 숨기고 살았다고 해.

은 나라 없는 민족이란 이유로 오랜 세월 유럽에서 따돌림을 받으며 살아왔으니까. 더구나 1800년대 후반 들어 유럽 각국에서 민족주의가 강화되자 유대인에 대한 차별은 더욱 심해졌어. 프랑스에서는 육군 대위가 유대인이라는 이유로 죄 없이 간첩으로 몰려 감옥에 갇히기도 했단다. 그래서 당시 유럽의 유대인은 국가 건설 운동을 활발히 벌였어. 여러 후보지 중 서아시아의 팔레스타인이 가장 적합했지."

◆ 밸푸어가 로스차일드 가문에 보낸 편지
영국의 외교 장관 밸푸어가 보낸 편지야. 전쟁 지원을 대가로 유대인들의 나라 수립을 돕겠다고 약속했어.

"왜 하필 팔레스타인에 유대인 나라를 세우려고 했어요?"

"유대인은 수천 년 전 이스라엘이 있던 팔레스타인이 하느님께서 유대인에게 직접 약속한 땅이라고 주장했어. 특히 성지 예루살렘과 그 주변 지역을 '시온'이라고 부르며 성스럽게 여겼지. 그래서 팔레스타인 지역에 유대인의 나라를 건설하겠다는 운동을 '시온주의'라고 불러."

"에이, 아무리 그래도 수천 년 전 고향으로 돌아와서 어떻게 나라를 세워요? 이미 딴 사람이 살고 있었을 거 아녜요."

장하다가 입을 삐죽댔다.

"시온주의자들은 1890년대 이후 팔레스타인 지역의 땅을 사들이고, 황무지가 많았던 땅을 개간해 정착했어. 그 덕분에 팔레스타인 지역의 유대인 인구는 빠르게 증가했지. 여기에 영국의 약속까지 더해지자 유대인의 기대감은 한층 더 커졌어."

"전쟁 끝나면 영국이 지켜야 할 약속이 한둘이 아니네요."

▲ 테오도르 헤르츨
(1860년~1904년) 오스트리아의 유대인 기자야. 시온주의를 최초로 주장하여 '시온주의의 아버지'라고 불리기도 한단다.

용선생의 세계사 돋보기

영국과 프랑스의 비밀 협정은 제1차 세계 대전 당시 동맹국이었던 러시아의 동의 아래 이루어졌어. 하지만 러시아 혁명을 통해 러시아 정부가 무너지면서 영국과 프랑스가 맺은 비밀 협정이 만천하에 드러났지.

"그런데 이것이 끝이 아니었단다. 영국은 아랍 반란이 한창이던 1916년에 프랑스와 비밀리에 협정을 맺었어. 제1차 세계 대전이 마무리되면 영국과 프랑스가 서아시아를 식민지로 삼아 반씩 나눠 갖자고 합의한 거야."

"세상에! 결국 속셈은 완전히 따로 있었던 거군요?"

나선애가 깜짝 놀란 듯 눈을 동그랗게 떴다.

"응. 영국이 서아시아를 그렇게 쉽게 포기할 리 없지. 서아시아는 예나 지금이나 유럽과 아시아를 잇는 중요한 길목이잖니? 게다가 1900년대 초반에 서아시아에 석유가 엄청나게 매장돼 있다는 사실까지 밝혀지면서 중요성이 더욱 커졌어."

↑ **페르시아(이란)의 첫 석유 시추** 1908년 페르시아(이란)에서 석유가 발견됐어. 석유는 오늘날까지도 '검은 황금'이라 불릴 정도로 가치가 높지.

↑ **비밀 협정에 따라 나눈 서아시아** 1917년에 공개된 지도야. A부분은 프랑스, B부분은 영국이 가지기로 합의했지.

"암만 그래도 그렇지…… 지킬 생각도 없는 약속을 그렇게 많이 하다니, 영국은 전쟁이 끝나면 뒷감당을 어떻게 하려고 그랬어요?"
왕수재가 팔짱을 낀 채 중얼거렸다.

 **용선생의 핵심 정리**

제1차 세계 대전 당시 영국은 아랍인의 반란을 부추겨 오스만 제국을 공격하도록 함. 사우드 가문, 하심 가문에 독립 국가 건설을 약속한 데 이어 유대인의 국가 건설까지 약속하고, 비밀 협정을 통해 프랑스와 서아시아를 나눠 갖기로 합의함.

서아시아에서 여러 나라가 독립하다

"자, 그런데 제1차 세계 대전이 막바지에 접어들었을 때에 뜻밖의 문제가 생겼어. 사우드 가문과 하심 가문 사이에 신경전이 시작된 거야. 하심 가문을 이끌던 후세인 빈 알리는 자신을 '아랍인의 왕'이라고 선언했단다. 그러자 사우드 가문이 반발하며 하심 가문과 전쟁을 벌였어."

"어휴, 독립도 하기 전에 아랍인끼리 전쟁을 한 거네요."

"전쟁 결과 사우드 가문이 승리하면서 하심 가문의 세력은 크게 약화됐어. 하심 가문은 어떻게든 주도권을 놓지 않으려 했지만, 약속과 달리 영국이 제대로 도와주지 않은 탓에 세력이 점점 약화될 수밖에 없었지."

"뭐, 영국이야 딴 속셈이 있었으니 안 도와줬겠죠."

나선애가 입을 비죽댔다.

"1919년에 제1차 세계 대전이 끝나자 영국의 속셈은 더욱 명확히 드러났지. 영국이나 프랑스에게는 일단 독일 문제가 중요했기 때문에, 아랍인의 독립 문제는 뒷전으로 밀려났거든. 하심 가문을 비롯한 여러 아랍 가문에서 파리 평화 회담에 사람을 보내 이득을 챙겨 보려 했지만 모두 헛수고였지. 이 와중에 밸푸어 선언이 밝혀지고, 영국이 몰래 프랑스와 아라비아반도를 나눠 가지

▲ 파리 평화 회의에 참여한 아랍인들 파리 평화 회의에는 하심 가문 등 아랍 여러 가문의 주요 인사들이 참석해 영국에 약속을 지키라고 요구했어.

기로 했다는 사실까지 밝혀지자 아랍인은 매우 화가 났어."

"이제야 자기들이 이용당했다는 걸 깨달은 거군요."

"응. 영국은 아랍인을 어떻게든 달래야 했어. 오랜 회의 끝에 국제 연맹은 서아시아에 아랍인의 독립 국가를 건설하되, 일단은 영국과 프랑스가 '대신' 다스리기로 했단다."

"독립이면 독립이지, 대신 다스리겠다는 건 또 뭐예요?"

"아랍인에게는 아직 나라를 다스릴 능력이 없으니, 여건이 될 때까지 열강이 다스리며 도와주기로 한 거지."

"그럼 사실상 프랑스와 영국이 서아시아를 나눠 가진 거잖아요."

"맞아. 옛 시리아 지역은 프랑스가 가져가고, 메소포타미아 지역은 영국이 차지했어. 프랑스는 크리스트교 신자가 많이 살던 지역에 '레바논'이란 나라를 세우고, 나머지 땅에는 '시리아'라는 나라를 세웠지. 영국은 '트란스요르단'과 '이라크'라는 나라를 세웠단다. 그리고 그동안 영국을 도와주었던 하심 가문의 두 왕자에게 트란스요르단과 이라크의 국왕 자리를 각각 주었어."

"어라? 그럼 결국 하심 가문은 약속받은 대로 자기 나라를 얻은 건가요?"

"하지만 영국의 통치를 받았으니 빛 좋은 개살구였어. 이제 아랍 세계를 주도하는 건 누가 뭐래도 '사우디아라비아'를 세운 사우드 가문이었지. 사우드 가문은 제1차 세계 대전 이후 리야드를 중심으로 맹렬히 세력을 키우

> 용선생의 세계사 돋보기
> 제1차 세계 대전 이후 국제 연맹은 아직 자치 정부를 세우기 어려운 지역은 '위임 통치'란 이름으로 영국이나 프랑스 등 강국이 대신 다스리도록 했어.

↑ 제1차 세계 대전 이후 서아시아

↑ 리야드 리야드는 사우드 가문의 본거지로, 오늘날 사우디아라비아의 수도야.

↑ 사우디아라비아의 정유 공장 사우디아라비아는 오늘날 세계 최고의 석유 수출국이야.

↑ 압둘아지즈 알사우드 (1875년~1953년) 사우디아라비아의 첫 국왕이야. 1925년 하심 가문에게서 이슬람교의 성지 메카와 메디나를 빼앗고 1932년 사우디아라비아를 세웠어.

더니, 1925년에는 하심 가문을 공격해 이슬람교의 성지 메카와 메디나까지 차지하며 아라비아반도 대부분을 통일했단다."

"근데 영국은 사우드 가문이 아라비아반도를 차지하는 걸 그냥 보고만 있었어요?"

"당시 영국은 사우드 가문이 차지한 땅은 황량한 사막이라 쓸모없는 땅이라고 생각했거든. 사우드 가문도 영국이 다스리는 이라크나 요르단까지 진출할 욕심을 부리진 않았어. 그래서 서로 부딪치지 않았단다. 하지만 나중에 석유가 왕창 발견되는 바람에 사우디아라비아는 세계에서 손꼽히는 부자 나라가 되었고, 지금은 이슬람 세계를 주도하는 중요한 국가로 자리 잡았지."

"음, 결국 아랍인이 세운 나라가 생기긴 한 거네요."

"응. 여기에 독립에 성공한 나라가 하나 더 있어. 바로 이집트야. 제1차 세계 대전 이후 영국의 보호령인 이집트에서도 독립운동에 한껏 불이 붙었거든. 저항을 견디다 못한 영국은 이집트의 자치를 인정했어. 다만 이집트 의회가 내리는 결정은 모두 영국 정부의 승인을 받고, 수에즈 운하는 그대로 영국이 가지는 조건이었지. 수에즈 운하를 지킨다는 핑계로 영국군도 그대로 주둔하기로 했어."

"그게 무슨 독립이에요?"

아이들이 인상을 잔뜩 찌푸렸.

"영국이 지중해와 홍해를 잇는 요충지인 이집트를 순순히 포기할 리 있겠니? 그렇다고 예전처럼 이집트인의 저항을 마냥 찍어 누를 수도 없으니 이런저런 꼼수를 쓴 거야. 하지만 이런 수법에 넘어가지 않고 꿋꿋이 독립을 달성한 나라도 있어. 바로 튀르키예야."

용선생의 핵심 정리

전쟁 이후 영국은 서아시아 남부를, 프랑스는 서아시아 북부를 한동안 대리 통치하기로 함. 사우드 가문은 하심 가문을 몰아내고 사우디아라비아를 세움. 이집트도 투쟁의 결과 영국에게서 자치권을 얻어 냄.

오스만 제국이 멸망하고 튀르키예가 탄생하다

"튀르키예라면 6·25 전쟁 때 우리를 도와준 그 나라 말이에요?"

"맞아. 지금까지 '오스만 제국'이라고 부르던 나라지. 오스만 제국은 제1차 세계 대전에서 독일 편을 들었다가 패배하는 바람에 큰 위기를 맞았어. 영국과 프랑스가 민족자결주의를 들이대며 오스만 제국을 공중분해시키려고 했거든."

아시아에서 민족 운동이 활발하게 일어나다

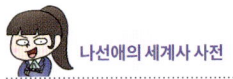
나선애의 세계사 사전
쿠르드인 오늘날 튀르키예 동부와 이라크 북부, 이란 서부 등지에 사는 민족이야.

왕수재의 지리 사전
세브르 센강에 인접한 소도시로, 오늘날 프랑스 파리 남서쪽에 위치해 있어.

"아하, 오스트리아-헝가리 제국이 공중분해 된 것처럼요?"

"응. 똑같은 방식이었어. 연합국은 일단 아르메니아인과 쿠르드인이 많이 사는 지역을 독립시키고, 그리스에는 에게해 동쪽 지역을 떼어 주려 했어. 그리고 나머지 땅은 영국, 프랑스, 이탈리아가 나눠 가질 계획이었지. 열강은 1920년에 세브르 조약을 맺어서 계획을 실행에 옮기려 했어."

"완전 굴욕이네요. 그래도 한때 유럽을 벌벌 떨게 만든 제국인데."

장하다가 고개를 절레절레 흔들었다.

"하지만 패자가 무슨 말을 할 수 있겠니? 오스만 정부는 울며 겨자 먹기로 세브르 조약에 서명할 수밖에 없었단다. 이 사실이 전해지자 오스만 제국에서는 그야말로 난리가 났어. 곳곳에서 시위가 일어났고, 조직적인 저항이 시작되었단다."

"역시, 가만히 앉아서 당할 수는 없죠."

"열강도 질세라 군대를 보내 저항을 진압하려 했어. 그리하여 튀르키예 독립 전쟁이 시작됐지. 튀르키예 독립 전쟁에서는 무스타파 케

➜ 유럽 열강의 오스만 제국 분할 계획

↑ **이즈미르** 에게해의 이즈미르만에 위치한 튀르키예 제2의 항구 도시야. 세브르 조약으로 오스만 제국에서 그리스로 넘어갈 위기에 놓였던 지역 중 하나야.

말이 커다란 공을 세웠어. 무스타파 케말은 이탈리아-튀르크 전쟁과 제1차 세계 대전에서 여러 차례 승리하면서 전쟁 영웅으로 떠오른 인물이었는데, 독립 전쟁에서 맹활약을 펼친 덕분에 오늘날 튀르키예인이 가장 존경하는 인물이 됐지. 튀르키예에서는 본명보다 '튀르크인의 아버지'란 의미를 지닌 '아타튀르크'로 더 많이 불린단다."

"어머, 활약이 대단했던 모양이죠?"

"무스타파 케말은 세브르 조약의 무효를 선언하며 오스만 정부에 맞섰어. 그런 뒤 아나톨리아반도 중부의 앙카라에서 '대국민회의'를 조직해 투쟁에 나섰단다. 무스타파 케말이 이끄는 독립군은 영국과 프랑스, 그리스 등 연합군을 상대로 연승을 거두었어. 무스타파 케

↑ **무스타파 케말**
(1881년~1938년) 튀르키예 독립 전쟁을 승리로 이끈 군 사령관. 훗날 튀르키예 공화국의 초대 대통령이 되었어.

아시아에서 민족 운동이 활발하게 일어나다

→ **사카리야 전투** 튀르키예 독립 전쟁의 운명을 가른 전투야. 이 전투에서 무스타파 케말의 튀르크군은 그리스군과 3주간 밤낮을 가리지 않고 전투를 벌인 끝에 크게 승리했지.

말의 활약 덕택에 유럽 열강은 세브르 조약을 완전히 취소할 수밖에 없었지."

"이야, 쟁쟁한 연합국을 상대로 어떻게 승리를 거두었죠?"

"무엇보다 모든 튀르크인이 똘똘 뭉쳐 열강에 맞서 싸운 것이 가장 큰 이유였어. 사실 무스타파 케말이 이끄는 군대뿐 아니라 전국 각지에서 민병대가 조직돼서 열강에 맞서 싸웠지."

"역시 하나로 똘똘 뭉치니 살길이 열리는군요."

"전쟁에서 승리를 거둔 무스타파 케말은 오스만 제국을 무너트리고 새로운 나라를 세우기로 했어. 그리하여 1923년, 오스만 제국은 영영 사라지고 아나톨리아반도 일대를 영토로 하는 '튀르키예 공화국'이 탄생했지. 이로써 튀르크인의 독립 국가가 탄생한 거야."

"튀르크라서 나라 이름을 튀르키예라고 한 거죠? 그럼 이제 튀르키예는 완전히 '튀르크인의 나라'가 된 거네요?"

"맞아. 그 점이 오스만 제국과는 완전히 다른 점이지. 오스만 제국

허영심의 상식 사전

튀르키예 2021년까지만 해도 튀르키예 공화국은 퀴르키예를 영어식으로 읽은 '터키'로 불렸어. 하지만 공식적으로 영어 명칭을 튀르키예(Türkiye)로 변경하면서 터키를 튀르키예라 고쳐 부르게 되었지.

▲ 앙카라 오늘날 튀르키예의 수도야. 원래 아나톨리아반도 중부의 군사 요충지였는데, 무스타파 케말이 조직한 대국민회의가 자리한 이후로 튀르키예의 수도가 되었지.

▲ 튀르키예 공화인민당 깃발 튀르키예 공화인민당은 케말이 만든 정당이야. 당의 상징인 6개의 화살표는 튀르키예 공화국이 추구하는 세속주의, 민족주의, 공화주의 등 6개의 원칙을 의미한대.

은 이슬람이라는 종교를 중심으로 여러 민족이 모여 만든 다민족, 다문화 제국이었어. 하지만 튀르키예 공화국은 나라 이름부터 튀르크 민족주의를 강조하는 튀르크인의 나라였지. 이렇게 나라의 성격이 바뀌면서 함께 달라진 게 있어. 튀르키예 공화국은 더 이상 '이슬람 국가'가 아니라는 점이야."

뜻밖의 이야기에 아이들은 서로를 바라보았다.

"그게 무슨 뜻이에요? 튀르키예 사람들이 갑자기 이슬람교를 버리기라도 했어요?"

"그건 아니고, 나라를 운영하는 중요한 정치적 원리에서 이슬람교를 공식적으로 제외했다는 거야. 이제 이슬람 율법인 샤리아를 통해 나라를 다스리지 않게 되었고, 이슬람교의 최고 지도자인 칼리프가 나라를 다스리던 칼리프 제도도 공식적으로 폐지됐지. 이슬람교가 생긴 이후 거의 1300년 동안 이어진 전통을 과감히 버린 거야. 이렇게 해서 튀르키예는 종교와 정치가 철저하게 분리된 나라로 다시 태

용선생의 세계사 돋보기

오스만 제국의 술탄은 이집트를 정복한 1517년 이후 형식상 종교 지도자인 칼리프를 겸했어.

어났어. 이런 나라를 '세속주의 국가'라고 불러."

"근데 종교와 정치를 왜 철저하게 분리했어요?"

"무스타파 케말은 이슬람교가 그동안 오스만 제국의 개혁과 발전을 가로막았다고 생각했어. 실제로 시대에 뒤떨어진 종교적 관습 때문에 여성의 교육과 사회 진출도 방해받았고, 종교 지도자의 반대 때문에 교육 제도를 개혁하거나 유럽의 새로운 학문을 들여올 때에도 어려움이 많았지."

"어머, 그렇군요."

"무스타파 케말은 튀르키예 사회의 모든 분야에서 종교가 미치는 영향력을 줄이고 사회를 개혁하려 많은 노력을 기울였단다. 이슬람력 대신에 서양식 달력을 썼고, 《쿠란》에 따라 네 명까지 부인을 둘 수 있었던 법을 고쳐 일부일처제를 도입했지. 또 여성의 머리카락을 가리는 이슬람교 전통 복장인 히잡 착용을 강제하지 않기로 했고, 여성도 남성과 동등하게 교육을 받도록 했어. 아랍 문자 대신 로마자 알파벳을 본뜬 튀르키예 문자를 만들어 보급하기도 했지. 아랍 문자는 이슬람교의 영향으로 널리 쓰이긴 했지만, 배우기에는 너무 어려웠거든."

"개혁 정책을 이것저것 엄청 많이 실시했네요."

"그래. 세속주의에 뿌리를 둔 무스타파 케말의 개혁 정책으로 튀르키예는 빠르게 전쟁의 상처를 씻고 안정을 찾았어."

"튀르키예 사람들이 무스타파 케말을 존경하는 이

↑ **새로운 튀르키예 문자** 무스타파 케말이 알파벳을 가져와 만든 튀르키예 문자를 직접 쓰며 홍보하고 있어.

유를 알 것 같아요. 전쟁에서도 승리하고, 과감히 개혁을 이뤄 낸 분이군요!"

곽두기의 말에 용선생은 고개를 끄덕였다.

"하지만 무스타파 케말이 모든 사람들에게 인기가 좋았던 건 아니야. 세속주의에 반대하는 독실한 이슬람교 신자들은 무스타파 케말이 서양 문물을 마구잡이로 들여와서 사회를 어지럽힌다고 여겼거든. 튀르키예는 오늘날까지도 세속주의를 지키고 있지만, 인구의 대부분이 이슬람 신자이다 보니 독실한 이슬람 신자와 세속주의자 간의 갈등이 여전히 진행 중이란다."

↑ 1920년대 튀르키예 여성 무스타파 케말의 세속주의 정책으로 튀르키예 여성들은 더 이상 히잡을 쓰지 않고, 머리카락을 드러내거나 다양한 형태의 모자를 쓰고 다닐 수 있게 되었어.

➜ **무스타파 케말을 추도하는 튀르키예 사람들**

무스타파 케말은 1938년 이스탄불의 돌마바흐체 궁전에서 생을 마감했어. 그래서 매년 돌마바흐체 궁전에서 추도식이 열려. 돌마바흐체의 시계는 9시 5분에 멈춰져 있는데, 무스타파 케말이 죽음을 맞이한 시간이래.

튀르키예 아버지 무스타파 케말의 시간은 멈춰 있다?

"종교 문제가 아직도 심각하군요."

"그래. 그리고 어떻게 보면 이것보다 더 심각한 문제가 있어. 무스타파 케말은 튀르크인에게는 틀림없이 영웅이지만, 튀르키예 내부의 다른 민족에게는 원수나 다름없거든."

"네? 그게 무슨 말씀이시죠?"

"사실 튀르키예 영토에 남아 있던 소수 민족들은 세브르 조약을 통해 독립을 얻을 수도 있었어. 하지만 무스타파 케말이 승리하는 바람에 독립할 기회를 놓쳤고, 튀르키예 공화국이 탄생한 뒤로는 튀르크인의 지배 아래 계속 억압당했지. 특히 대표적인 소수 민족인 쿠르드인은 상상을 초월할 정도로 심한 탄압을 받았어. 무스타파 케말은 '튀르키예에 살면 모두 튀르크인이지, 쿠르드인 같은 민족은 없다.'면서 소수 민족 고유의 문화와 언어를 인정하지 않았고, 반란이 일어나자 폭격기를 동원해 과격하게 진압했지. 과격한 진압 때문에 4만 명에 가까운 민간인이 사망한 적도 있었으니까 당연히 무스타파 케말을 원수로 여길 수밖에."

"끄응, 좋은 일만 했던 분은 아니군요."

나선애가 고개를 절레절레 흔들었다.

 용선생의 핵심 정리

제1차 세계 대전 이후 오스만 제국은 열강에 의해 분열될 위기에 놓였으나, 전쟁 영웅 무스타파 케말이 나서 독립을 지켜 냄. 이후 무스타파 케말은 튀르키예 공화국을 세우고, 세속주의에 따라 개혁 정책을 진행함.

간디가 비폭력 비협조 운동에 나서다

"이번에는 좀 더 동쪽에 있는 인도의 민족 운동에 대해 이야기를 해 볼까? 인도에서는 1900년대 초반부터 영국의 지배에서 벗어나 자치권을 얻어 내려는 운동이 활발히 벌어졌어. 인도인을 대표하는 국민회의나 전 인도 무슬림 연맹 같은 조직도 결성되었지. 그러던 와중에 제1차 세계 대전이 터졌어. 다급해진 영국은 인도인에게 도움을 요청하며 전쟁이 끝나면 바라는 대로 자치권을 주겠다고 약속했단다."

"인도에서도 아랍 사람에게 한 것처럼 약속을 한 거군요?"

"맞아. 인도인은 영국의 약속을 철석같이 믿었어. 그래서 자치권 투쟁을 잠시 중단하고 제1차 세계 대전에 적극적으로 참여했지. 인도

▲ **제1차 세계 대전에 참전한 인도인** 인도는 영국의 약속을 믿고 적극적으로 영국을 지원했어.

인은 모두 80만 명이나 유럽의 전쟁터에 나갔고, 여기에 자발적으로 모금 운동을 벌여서 영국의 전쟁 자금에 보태기도 했어. 마침내 영국이 승리를 거두자, 인도는 자치권을 얻게 될 거라는 희망에 부풀었지."

"설마 이번에도 약속을 안 지켰나요?"

"그래. 전쟁이 끝나고 평화 협상까지 모두 마무리됐지만 영국은 인도에 자치권을 주겠다는 약속을 차일피일 미루기만 했단다."

"어휴, 이번에도 거짓말만 했네."

기가 막힌 듯 곽두기가 고개를 내저었다.

"화가 난 인도인은 영국에 저항하기 시작했어. 화풀이로 영국인에게 협박과 테러를 일삼는 사람들도 있었지. 그러자 영국은 인도의 영국인을 보호하겠다며 새로운 법을 만들었단다. 영국 반대 운동을 하는 인도인을 마음대로 체포하고, 제대로 된 법적 절차도 거치지 않고 구속해 가둬 버릴 수 있도록 하는 법이었어."

"그럼 이전보다 인도인을 더 가혹하게 대하는 거잖아요."

"그렇지. 인도인은 이 법에 크게 반발했어. 저항 운동도 더욱 거세졌지. 하지만 영국은 전혀 물러설 기미를 보이지 않았어. 심지어 맨손인 인도인 시위대를 향해 총을 쏴서 시민 1,000여 명이 죽는 사건이 벌어지기까지 했지."

"어휴, 결국 그렇게 총을 쏘며 싸우는 방법밖엔 없는 건가요?"

▲ 시드니 롤래트
(1862년~1945년) 영국의 판사로 1919년, 인도인을 영장 없이 체포하는 법을 만들었다 큰 반발을 샀어.

▲ 암리차르 시 학살 기념 벽과 추모비 영국군은 펀자브 지역의 인도인 시위대에 총을 쏴 1,000여 명의 사상자를 냈어. 이 학살이 벌어진 암리차르 시에는 그때 총격으로 파인 벽이 여전히 남아 있단다.

아시아에서 민족 운동이 활발하게 일어나다

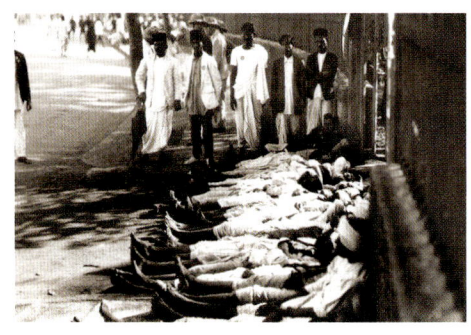

↑ **파업 중인 인도인 노동자들** 길거리에 누워서 '비폭력 비협조' 운동을 실천에 옮기는 노동자들의 모습이야.

용선생의 세계사 돋보기

간디는 자신의 운동을 '사티아그라하'라고 부르며 이미 오랫동안 실천해 왔어. '진리를 찾으려는 노력'이란 뜻이지.

"맞아요. 전쟁 때문에 얼마나 많은 사람이 죽었는데……."

영심이가 질렸다는 듯 고개를 절레절레 저었다.

"그래. 그렇게 참혹한 전쟁을 치르고도 폭력 사태는 끊이지 않았지. 이때 인도 국민회의의 지도자인 마하트마 간디가 아주 신선한 저항 방법을 내놓았단다."

"어떤 방법인데요?"

"폭력을 쓰지 않고 영국에 협력하지 않는 식으로 영국에 저항하여 자치권을 얻어 내자는 거였어."

"그런다고 무슨 효과가 있어요?"

"후후, 그게 영국의 식민 통치에는 큰 타격이었어. 모든 인도인이 한날한시에 모두 일손을 놓고 한데 모여서 기도를 한다고 생각해 보렴. 영국인의 공장에서 일하는 사람, 영국인의 가게에서 일하는 사람, 인도 총독부의 관료, 공무원……. 모두 다 함께 손을 놓아 버리면 영국은 무척 난처해질 수밖에 없거든. 그럼 구태여 폭력을 쓰지 않고도 영국의 인도 지배를 방해하고, 인도인의 저항 의지도 세상에 알릴 수 있지."

"으흠, 일종의 파업과 같은 건가요?"

"그렇지. 간디는 시위나 집회를 할 때마다 영국의 허락을 받았고, 총독부의 해산 명령이 떨어지면 망설임 없이 시위대를 해산하고 돌아갔단다. 폭력은 짐승의 법칙이니 영국이 총과 폭력으로 인도를 다스린다 하더라도 인도인은 절대로 폭력을 쓰지 않고 저항할 거라고

했지."

"근데 선생님, 제국주의 열강들이 약육강식이라며 툭하면 싸워대던 시기에 그런 방법이 먹힐까요?"

"그래. 그래서 간디의 운동이 더욱 돋보이는 거지. 특히 너무나 많은 사람이 희생된 제1차 세계 대전 직후였기 때문에, 간디의 비폭력 비협조 운동은 세상에 신선한 충격으로 다가왔어. 간디 역시 인도인뿐 아니라 세계적으로 존경을 받는 지도자로 부상했단다."

"하지만 비폭력적인 방법만으로는 한계가 분명할 것 같은데요?"

왕수재가 미심쩍은 표정을 짓자 용선생은 씩 미소를 지어 보였다.

"간디의 비폭력 비협조 운동은 시간이 흐르면서 서서히 빛을 보기 시작했어. 인도 내에서도 점점 많은 사람이 간디를 따랐지. 심지어 그동안 힌두교 신자가 중심인 국민회의와 사이가 좋지 않았던 이슬

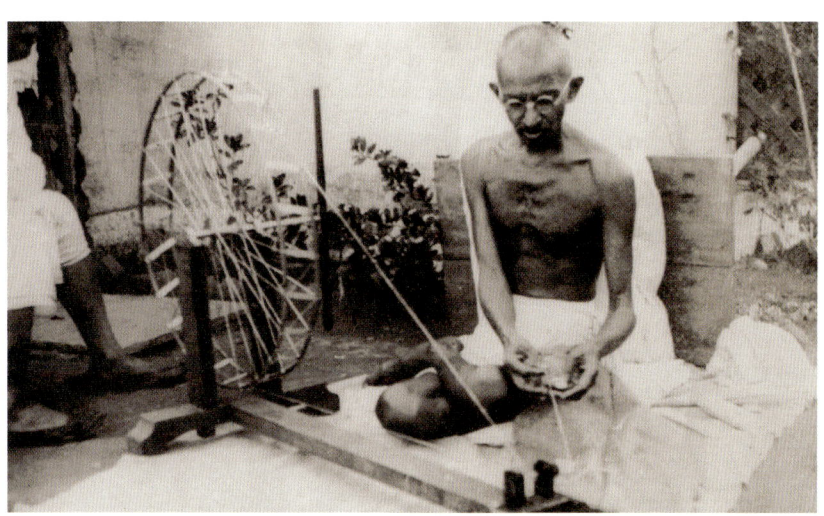

↑ **물레를 돌리는 간디** 간디의 저항 방식을 잘 보여 주는 장면이야. 간디는 폭력적인 방법으로 독립운동에 나서는 대신 영국 상품을 쓰지 말고 인도인이 만든 물건을 써야 한다며 직접 물레를 돌려 실을 뽑았어.

람교 신자들도 간디의 운동에 참여했어."

"힌두교와 이슬람교가 드디어 손을 잡았군요!"

"사실 인도의 이슬람교 신자들도 나름대로 저항 운동을 펼치고 있었어. 오스만 제국이 유럽 열강에 의해 공중분해 될 위기에 처하자 인도의 이슬람교 신자들이 깜짝 놀랐거든."

"그게 인도 사람들한테 왜 큰일이에요?"

"오스만 제국의 술탄은 오스만 제국의 지도자를 넘어서 모든 이슬람교 신자를 대표하는 종교 지도자로 대접받았거든. 그래서 이슬람교 신자들은 열강의 오스만 제국 침략을 이슬람 세계 전체를 향한 침략처럼 받아들였던 거야. 모든 이슬람교 신자가 하나로 뭉쳐서 유럽 열강에 저항해야 한다는 목소리가 드셌지. 그래서 인도 이슬람교 신자들은 '킬라파트 운동'이라는 이름으로 저항 운동을 활발하게 펼쳤단다."

용선생의 세계사 돋보기

이슬람 종교 지도자를 의미하는 '칼리프'를 지키는 운동이라는 의미야.

"같은 이슬람 세계가 침략을 당하니까 힘을 모으려 했군요."

"그런 셈이지. 간디는 힌두교 신자이지만 킬라파트 운동을 적극적으로 지지했어. 심지어 '전 인도 킬라파트 회의'의 의장을 맡아보며 비폭력 비협조 저항 운동을 이슬람교 신자들과 함께 펼치기도 했지. 이슬람교도와 힌두교도가 힘을 합쳐야 더 강력하게 독립운동을 해 나갈 수 있다고 여겼기 때문이지."

"간디의 저항 운동이 인도를 하나로 만들었군요!"

↑ 킬라파트 운동에 참여한 인도인 킬라파트 운동은 약 2년 동안 지속되며 인도 이슬람교 신자들의 저항을 이끌었어.

"맞아. 이렇게 되자 영국은 몹시 난처해졌어. 간디의 저항 운동이 세계적인 지지를 얻은 탓에 영국의 강경한 태도를 비난하는 목소리가 점점 커졌거든. 게다가 이미 2만 명이 넘는 사람을 잡아 감옥에 가뒀는데도, 인도인의 저항은 점점 거세지기만 했지. 자신감을 얻은 국민회의는 영국 정부를 향해 최후통첩을 날렸단다."

"어떻게요?"

아이들의 얼굴에 궁금증이 피어올랐다.

용선생의 핵심 정리

제1차 세계 대전 이후 인도에서는 자치권을 부여할 것을 요구하는 시위가 거세게 일어남. 폭력 사태가 점점 커질 때 간디가 등장해 비폭력 비협조 운동을 제안, 세계적인 지지를 얻고 인도인의 뜻을 하나로 모음.

종교 갈등에 발목을 붙잡힌 인도

"1928년, 인도 국민회의는 인도 자치에 대한 기본 계획을 발표했어. 이 계획에는 인도인이 누려야 할 기본권과 소수인 이슬람교나 시크교 신자들의 권리를 보호하는 정책이 실려 있었지. 그리고 무엇보다 그동안 영국이 차일피일 미뤄 온 '자치권'을 갖겠다는 뜻이 명확히 드러나 있었어. 인도 국민회의는 영국 정부가 1929년 연말까지 이 계획을 받아들이지 않으면 인도인의 대대적인 저항에 부딪칠 것이라고 으름장을 놓았단다."

↑ **자와할랄 네루**
(1889년~1964년) 간디와 더불어 인도 독립운동을 이끈 사람이야. 인도가 독립한 뒤에는 초대 수상이 되어 인도를 이끌었지.

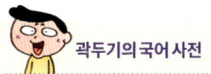

곽두기의 국어 사전

제동 억제할 제(制) 움직일 동(動). 일의 진행이나 활동을 방해하거나 멈추게 하는 걸 말해.

"이야, 이제는 영국도 양보할 수밖에 없겠는걸요?"

"근데 문제가 생겼어. 인도 국민회의의 계획이 만족스럽지 않았는지, 전 인도 무슬림 연맹의 지도자인 무함마드 진나가 새로운 14개 요구 조항을 내세우며 제동을 걸었거든. 진나가 요구한 내용을 추려 보면 아래와 같단다."

- 새로 만들어질 인도 의회에서 이슬람 신자에게 의석의 3분의 1 이상을 보장할 것.
- 이슬람교를 믿는 인구가 많은 인도 북서부 지역을 독립된 주로 만들 것.
- 인도의 각 지역 주는 철저히 독립적으로 운영할 것.
- 인도 의회에서 다수결로 통과된 법안이라 할지라도, 그 법과 관련된 사람의 4분의 3이 반대할 경우 법률로 만들 수 없도록 할 것.

↑ **무함마드 알리 진나**
(1876년~1948년) 전 인도 무슬림 연맹의 지도자로 독립 운동에 앞장선 인물이야. 파키스탄 분리 독립에 큰 역할을 했고, 파키스탄의 첫 총독을 맡았어.

"진나의 핵심 요구는 인도에서 소수인 이슬람교 신자의 권리를 보장해 달라는 거였어. 예컨대 의회에서 이슬람교 신자에 관한 법안이 통과되더라도, 이슬람교 신자들이 반대한다면 그 법은 무효라는 거야. 다시 말해 진나는 인도의 독립도 중요하지만 독립 이후 인도에서 이슬람교 신자의 권리를 보장하는 것도 그에 못지않게 중요하다고 생각한 거지."

"흠, 그럼 인도 국민회의가 전 인도 무슬림 연맹의 요구를 받아들였어요?"

"안타깝게도 합의를 보지 못했단다. 간신히 손을 잡았던 힌두교도와 이슬람교도는 자치안을 두고 다시 으르렁대며 다투기 시작했지."

"서로 단결하지 못하면 어떻게 영국에 맞서죠?"

안타까운 듯 영심이가 입술을 살짝 깨물었다.

"영국은 두 세력이 갈등을 빚는 모습을 보면서 또다시 시간을 질질 끌기 시작했단다. 1929년이 다 되어 가는 데도 런던에서 회의를 열어 소수 민족의 권리를 논의하자는 등 이상한 핑계만 댔지. 영국의 태도에 화가 난 인도 국민회의는 투쟁의 수위를 더욱 높였어. 자치권 대신 '완전한 독립'을 요구하며 저항 운동을 펼치기로 한 거야."

"드디어 인도가 독립을 요구한 거군요."

"간디도 투쟁의 단계를 비협조에서 하나 더 높였어. 영국의 법을 일부러 어겨서 영국에 피해를 주는 '불복종' 운동을 펼친 거야. 불복종 운동의 한 가지로 간디는 '소금 행진'을 시작했어."

"소금 행진이 뭔데요?"

두기가 눈을 동그랗게 뜨고 용선생을 바라보았다.

"소금은 누구에게나 필요한 음식이잖니? 근데 영국은 인도에서 소금을 만들고 판매하는 사람에게 높은 세금을 매겨서 큰 이득을 얻었어. 허가받지 않고 소금을 만들면 벌을 받았지. 간디는 소금법을 일부러 어겨서 인도인이 영국에게 어떤 억압을 받고 있는지 전 세계에 알리려 했어. 다시 말해, 직접 바다에 가서 허가 없이 소금을 채취하기로 한 거지. 이때 간디가 소금을 채취하러 간 길을 소금 행진이라고 불러."

왕수재의 지리 사전

사바르마티 아슈람 인도 구자라트주의 주도 아마다바드 교외의 마을이야. 인도 민족 운동의 중심지로 간디는 이곳에서 독립운동을 펼쳤어.

잠시 말을 멈춘 용선생은 사진을 보여 주며 설명을 이어 나갔다.

"간디는 구자라트의 사바르마티 아슈람에서 인도 서부 해안의 단

▲ 간디의 소금 행진 경로

디라는 곳까지 380킬로미터가 넘는 길을 맨발로 걸었어. 소식을 들은 간디의 지지자와 동료, 간디를 환영하는 지역 주민과 세계 각국의 기자까지 모여드는 바람에 행진에 동참한 사람만 수천 명이 넘었지. 24일간의 행진 끝에 마침내 바다에 도착한 간디는, 자신이 지금 영국의 악법을 일부러 어긴다고 선언하면서 염전 바닥에서 소금 알갱이 하나를 집어서 하늘로 번쩍 들어 올렸어."

"24일을 꼬박 걸어서 해안가에 도착했다니, 진짜 의지가 대단하네요."

"간디의 소금 행진은 많은 이에게 큰 울림을 주었어. 언론에 보도되면서 세계적으로도 화제가 됐지. 인도에서는 수많은 사람이 간디를 좇아 바다로 나가서 소금을 만들기 시작했단다. 당황한 영국은 국민회의의 지도자인 네루와 간디를 비롯해 소금법을 어긴 사람들을 마구잡이로 체포했어. 이때 체포된 사람이 6만 명이 넘고, 체포 과정에서 죽거나 다친 사람은 500명이 넘는대."

▲ 소금 행진에 나선 간디 간디는 380킬로미터가 넘는 먼 길을 맨발로 행진했어. 소금 행진 이후 간디의 명성은 더욱 드높아졌지.

"아이고……. 급하다고 다시 폭력을 쓰다니!"

"하지만 그 일 때문에 영국에 대한 여론은 더욱 나빠졌어. 그래서 얼마 뒤 영국은 간디와 네루를 슬그머니 풀어 주고 가정에서 쓸 소금은 직접 만드는 걸 허락했지. 소금 행진의 성공으로 국민회의는 자신감을 얻었단다. 그리고 독립을 요구하며 저항을 더욱 집요하게 해 나갔지."

"영국도 점점 모른 척하기 어렵겠네요."

"하지만 소금 행진 이후 힌두교와 이슬람교의 세력 갈등은 점점 심해졌단다. 소금 행진이 세계적인 화젯거리가 되고 국민회의가 완전한 독립을 외치자 오히려 이슬람교 세력은 위기감을 느꼈어. 이대로 인도가 독립하게 되면 소수의 이슬람교 신자들은 인도에서 차별과 탄압을 받을 게 불을 보듯 뻔했거든. 비록 인도의 독립은 눈앞으로 다가왔지만, 안에서는 이렇게 서로를 향한 갈등이 무르익었던 거지."

↑ 〈뉴욕타임스〉의 소금 행진 기사 간디가 인도법을 거역하고 소금을 만들었다는 내용의 기사야.

아시아에서 민족 운동이 활발하게 일어나다 **099**

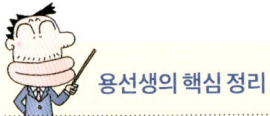

> **용선생의 핵심 정리**
>
> 인도 국민회의는 자치권 투쟁을 이어 가는 한편 인도의 완전한 독립을 주장하게 됨. 하지만 이에 불만을 품은 이슬람교도와의 갈등이 커져 감. 국민회의는 간디의 소금 행진을 통해 세계적인 지지를 얻음.

동남아시아의 저항 운동이 여러 갈래로 일어나다

"민족 운동으로 독립을 얻어 낸다는 게 말처럼 쉽지 않네요."

"그러게요, 열강이랑 싸우는 것만 문제가 아니라 안에서도 갈등이 심각하고……."

아이들이 저마다 웅성거리며 이야기를 꺼내자 용선생은 고개를 끄덕였다.

"맞아. 민족 운동을 하는 사람이라고 해도 늘 생각이 같은 것만은 아니었어. 독립을 얻는 구체적인 방식, 독립 이후에 세워질 새로운 나라를 만드는 방식을 두고 의견에 차이가 있었지. 이 사이를 슬기롭게 극복하는 게 각국의 민족 운동가에게는 언제나 커다란 숙제였단다. 이제 무대를 더 동쪽으로 옮겨 동남아시아의 민족 운동에 대해서 살펴보자. 동남아시아의 민족 운동 역시 여러 갈래로 진행되기는 마찬가지였어."

"어떻게 나뉘었는데요? 동남아시아에서도 종교가 중요한 역할을 했어요?"

"그랬단다. 원래 민족이나 국가 개념이 흐릿했던 동남아시아에서는 종교만큼 다양한 계층의 많은 사람들을 빠르고 단단하게 뭉치게 만드는 것도 없었거든. 불교 신자가 많은 미얀마에서는 불교를 중심으로 민족 운동이 일어났는데, 그 계기는 아주 사소했어."

"어떤 일이었는데요?"

"원래 동남아시아 불교 사원에는 신발을 벗고 맨발로 들어가는 게 예의야. 근데 미얀마를 다스리던 영국인과 유럽 관광객은 신발을 신고 사원에 들어가는 일이 잦았어. 청년들이 중심이 된 '청년 불교신자협회'에서 이런 행위를 법으로 금지해 달라고 여러 차례 요구했지만 영국 식민 정부는 받아들이지 않았지. 1919년, 참다못한 스님과 불교 신자들이 대대적으로 시위를 벌였고, 영국이 정식으로 사과하고 금지법을 만든 일이 있었단다."

▲ 청년 불교신자협회의 우 옥뜨마 스님 (1879년~1939년)
미얀마 독립운동을 이끈 지도자로 감옥에서 세상을 떠났어. 지금도 미얀마의 국민 영웅으로 존경받으며, 매년 기념 행사가 열려.

"스님이 시위를 했어요? 그래서 영국이 깜짝 놀랐군요."

"하하. 근데 이 일을 계기로 미얀마에서 본격적인 저항이 시작됐어. 불교 지도자들은 인도의 간디가 진행하는 저항 운동을 참고해서 미얀마에서 세금 거부 운동, 영국 상품 불매 운동을 주도하며 영국 정부에 저항했단다. 영국 정부는 불교 지도자를 감옥에 가두고 처형하며 강력하게 저항 운동을 진압했지만, 한번 불이 붙은 독립의 열망은 쉽게 가라앉지 않았어."

"미얀마 말고 다른 나라에서도 종교를 중심으로 민족 운동이 벌어

▲ 인도네시아의 이슬람 연합 모임 인도네시아 이슬람 연합은 인도네시아의 염색 상인 중심으로 탄생했어. 원래의 목적은 중국 상인에 맞서 경제적 이득을 지키는 것이었지.

졌어요?"

"그럼. 네덜란드의 지배를 받던 동인도, 그러니까 오늘날 인도네시아는 이슬람교를 믿는 사람이 인구의 90퍼센트에 이르는 이슬람 국가였어. 그래서 이슬람교도를 중심으로 '이슬람 연합'을 조직해 열심히 활동했단다. 근데 알고 보면 이슬람 연합은 처음부터 민족 운동을 펼친 게 아니었어."

"그럼요?"

"원래 이슬람 연합은 동남아시아에 깊게 뿌리를 내린 중국과 인도 상인에 맞서기 위해 인도네시아의 이슬람교 상인이 만든 단체였어. 시간이 흐르고 유럽식 교육을 받은 지식인이 합류하면서 후원자가 수십만 명에 달하는 전국적인 조직이 되었지. 이슬람 연합은 인도네시아 각 지역에서 네덜란드 식민 정부의 통치에 참여해 주민의 생활 수준을 높이는 데 전념했단다."

"그런 단체가 어떻게 민족 운동을 하게 된 거죠?"

"사회주의 세력의 영향 때문이야. 이 무렵 아시아의 민족 운동에는 사회주의 세력이 깊숙이 개입했거든. 이슬람 연합도 사회주의의 영향으로 노동조합 운동을 펼치고, 유럽 열강의 침략을 비판하며 식민 정부와 각을 세우기 시작했어. 스마랑 같은 신흥 공업 도시가 주무대였지. 소련은 직접 활동가를 보내 이런 움직임을 지원했단다."

"소련이 아시아에 활동가를 보냈어요?"

용선생의 세계사 돋보기
1914년 5월 '동인도 사회 민주주의 동맹'(ISDV)이 만들어지며, 인도네시아의 사회주의 운동에 불씨를 지폈어.

왕수재의 지리 사전
스마랑 네덜란드의 식민 통치 때부터 대표적인 무역 도시로 성장한 도시. 오늘날 인도네시아에서 다섯 번째로 큰 도시야.

"소련은 세계 곳곳에서 사회주의 혁명이 일어나길 원했어. 러시아 혁명 직후의 소련은 세계에서 유일한 사회주의 국가였고, 그래서 국제적으로 완전히 외톨이였거든. 유럽 열강이 소련에서 사회주의 혁명의 물결이 번져 오는 게 두려워서 소련과 완전히 교류를 끊어 버렸기 때문이지. 소련은 특히 영국이나 프랑스 같은 유럽 국가가 지배하는 아시아 식민지의 사회주의 혁명을 지원하려 했단다. 그럼 라이벌인 영국이나 프랑스도 약화시키고, 외톨이 신세에서도 벗어날 수 있을 테니까."

▲ **네덜란드령 동인도 식민지 의회** 이슬람 연합은 식민지 의회에서 활동하며 주민 복지에 앞장섰어.

"그래서 아시아에 사회주의 활동가를 보냈군요."

"맞아. 소련은 1920년대부터 세계 각국의 공산당을 지원하고 혁명을 부추겼어. 이렇게 결성된 세계 공산당 연합을 '코민테른'이라고 해. 유럽에서는 특히 네덜란드와 프랑스에서 코민테른의 지원을 받은 공산당의 활동이 활발했어. 그래서 동남아시아에서는 네덜란드가 지배하던 인도네시아, 프랑스가 지배하던 베트남에서 각각 공산당이 생겨났고, 사회주의 운동을 활발하게 펼쳤단다. 특히 인도차이나 공산당의 지도자였던 호찌민은 베트남 민족 운동의 중심인물로 성장했지."

▲ **마르코 마린**
(1883년~1942년) 네덜란드 공산주의자로 소련 공산당의 지시를 받고 아시아 지역에서 활동했어. 인도네시아 공산당 탄생의 주역이야.

"우아, 사회주의 세력이 아시아의 민족 운동에 그렇게 크게 영향을 미쳤는 줄 몰랐어요."

아시아에서 민족 운동이 활발하게 일어나다 **103**

↑ **호찌민** (1890년~1969년) 베트남의 사회주의 혁명가이자 독립운동가. 코민테른의 일원으로 인도차이나 공산당을 조직하고 베트남 독립에 앞장섰어.

↑ **수카르노** (1901년~1970년) 인도네시아의 독립운동가. 인도네시아 민족주의자 협회를 만들어 인도네시아에서 민족 운동을 펼쳤어.

"종교 운동과 사회주의 운동은 동남아시아에서 많은 사람들의 지지를 받았지만, 필요에 따라 양쪽 모두를 오가면서 고른 지지를 받았던 사람도 있어. 인도네시아의 수카르노가 대표적인 인물이지."

"수카르노는 어떤 사람인데요?"

"수카르노는 이슬람교 신자인 아버지와 힌두교 신자인 어머니 사이에서 태어나 유럽식 교육을 받았어. 그리고 대학생 시절부터 꾸준히 식민 지배에 반대하는 운동을 펼쳤지. 1927년 네덜란드에서 유학을 마치고 돌아온 수카르노는 '인도네시아 국민당'을 만들었

어. 수카르노는 '하나의 땅, 한 민족, 한 언어, 인도네시아'라는 표어를 내세웠단다. 종교나 사상보다는 '민족'과 '언어' 그리고 '인도네시아'를 강조한 점이 눈에 띄지?"

"정말 그러네요."

"수카르노는 이슬람 연합의 지도자와도 친분이 두터웠고, 사회주의 운동가들과도 활발하게 교류했어. 하지만 언제나 인도네시아의 독립과 민족의 통일이 가장 급한 일이라며 철저한 민족주의의 길을 걸었지. 수카르노에게는 종교나 사상이 최우선은 아니었던 거야."

▲ 미얀마 민족 운동 단체의 시위
미얀마 민족 운동 단체는 '미얀마의 주인은 미얀마인'이라는 구호를 내세우며 미얀마 독립운동을 펼쳤어.

"흠, 듣고 보니 그런 거 같기도 하네요."

"미얀마의 대표적인 독립운동가 아웅 산도 종교나 사상보다 민족을 최우선으로 내세웠어. 아웅 산은 학생 운동의 지도자로 전국을 돌며 '미얀마의 주인은 미얀마인'이라고 민족의식을 일깨웠단다. 나중에는 탄압을 피해 중국으로 건너가 독립군을 이끌며 계속 독립운동을 펼쳤지."

"동남아시아 국가들이 모두 열심히 독립운동을 펼치는데, 언제 독립을 이루죠?"

"제1차 세계 대전의 여파로 민족 운동에 힘이 붙긴 했지만 아직도 독립은 먼 일이었어. 그동안 식민지에서 이익을 톡톡히 본 유럽 열강이 어떻게든 식민지를 놓지 않으려 했거든. 그건 동남아시아뿐 아니라 서아시아, 인도도 마찬가지였어. 특히 1930년대 세계 경제가 최악

▲ 보조케 아웅 산
(1915년~1947년) 미얀마의 민족 운동가. 군인 출신으로 미얀마 독립에 엄청난 업적을 세웠어. 오늘날 미얀마 사람들의 절대적인 존경을 받지.

의 상황에 빠지면서 모두들 더더욱 식민지를 포기하지 않으려 했지. 그 이야기는 나중에 하고, 다시 눈길을 돌려 중국에서 일어난 민족 운동에 대해서 살펴보도록 하자."

용선생의 핵심 정리

동남아시아에서는 종교를 중심으로 식민지 지배에 반대하는 저항 운동이 시작됨. 베트남에서는 소련의 지원을 받은 사회주의 운동이 일어났고, 인도네시아와 미얀마에서는 민족을 최우선시하는 민족 운동이 거세짐.

이때 필리핀의 독립운동은?

미국은 필리핀을 점령하는 과정에서 전쟁을 겪으며 필리핀인의 독립 의지가 얼마나 강한지 깨달았단다. 그래서 영국이나 네덜란드, 프랑스와는 달리 일찍부터 필리핀의 자치권을 단계적으로 넓혀 나가서 독립시킬 계획을 세웠어. 필리핀인 대다수가 믿는 가톨릭 신앙을 존중해 줬고, 필리핀이 자치 능력을 갖추도록 초등부터 대학까지 교육 제도를 체계적으로 마련했지. 그 덕분에 필리핀의 지도자는 의회와 식민지 정부에 참여해 미국과 직접 협상하며 독립을 준비해 나갔어.

↑ 필리핀 초대 대통령 케손

1930년대 미국 경제가 어려워지자, 필리핀을 독립시키려는 움직임은 더욱 빨라졌어. 1934년에는 필리핀을 10년 뒤에 완전히 독립시킨다는 법이 통과되며, 나라 운영을 위해 필리핀인 자치 정부가 출범했지. 미국은 필리핀의 치안과 국방만 책임지기로 했단다.

하지만 독립까지의 길은 순탄치 않았어. 필리핀 내부에서 미국의 협조를 뿌리치고 완전히 독립하자는 주장도 있었고, 미국에 맞서 무장 항쟁이 일어나기도 했거든. 또 제2차 세계 대전이 일어나자 일본이 미국을 몰아내고 필리핀을 정복해 다스리기도 했지. 필리핀은 동남아시아의 다른 나라와 마찬가지로 제2차 세계 대전 이후에야 진정한 독립을 맞이했단다.

중국에서 5·4 운동이 일어나다

"중국에서도 민족 운동이 일어났어요? 중국은 식민지가 되진 않았잖아요."

아이들이 눈을 깜빡이며 말하자 용선생은 고개를 끄덕였다.

"그야 그렇지. 하지만 중국은 아편 전쟁 이후로 줄곧 영국과 프랑스 등 제국주의 열강의 침략을 받아 왔고, 이 과정에서 여러 곳을 조차지나 조계로 내어 주며 많은 피해를 입었어. 거의 반식민지나 다름없는 상태였지. 그러다가 제1차 세계 대전 동안에는 아주 노골적으로 침략을 받았단다."

"어, 영국이나 프랑스는 유럽에서 싸우느라 정신없었잖아요?"

"중국을 침략한 건 일본이었어. 일본은 1914년 제1차 세계 대전이 터지자 연합국 편에 서서 독일에 전쟁을 선포했단다. 그리고 곧장 중국에 있는 독일 조차지인 칭다오로 쳐들어가 산둥반도 일대를 점령했지. 연합국을 돕는다는 핑계를 대면서 중국에 쳐들어간 거야."

"중국은 가만히 앉아서 당했어요?"

"일본은 영국을 등에 업고 있었기 때문에 어쩔 수가 없었어. 이 당시 중국은 쑨원이 막 청나라를 무너트리고 중화민국을 건설한 참이었는데, 새로 건국한 중화민국이 안정적으로 자리 잡기 위해서는 영국이나 프랑스 같은 열강의 도움이 꼭 필요했거든."

나선애의 세계사 사전

조차지와 조계 조차지는 다른 나라의 일정 지역을 빌려서(조차) 통치하는 지역이야. 홍콩 같은 경우이지. 조계는 도시의 어떤 영역을 치외법권 지역으로 인정한 구역이야. 상하이의 영국과 프랑스 조계 등이 있어.

↑ 제1차 세계 대전 중 일본의 중국 침략

"어휴, 이러지도 저러지도 못하고 중국으로서는 답답했겠어요."

"근데, 기가 막힌 일이 벌어졌어. 기세가 오른 일본이 중화민국의 총통인 위안스카이에게 21가지 요구 사항이 담긴 문서를 보내면서, 이 요구를 들어주지 않으면 중국을 공격하겠다고 협박한 거야."

"대체 무슨 요구였는데요?"

"21가지 요구 중에 중요한 것만 몇 가지 요약하면 이래."

곽두기의 질문에 용선생은 버튼을 눌러 스크린에 문서 하나를 띄워 보였다.

- 독일이 산둥반도에서 가지고 있던 모든 영토와 권리는 일본이 물려받는다. 산둥반도의 철도 부설권도 일본이 갖는다.
- 중국 정부는 일본에게 뤼순 항, 다롄 항과 남만주의 철도 부설권, 광산 채굴권을 넘긴다. 또한 일본의 허락 없이 외국에서 돈을 빌리지 않는다.
- 중국 정부는 연안의 항구와 도시를 일본을 제외한 다른 국가에 넘기지 않는다.
- 중국 정부는 정치, 재정, 군사 부문에 일본인을 조언자로 둔다. 그리고 경찰에 일본인을 배치한다.

"그러니까 독일이 가지고 있던 권리는 일본이 다 가져가고…… 뭐든 하려면 일본의 허락을 받아야 한다고요?"

"뭐, 이런 무지막지한 요구가 다 있어요?"

아이들이 깜짝 놀라 눈을 동그랗게 떴다.

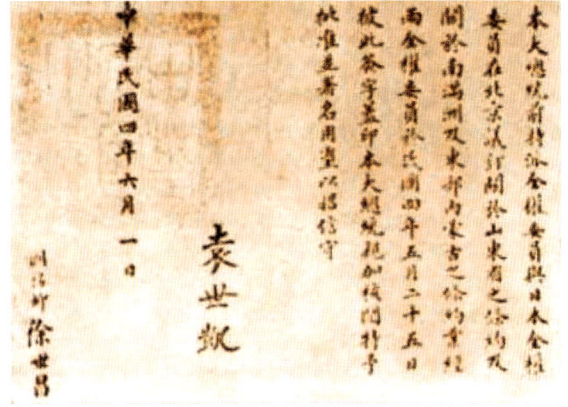
↑ **일본의 21가지 요구** 많은 사람이 반대했지만, 위안스카이는 일본이 중국에 요구한 21가지 요구 사항을 들어주었어.

↑ **칭다오에 쳐들어간 일본** 일본은 독일의 조차지였던 칭다오를 점령하고 산둥반도 일대를 세력권으로 삼았어.

"너희들이 보기에도 과하지? 그동안 감춰 왔던 일본의 야심이 노골적으로 드러난 거야. 어차피 일본의 팽창을 막을 수 있는 나라는 영국이나 프랑스, 러시아 같은 유럽의 열강밖에 없으니, 일본은 유럽의 주요 국가들이 전부 제1차 세계 대전으로 정신없는 틈을 타서 제대로 중국을 삼키려 한 거지. 21가지 요구를 들은 중국 사람들은 거세게 반발했지만, 위안스카이는 일본의 요구 사항을 들어주기로 했어."

"정말이에요? 왜 그런 거예요?"

"제1차 세계 대전이 한창이라 영국이나 프랑스 같은 열강의 도움을 받기도 힘들고, 그렇다고 일본과 맞서기엔 힘이 부족하다는 이유 때문이었지. 이 소식을 들은 중국 국민 사이에서는 난리가 났단다. 일본뿐 아니라 위안스카이도 거센 비난을 받았지."

"그러게요. 위안스카이가 너무했네요. 일본이 원하는 걸 그렇게 고분고분 들어주다니!"

↑ **제1차 세계 대전에 참여한 중국인들** 중국은 군대를 파견하진 않았지만, 노동자 부대를 파견해서 전쟁 수행을 도왔어.

"글쎄다. 위안스카이만 탓할 일은 아니었어. 위안스카이는 이 결정을 내린 다음 해 세상을 떠났지만, 그래도 변한 건 없었거든. 현실적으로 중국에게 일본을 몰아낼 힘이 없었던 거야. 그래서 중국은 일단 제1차 세계 대전에 참전해서 영국과 프랑스를 도와 싸웠단다. 전쟁이 끝나면 유럽 열강의 도움을 받아 일본을 몰아낼 수 있을 거라고 생각한 거지."

"음, 그게 맘대로 될까요?"

"실제로 중국은 전쟁 이후 파리 평화 회담에 승전국 자격으로 참여했어. 문제는 일본도 승전국 자격으로 파리 회담에 참여했다는 거지."

"두 나라의 주장이 서로 엇갈렸겠네요."

"응. 중국은 그동안 열강에게 내어 준 땅을 되찾고 일본의 21가지 요구 사항도 무효로 하려 했어. 하지만 일본의 방해 때문에 하나도 이룰 수가 없었지. 영국은 오랜 동맹 관계인 일본 편을 들었고, 무엇보다 독일 문제를 처리하느라 바빠서 중국에는 별 관심을 기울이지 않았어."

"아이고, 완전 낭패군요."

"평화 회담이 성과 없이 끝났다는 소식에 중국 사람들은 더욱 심하게 들끓었어. 그런데 이 무렵 더 충격적인 사실이 밝혀졌어. 중화민국 정부에 일본의 침략을 도와준 매국노가 있다는 사실이 뒤늦게 드러난 거야."

"매국노요? 그게 누구예요?"

영심이가 씩씩대며 물었다.

"바로 위안스카이의 측근이자, 위안스카이의 뒤를 이어 중화민국의 권력을 잡은 돤치루이였어. 돤치루이는 자신의 군대를 키우기 위해 일본에서 돈을 빌렸는데, 그 대가로 일본에 산둥반도를 넘겨주기로 몰래 약속했던 거야."

"어휴, 이제 보니 중국 정부가 썩을 대로 썩었던 거군요?"

"중국 사람들은 머리끝까지 화가 났어. 그리하여 1919년 5월 4일, 베이징의 대학생 2만 5천 명이 톈안먼 앞에 모여 시위를 벌였지. 이들은 '21가지 요구 사항을 취소할 것, 친일파를 처벌할 것, 파리 평화 회의를 거부할 것'을 요구했어. 시위대는 친일파로 알려진 관리의 집에 불을 지르고, 외교관을 구타하기도 했지."

용선생이 스크린에 사진을 띄우고 설명을 이어 갔다.

"상하이나 우한 같은 대도시를 중심으로 시작된 대규모 시위는 곧 급격하게 전국으로 확산됐어. 일본에서도 중국 유학생을 중심으로 시위가 벌어졌지. 이 사건을 5·4 운동이라고 해."

"전국에서 시위가 벌어졌으니 중국 정부는 화들짝 놀랐겠네요."

"그럼. 중국 정부는 황급히 경찰을 동원해 1,000명이 넘는 학생을 체포했어. 하지만 정

↑ **돤치루이** (1865년~1936년) 위안스카이의 측근으로, 위안스카이의 뒤를 이어 중화민국을 통치한 사람이야. 일본에 돈을 빌리는 조건으로 산둥반도를 내주어 중국인들의 분노를 샀지.

↑ **중국의 5·4 운동** 베이징의 대학생과 시민들은 톈안먼 앞에 모여 일본의 굴욕적인 요구를 받아들인 친일파를 처벌하라고 요구했어.

부가 학생을 마구잡이로 잡아들인다는 소식이 퍼지자 사태는 더 악화됐지. 상하이에서는 학생들이 집단으로 학교를 쉬고, 상인은 상점 문을 닫는 일이 벌어졌단다. 공장 노동자도 집단으로 파업을 벌이며 정부에 항의했어. 온 중국 사람이 뜻을 하나로 모은 거야."

"우아, 그 정도면 중국 정부도 어쩔 수 없겠는걸요."

"응. 중국 정부는 시위대의 요구를 상당 부분 들어줄 수밖에 없었단다. 친일파 관리를 파면하고, 파리 평화 회의에 참석한 중국 대표는 귀국시켜 회담 결과를 받아들일 수 없다는 걸 분명하게 표현했지.

5·4 운동을 계기로 중국에서는 민족주의 운동이 더욱 활발하게 일어 났단다. 민족주의자들은 무엇보다 일본을 중국에서 몰아내고 강력한 중국을 만들어야 한다며 목소리를 높였지."

"이야, 역시 뭉쳐야 뭐가 된다니까요!"

장하다가 신난 듯 주먹을 불끈 쥐었지만 용선생은 고개를 절레절레 저었다.

> **용선생의 핵심 정리**
>
> 제1차 세계 대전을 계기로 일본의 중국 침략이 시작됨. 일본의 21가지 요구와 파리 평화 회담에서의 큰 손해에 화가 난 중국 국민은 5·4 운동을 벌여 불만을 표출하고, 항일 민족주의 운동을 활발히 벌임.

장제스가 북벌에 성공해 중국이 다시 한번 통일되다

"그런데 이때 중국은 한 치 앞을 내다볼 수 없는 혼란에 빠져 있었어. 예전에도 잠깐 얘기했지만, 중화민국이 무너진 후 중국은 각 지방의 군사 실력자끼리 치열한 세력 다툼이 한창이었거든. 그래서 중화민국 정부가 있다고는 해도 중국은 사실상 여러 세력으로 산산조각 난 상태였어."

"어휴, 이건 꼭 옛날 춘추 전국 시대처럼 보

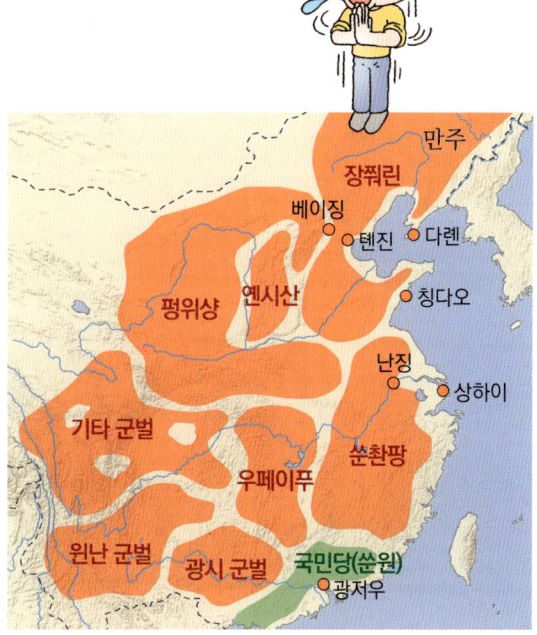

↑ 1925년 무렵 중국 전국의 주요 군벌

아시아에서 민족 운동이 활발하게 일어나다

이는걸요?"

지도를 본 나선애가 놀란 듯 말했다.

"그래. 선애 말대로야. 중국은 꼭 춘추 전국 시대처럼 여러 세력으로 갈려 있었어. 이때 각 지방을 장악한 군사 실력자들을 '군벌'이라고 해. 사실 중화민국의 총통이었던 위안스카이도 중국에서 가장 강력한 북양군 사령관이었으니 일종의 군벌이라고 할 수 있지."

"그럼 중국에 위안스카이 같은 사람이 엄청 많았다는 뜻이군요?"

"맞아. 군벌의 출신은 몹시 다양했어. 하지만 대부분은 청나라 말 위안스카이가 거느렸던 북양군 지도자 출신이었지. 그 외에 각 지방에서 약탈을 일삼던 무뢰배 집단이 군벌로 성장하기도 했어. 또 이 지도에 표시된 큼지막한 군벌들 말고도 각 지방에서 제각기 세력을 유지하는 작은 군벌이 엄청나게 많았단다. 군벌들은 오로지 자기 이익을 위해 서로 손을 잡았다가 배신하기를 반복했어. 일본은 그 틈을 노려 중국 침략을 수월하게 진행했지. 군벌 중에는 자기 이익을 위해 일본과 손을 잡은 사람도 많았거든."

"그럼 중화민국을 세웠던 쑨원은 어떻게 됐어요? 그냥 군벌들한테 완전히 쫓겨난 건가요?"

곽두기가 갑자기 생각난 듯 물었다.

"쑨원은 자신의 세력 기반인 국민당과 함께 어떻게든 군벌을 무찌르려고 했어. 하지만 각 지역을 세력 기반으로 삼은 군벌에 비하면 쑨원의 국민당 정부에게는 군사력도 부

↑ 옌시산 군벌의 공군 중국 군벌은 탱크와 전투기까지 가지고 있을 만큼 군사력이 강했어.

족하고 돈도 없었단다. 그나마 국민의 지지를 받아 중화민국을 건설했다는 정통성이 있을 뿐이었지. 쑨원은 1917년 중국 남부의 군벌과 손을 잡고 다른 군벌을 무찌르려 해 봤지만 실패했단다. 이렇게 실패만 거듭하던 차에 쑨원에게 힘을 빌려주겠다고 접근한 나라가 있었어. 바로 소련이야."

▲ 미하일 보로딘 (1884년~1951년) 중국 난창을 방문했을 당시 모습이야. 미하일 보로딘은 소련에서 중국으로 파견된 외교관으로 중국의 사회주의자와 국민당 사이의 협력을 이끌고 지원했어.

"소련이 쑨원한테 접근했다고요?"

"응. 아까 소련이 아시아에 사회주의 혁명을 전파하기 위해 활동가를 보냈다고 했지? 러시아 혁명이 성공한 이후 중국에서도 사회주의가 급속도로 퍼져 나갔어. 1921년에는 중국 공산당이 만들어졌지. 소련은 쑨원에게 접근해 중국 공산당과 힘을 합치자고 제안했어."

"쑨원이 소련의 제안을 받아들였어요?"

장하다가 의심의 눈초리를 보냈다.

"처음에는 거절했어. 쑨원은 사회주의자가 아니었고, 쑨원의 국민당 정부에도 사회주의에 반대하는 사람이 상당히 많았거든. 이들은 소련이 중국에서 혁명을 일으키려는 목적으로 국민당을 이용한다며 반발했지. 하지만 쑨원은 오랜 고민 끝에 제안을 받아들였어. 달리 방법이 없었거든. 그리하여 쑨원이 이끄는 국민당과 중국 공산당은 1924년부터 협력 관계를 맺었단다. 이 사건을 '국공합작'이라고 해. 국민당과 공산당은 광저우에 군관 학교를 건설하고 북벌을 위한 군

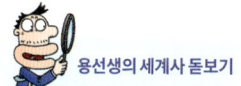

국민혁명군은 국민당의 세력 기반인 중국 남부 광저우를 근거지로 삼고 북쪽으로 진격했어. 그래서 이 작업을 '북쪽을 토벌한다.'는 의미에서 '북벌'이라고 한단다.

아시아에서 민족 운동이 활발하게 일어나다

↑ **황푸 군관 학교** 국민당이 광저우에 세운 군사 학교야. 쑨원은 중국 공산당과 손잡고 이곳에서 국민혁명군을 지도할 군사 지휘관을 길러 냈지.

대를 키우며 차근차근 힘을 키워 나갔지. 국공합작을 통해 만들어진 군대를 '국민혁명군'이라고 불러."

"어쨌든 국민당은 그럴싸한 군대를 갖게 된 거네요."

"그런데 1925년 쑨원이 세상을 떠나자 국공합작에 조금씩 금이 가기 시작했지. 쑨원의 부하였던 장제스가 뒤를 이어 국민당을 장악했는데, 장제스는 쑨원과 달리 사회주의자와 공산당을 탐탁지 않게 여겼거든. 사실은 공산당도, 공산당을 지원하는 소련도 장제스가 못마땅하기는 마찬가지였어. 그래서 틈만 나면 서로를 쫓아내려고 다툼을 벌였지. 하지만 다행히 북벌은 계속 진행되었고, 국민혁명군은 우한을 정복해 창장강 중류 지역의 군벌을 무릎 꿇리고 중국의 남쪽 절반을 차지했어."

"아웅다웅 다투면서도 할 건 다 했군요."

왕수재가 팔짱을 낀 채로 말했다.

"하지만 아슬아슬한 동맹은 오래가지 못했어. 국민당과 공산당 사

↑ **장제스** (1887년~1975년) 쑨원의 뒤를 이어 중국 국민당을 이끈 정치가야. 국민혁명군을 지휘해 두 차례에 걸친 북벌을 진행했고, 그 결과 중국을 다시 통일했어.

이의 갈등이 점점 심해지자, 장제스는 국민당 정부에 있는 사회주의자를 내몰겠다며 상하이에서 쿠데타를 일으켰단다. 그 뒤 난징에 새 정부를 세워 독립했지."

"그럼 국민당 정부가 둘로 쪼개진 거예요?"

"그렇단다. 북벌도 잠시 중단됐어. 국민당 정부의 갈등은 중국 공산당이 공식적으로 국민당에서 탈퇴하고, 쿠데타를 일으킨 장제스가 자리에서 물러나기로 합의한 뒤에야 간신히 수습되었지."

↑ 진군하는 국민혁명군 장제스가 이끄는 국민혁명군은 1926년부터 2년 동안 북벌을 실시해 중국을 다시 통일했어.

"공산당이 국민당에서 떠나면 국공합작도 끝난 거네요?"

"이 무렵이면 어차피 국공합작은 계속되기 어려웠어. 소련에서 중국 공산당을 향해 계속 무리한 지시를 했거든. 예컨대 '중국의 노동자와 농민을 끌어들여서 국민혁명군을 장악하라. 말을 듣지 않는 국민당 지도부를 모두 갈아치워라.' 이런 식이었지. 그러니 국민당과 공산당 사이의 갈등이 커질 수밖에 없었던 거야."

"근데 공산당 도움 없이도 북벌에 성공할 수 있어요?"

"응, 그동안 북벌이 성공적으로 이루어진 덕에 국민당의 세력 기반이 어느 정도 커졌거든. 우여곡절 끝에 장제스가 다시 국민혁명군의 사령관을 맡으면서 북벌도 다시 시작됐단다. 이때 중국에 남아 있던 군벌 중 가장 강력한 군벌은 만주 지역과 베이징을 근거지로 삼은 장쭤린이었어. 장쭤린은 장제스의 북벌군과 치열하게 맞섰지만, 전세는 점점 장제스에게 유리해졌지. 근데 이때 갑자기 일본이 끼어들며 상황이 복잡해졌어."

용선생의 세계사 돋보기

이 무렵 소련의 권력을 장악하고 있던 스탈린은 소련의 경제 발전에 더 집중했기 때문에 다른 나라의 사회주의 혁명 지원에는 적절한 지시를 내리지 못했다고 해.

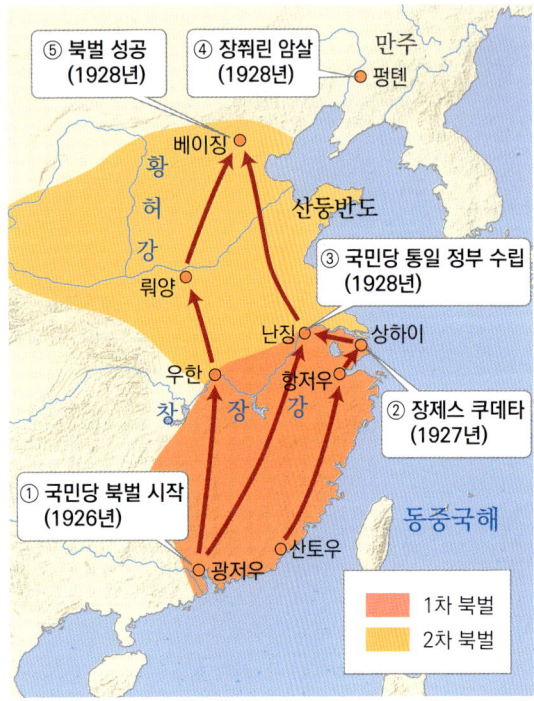

↑ 국민당의 1, 2차 북벌 과정

"중국 싸움에 일본이 왜 끼어들어요?"

"이때 일본은 만주에 눈독을 들이고 있었어. 일본은 이미 만주의 군벌인 장쭤린과 관계가 두터웠고, 장제스의 북벌군이 승리를 거두며 계속 북상하자 직접 군대를 보내서 방어에 나서기도 했지. 근데 장쭤린이 장제스에게 밀려 궁지에 몰리자, 일본군은 뜻밖에도 장쭤린을 암살해 버렸어."

"어라, 정말이에요? 장쭤린은 일본이랑 친하다고 하셨잖아요."

"일본과 친한 건 사실이지만, 그렇다고 해서 늘 고분고분 말을 잘 들은 건 아니었거든. 특히 장쭤린은 일본이 만주에 철도를 놓으려는 계획을 못마땅하게 여겨서 일본과 계속 갈등을 빚었어. 장제스와 맞서 싸울 때에도 좀처럼 일본 말을 듣지 않았지. 그래서 일본은 이럴 바에는 장쭤린을 죽이고 만주를 직접 지배하는 게 낫겠다고 생각한 거야."

"쓸모가 없어지니까 바로 배신한 거군요?"

"응, 일본의 행동에 중국의 다른 군벌들은 큰 충격을 받았어. 특히 장쭤린의 아들로 만주 군벌 자리를 물려받은 장쉐량은 일본에 복수심을 품게 됐지. 장제스는 이때다 싶어 장쉐량을 회유했어. 항복하면 그대로 만주를 지배하게 해 주겠다고 제안했지. 결국 장쉐량은 장제스의 제안을 받아들였단다. 일본에 복수를 하려면 일단 자신의 세력

이때 중국은 한창 반일 감정으로 불타올랐어. 일본과 손을 잘못 잡았다가는 온 중국 사람들의 비난을 한 몸에 받을 수 있었지. 장쉐량이 태도를 바꾼 데에는 복수심 이외에 이런 영향도 있었단다.

🔺 **암살당한 장쭤린** 일본은 기차에 폭탄을 설치해 장쭤린을 암살했어. 이 사건으로 중국 사람들은 큰 충격을 받았지.

🔺 **장쭤린** (1873년~1928년) 중화민국 탄생 이후 만주 일대와 베이징을 지배하던 군벌이야. 일본과 매우 친밀했지만 장제스의 북벌에 밀려나자 암살당했지.

아시아에서 민족 운동이 활발하게 일어나다

을 지켜야 했거든. 그리하여 장제스의 두 번째 북벌은 성공했고, 중국은 국민당 정부의 지도 아래 다시 하나로 뭉치게 되었어."

"드디어 국민당이 중국 통일에 성공했군요!"

"하지만 여전히 넘어야 할 산이 많았어. 중국 곳곳에는 국민당 정부에 항복은 했지만 여전히 독자적인 세력을 거느린 군벌이 많았고, 장쭤린을 암살한 일본은 만주를 집어삼키려는 야심을 본격적으로 실행에 옮겼거든. 또 국민당 정부와 갈라선 공산당도 소련의 지원 아래 여전히 힘을 키워 나갔어. 이 모든 갈등이 또 다른 전쟁으로 번지는 과정은 다음 시간에 배워 보도록 하자. 오늘도 다들 고생 많았어!"

용선생의 핵심 정리

중국이 여러 군벌 세력으로 쪼개지자, 쑨원의 국민당 정부는 국공합작을 이룬 뒤 북벌에 나섬. 쑨원의 뒤를 이은 장제스는 우여곡절 끝에 북벌에 성공하고 중국을 다시 통일함.

나선애의 **정리노트**

1. ### 서아시아의 독립
   - 영국은 제1차 세계 대전 중 아랍인과 유대인에게 독립 국가 건설을 약속함.
     → 뒤로는 프랑스와 비밀 협정을 맺고 서아시아를 나눠 갖기로 합의함.
   - 사우드 가문은 사우디아라비아를 세우고 이집트는 자치권을 얻어 냄.

2. ### 튀르키예로 새롭게 태어난 오스만 제국
   - 유럽 열강은 오스만 제국을 나눠 갖는 세브르 조약을 맺음.
     → 이에 반발한 무스타파 케말이 튀르키예 독립 전쟁을 일으켜 승리. 튀르키예 공화국을 세움.
   - 무스타파 케말은 세속주의 개혁으로 튀르키예를 발전시킴.

3. ### 간디가 이끈 인도의 독립운동
   - 영국이 자치권을 준다는 약속을 지키지 않자, 인도 국민회의는 인도의 완전한 독립을 주장하게 됨.
     → 간디의 비폭력 비협조 운동에 온 인도가 협력하며 하나가 됨.
     → 간디의 소금 행진으로 독립이 가까워졌으나, 이슬람교도의 반발로 내부 갈등은 깊어짐.

4. ### 여러 갈래로 나뉜 동남아시아의 독립운동
   - 종교 중심 저항 운동과 사회주의 운동이 독립운동에 영향을 미침.
     → 베트남의 호찌민은 공산당을 중심으로 독립운동을 이끌어 나감.
     → 미얀마의 아웅 산과 인도네시아의 수카르노는 민족 중심의 독립운동을 펼침.

5. ### 중국의 민족 운동과 북벌
   - 일본의 21개조 요구에 분노한 중국 국민은 5·4운동을 일으킴.
   - 쑨원은 공산당과 국공합작을 이뤄 북벌에 나섬.
     → 쑨원의 뒤를 이은 장제스가 북벌에 성공해 중국을 다시 통일함.

세계사 퀴즈 달인을 찾아라!

1 빈칸에 공통으로 들어갈 나라 이름을 써 보자.

제1차 세계 대전 당시, ○○은 아랍인의 반란을 부추겨 오스만 제국을 공격하도록 하였다. ○○은 사우드 가문, 하심 가문에 독립 국가 건설을 약속한 데 이어 유대인의 국가 건설까지 약속하고는 비밀 협정을 통해 프랑스와 서아시아를 나눠 갖기로 합의하였다.

(   )

2 무스타파 케말에 대해 <u>잘못</u> 설명한 친구는? (   )

 ① 튀르키예 내 소수 민족의 열렬한 지지를 받았어.

 ② '튀르크의 아버지'라는 뜻의 '아타튀르크'라 불려.

 ③ 종교와 정치를 분리하는 세속주의 개혁 정책을 펼쳤어.

 ④ 유럽 열강으로부터 튀르키예의 독립을 지켜 낸 전쟁 영웅이야.

3 사진 속 인물의 업적으로 옳은 것은?
( )

① 힌두교와 이슬람교의 엄격한 차별을 강조했다.
② 소금 행진으로 불복종 저항 운동의 힘을 보여줬다.
③ 무장 단체를 조직하여 폭력적인 저항 운동을 펼쳤다.
④ 사회주의 운동을 통해 전국적인 인도의 독립 운동을 이끌었다.

4 다음 중 서로 관련 있는 것들을 바르게 연결해 보자.

① 호찌민 • • ㉠ 미얀마의 군인 출신 민족 운동가

② 아웅 산 • • ㉡ 베트남 민족 운동을 이끈 지도자

③ 수카르노 • • ㉢ 인도네시아 민족 운동을 이끈 지도자

5 빈칸에 들어갈 알맞은 말을 순서대로 써 보자.

쑨원의 뒤를 이어 국민당의 지도자가 된 Ⓐ ○○○는 국민당과 중국 공산당이 협력하기로 한 Ⓑ ○○○○을 깨고 난징에 새 정부를 세워 독립했다. 뒤이어 만주 지역 군벌을 회유하고 북벌에 성공해 중국을 다시 통일했다.

(Ⓐ   , Ⓑ   )

정답은 267쪽에서 확인하세요!

용선생 세계사 카페

튀르크 민족주의의 그림자 아르메니아인과 쿠르드인

오스만 제국이 기울고 새로운 나라가 세워지는 동안 오스만 제국의 소수 민족은 큰 고난을 겪었어. 제국 말기 오스만 정부가 튀르크 민족주의를 내세우며 소수 민족을 탄압하는 일이 점점 많아졌거든. 그중에서도 아르메니아인과 쿠르드인을 향한 탄압이 특히 극심했어.

↑ 오늘날의 아르메니아

오랜 역사를 자랑하는 아르메니아인

캅카스산맥 남쪽에 자리 잡은 아르메니아는 2,000년에 이르는 역사를 자랑하는 나라야. 세계 최초로 크리스트교를 국교로 삼은 나라이기도 하지. 이슬람교가 서아시아에 널리 퍼진 이후로는 줄곧 이슬람 제국의 지배를 받아 왔지만 이들은 고집스럽게 자신들의 신앙과 문화를 지켜 냈고, 오스만 제국의 지배를 받을 때에는 자치권을 보장받고 서아시아 일대에서 상인으로 이름을 날리기도 했단다.

수난이 시작되다

오스만 제국의 전성기가 저물며 본격적인 수난이 시작됐어. 오스만 제국이 유럽의 여러 크리스트교 국가와의 대결에서 연달아 패배하자, 제국의 연이은 패배가 크리스트교를 믿는 아르메니아인의 배신 때문이라고 여기는 사람이 많아졌거든. 실제로 아르메니아인 중 일부는 유럽을 방패 삼아 이득을 얻고, 제국을 상대로 폭동

↑ 아르메니아인 아르메니아인은 대다수가 크리스트교 신자야. 정교의 한 갈래인 '아르메니아 사도 교회'를 믿는대.

을 일으키기도 했지. 그래서 이때부터 이슬람교 신자들이 무리를 지어 아르메니아인을 폭행하고 살해하는 일이 종종 벌어졌단다.

견디다 못한 아르메니아인은 반란을 꾀했어. 그러자 오스만 제국은 반란을 진압한다며 군대를 보내 아르메니아인을 닥치는 대로 살해했단다. 특히 1894년의 진압으로 목숨을 잃은 아르메니아인은 거의 30만 명에 이른대.

아르메니아인 대학살이 자행되다

아르메니아인의 수난은 제1차 세계 대전이 한창이었던 1915년에 절정에 이르렀어. 이때 오스만 제국은 국경 지대의 아르메니아인이 러시아와 손을 잡고 반란을 일으킬지도 모른다며, 국경에 살고 있던 아르메니아 사람들을 강제로 내쫓았지. 쫓겨난 아르메니아 사람들은 '제국의 배신자'라며 튀르크인에게 공격을 받기도 했고, 험난한 이주 과정을 이겨 내지 못하고 죽은 이들도 많았어. 이때 목숨을 잃은 아르메니아인은 무려 150만 명이나 돼. 이 사건을 '아르메니아 대학살'이라고 부르지.

▲ 강제로 고향을 떠나는 아르메니아 사람들

▲ **아르메니아 학살 추모관** 아르메니아의 수도 예레반에 지어진 추모 공간이야. 매년 4월 24일에는 아르메니아 학살 추모의 날을 맞아 많은 사람이 찾아.

끝끝내 받지 못한 사과

아르메니아는 1991년 독립한 이후 줄곧 튀르키예 정부에 아르메니아인 대학살에 대한 사과를 요구해 왔어. 독일과 프랑스 등 유럽 국가들도 사과를 요구하고 있지. 하지만 튀르키예는 아르메니아인 탄압이 실제보다 과장되었다며 사과를 거부해 왔어. 그리고 프랑스와 독일 등 유럽의 주요 국가가 세계 곳곳의 식민지에서 저지른 학살도 이에 못지않게 큰 사건이라고 주장하지. 그래서 아르메

> 아르메니아의 절반은 1774년부터 러시아의 지배를 받다가 1991년에 독립했어.

니아인 학살 문제는 오늘날까지 매듭을 짓지 못한 채 이어지고 있어.

나라 없는 거대 민족 쿠르드인

쿠르드인은 튀르키예 아나톨리아반도 동부와 이란, 이라크, 시리아의 국경 지대에 사는 산악 민족이야. 쿠르드족이 많이 사는 이 지역을 쿠르디스탄이라고 부르기도 하지. 인구는 대략 3,300만 명으로 독립 국가를 이루지 못한 민족 중에선 세계에서 가장 인구가 많아. 그중 튀르키예에 가장 많은 약 1,500만 명의 쿠르드인이 살고 있지.

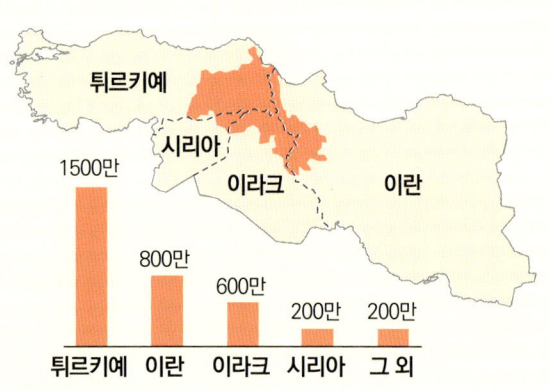
↑ 쿠르드인의 분포

쿠르드인은 원래 페르시아인의 한 갈래로 여겼지만 대략 600년대 중반 이후부터는 페르시아인과 별개의 민족으로 본단다. 이때에도 튀르크인과 아랍인 등 이슬람 세계를 주도하는 민족의 지배를 받는 처지였지. 중세 십자군 전쟁 시기에는 시리아와 이집트를 호령한 살라딘 같은 쿠르드인 출신 영웅이 활약하기도 했어.

↑ 전통 의상을 입은 쿠르드인

비극의 시작이 된 제1차 세계 대전

쿠르드인도 아르메니아인과 마찬가지로 오스만 제국 내에서 나름대로 자치를 누리면서 살았어. 그러다 제1차 세계 대전이 터지자, 영국이 쿠르드인에게 접근했어. 영국은 쿠르드인이 오스만 제국을 상대로 반란을 일으키면 독립을 시켜 주겠다고 약속했지. 쿠르드인은 영국의 약속을 믿고 영국 편에 서서 싸웠어. 하지만 전쟁이 끝나자 영국은 약속을 내팽개쳤단다. 뒤이어 튀르키예 공화국과 시리아, 이라크의 국경이 그어지며 쿠르드인은 여러 나라에 뿔뿔이 흩어져 살아가게 되었지.

쿠르드인은 이후로도 독립 국가를 이루기 위해 꾸준히 노력했지만, 각국의 탄압으로 뜻을 이루지 못했어. 이라크를 대신 통치하던 영국은 한때 쿠르드인 학살에 독가스 사용을 검토할 정도로 강경하게 탄압에 나섰고, 튀르키예 역시 군대를 동원해 저항을 짓밟았지. 또 쿠르드어와 쿠르드인 고유의 문화를 금지하기도 했단다.

여전히 투쟁 중인 쿠르드인

쿠르드인은 요즘도 독립을 위해 싸우고 있어. 하지만 서로 흩어져 산 지 오래라 한 민족이라는 의식이 없는 사람이 많은 데다, 독립운동을 이끄는 지도부마저 분열된 탓에 독립은 점점 어려워지고 있지. 더구나 현실적으로 서아시아에 쿠르드인의 독립 국가를 세우는 것은 국제 사회의 동의를 얻기도 어려워. 그래서 쿠르드인의 투쟁은 주로 각 국가 내에서 자치권을 얻는 형식으로 변화하고 있단다. 실제 최근 이라크와 시리아의 쿠르드인은 자치권을 획득했어.

가장 많은 쿠르드인이 살고 있는 튀르키예에서도 최근 쿠르드인 탄압이 많이 완화되고 있어. 쿠르드어 방송이 허용되고 쿠르드어 교육도 이루어지고 있지. 그러나 여전히 독립을 주장하며 무장 테러를 감행하는 등 극렬한 저항을 이어 나가는 조직도 남아 있단다.

▲ **쿠르드인 무장 조직 대원들** 오늘날 튀르키예 동부의 쿠르드인은 독립을 주장하며 무장 저항을 이어 가고 있어. 쿠르드인은 여성 지위가 높아서, 여성도 남성처럼 무기를 들고 적극적으로 싸워.

▲ **이스탄불에서 벌어진 쿠르드인 시위** 쿠르드인들은 여전히 크고 작은 일로 시위를 벌이고 있어.

> 용선생 세계사 카페

코민테른, 전 세계에 혁명의 불꽃을 퍼뜨려라!

1917년 러시아 혁명이 성공을 거둔 이후, 소련은 각국 공산당 활동을 지원하고 나아가 전 세계에 사회주의 혁명의 물결을 퍼뜨리기 위한 조직을 만들었단다. 세계 곳곳에 사회주의 국가를 만들어 국제적인 고립에서 벗어나기 위한 노력이었지. 이 조직을 코민테른이라고 해.

코민테른의 탄생과 발전

▲ 코민테른의 정기 간행물
소련에서 발행해 전 세계 사회주의자에게 전달했어.

코민테른은 1919년 3월, 러시아 혁명을 주도한 레닌의 주도로 탄생했단다. 사회주의가 싹을 틔운 이후 이렇게 국제적으로 사회주의자의 활동을 지원하는 모임이 탄생한 것은 세 번째였어. 첫 번째는 마르크스가 주도한 '국제 노동자 협회', 두 번째는 1889년에 독일 사회민주당의 주도로 탄생한 '국제 사회주의자 협회'였지. 코민테른의 정식 명칭은 '공산주의 국제 연합'이지만, 세 번째로 만들어진 국제적 사회주의자 연합이라는 뜻에서 '제3인터내셔널'이라고 부르기도 해.

강대국인 소련이 앞장서서 주도한 만큼, 코민테른은 앞선 두 인터내셔널의 규모를 넘어 전 세계 사회주의자를 주도하는 조직으로 성장하게 돼. 코민테른은 세계 각국에 지부를 설치하고 자금, 인력 지원과 지령을 통해 각국 공산당의 활동 방향을 정했단다.

세계 곳곳에 뿌리를 내린 코민테른

코민테른의 활약이 가장 두드러진 곳은 식민 지배로 고통받던 아시아야. 아시아 각국의 민족 운동가가 코민테른과 손을 잡고 활동했거든. 특히 유학 경험이 있거나, 외국 소식에 밝은 지식인이 공산당을 만들고 코민테른의 지원을 받아 민족 운동을 진행했지.

그래서 코민테른은 아시아 각국의 민족 운동에 많은 영향을 끼쳤어. 중국의 공산당은 쑨원의 국민당과 힘을 합쳐 북벌을 시도했고, 인도네시아 공산당 역시 인도네시아 이슬람 연합과 힘을 합쳐 열강에 저항했지. 일본의 지배를 받던 우리나라에도 조선 공산당이 만들어졌고, 사회주의자와 민족 운동가가 힘을 합쳐 '신간회' 같은 조직을 만들기도 했어.

코민테른의 활동이 왕성해지자 사회주의자가 아닌 각국 예술가, 지식인들도 코민테른을 통해 소련과 접촉했어. 예컨대 미국의 무용가인 이사도라 덩컨 같은 인물은 문화 교류를 위해 소련으로 건너와 무용 학교를 세우며 활동하기도 했지.

↑ 천두슈
중국 공산당의 창립자야. 일본과 프랑스에서 공부한 해외 유학파 출신이지.

↑ 이사도라 덩컨
미국의 무용가로, 오늘날 '현대 무용의 창시자'로 불리는 사람이야. 코민테른을 통해 소련으로 건너와 활발한 활동을 펼쳤어.

코민테른의 해체

코민테른은 스탈린이 소련의 권력을 장악한 후 점차 쇠퇴했어. 스탈린은 레닌과 달리 국제 사회주의 혁명을 지원하는 것보다는 소련의 산업을 발전시키는 데에 더욱 주력했거든. 게다가 스탈린이 권력을 잡기 위해 수백만 명을 잔인하게 숙청했다는 소식이 널리 퍼지자 소련과 코민테른을 향한 호감도 사라져 버렸지.

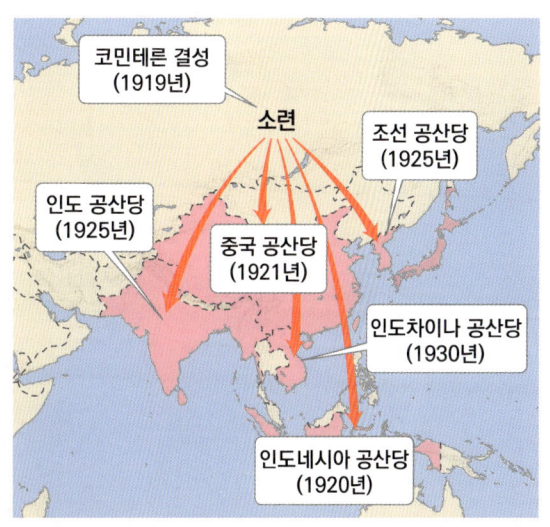
↑ 아시아에서 활약한 주요 공산당

코민테른은 제2차 세계 대전이 터진 이후 사실상 무력화됐고 1943년에는 해체됐어. 하지만 코민테른의 활동으로 세계 곳곳에서 자라난 사회주의의 싹은 세계사의 흐름에 많은 영향을 주었단다.

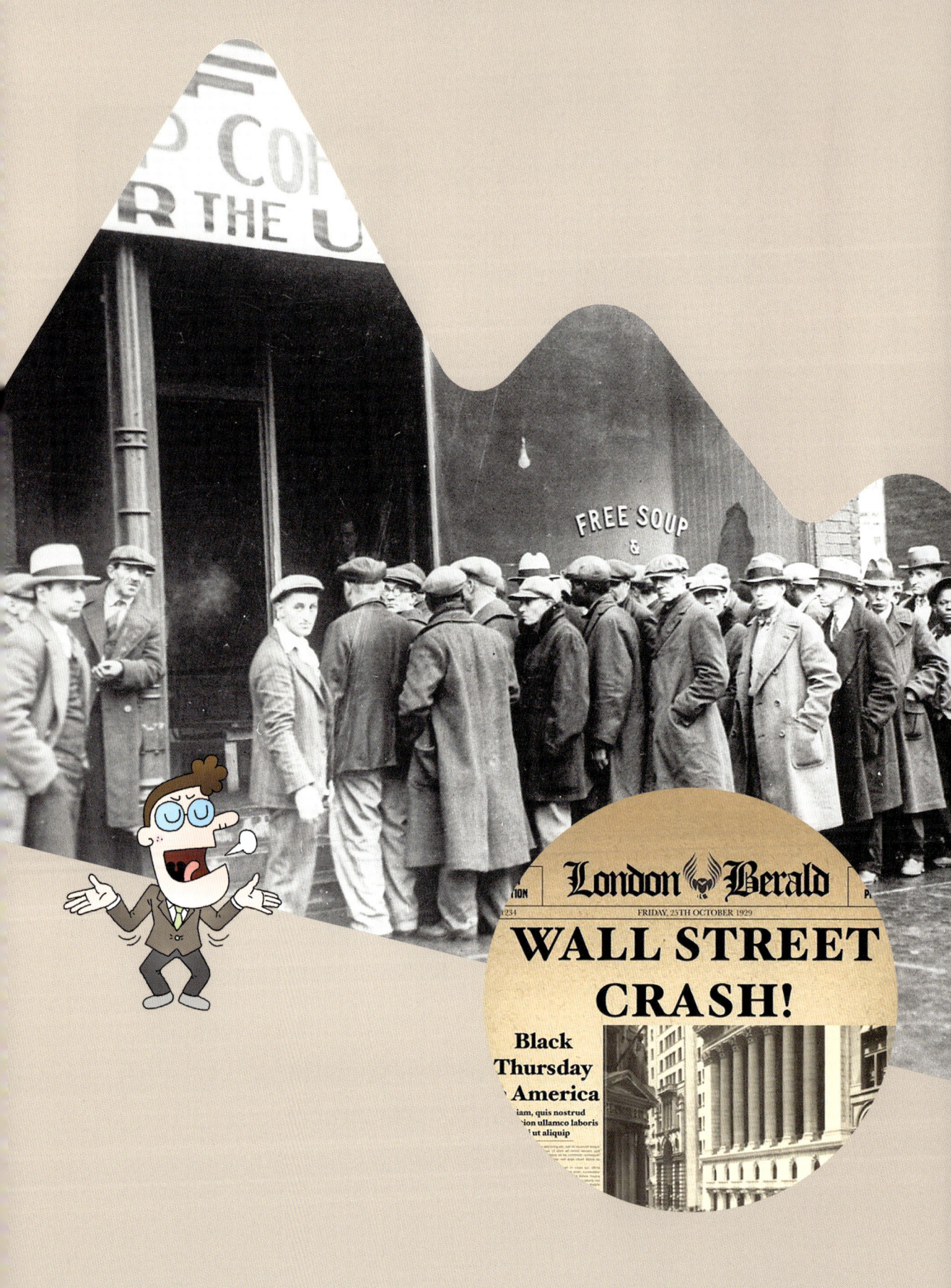

3교시

전 세계가
경제 대공황에 빠지다

제1차 세계 대전 이후 유럽 각국은 극심한 혼란을 겪었어.
한편 미국은 가파르게 성장을 거듭해 세계 경제의 중심지가 되었지.
그렇게 10여 년의 세월이 흘러 전쟁의 상처가 막 씻겨 나갈 무렵,
미국에서 시작된 경제 위기가 세계를 강타했단다.
오늘은 제1차 세계 대전 이후 유럽의 변화와
미국에서 시작된 대공황에 대해 알아보자.

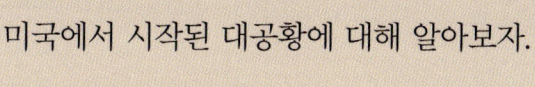

1913년	1918년	1918년	1925년	1929년	1933년
헨리 포드, 컨베이어 시스템 도입	제1차 세계 대전 종전	독일에 바이마르 공화국 건국	로카르노 조약 체결	검은 목요일 (경제 대공황 시작)	미국에서 뉴딜 정책 시작

역사의 현장 지금은?

세계 도시 뉴욕에 가다

뉴욕은 미국을 대표하는 중심 도시야. 면적은 서울의 두 배, 인구는 약 800만 명으로 미국에서 인구가 가장 많은 대도시지. 원래 뉴욕은 1600년대 네덜란드 상인들이 건설한 항구 도시였어. 오대호와 대서양이 연결되는 허드슨강 입구에 자리 잡고 있어 자연스럽게 북아메리카에서 가장 중요한 무역 도시로 성장했지. 볼거리도 풍부해 매년 수천만 명이 넘는 관광객이 방문하는 유명 관광 도시이기도 해.

➜ 세계의 수도 뉴욕
뉴욕은 금융, 상업, 언론, 교육, 연구, 예술, 패션, 엔터테인먼트 등 거의 전 분야에서 세계 최고 중심지야.

⬆ 맨해튼과 스태튼아일랜드를 오가는 페리
출퇴근 시간에는 무료로 이용할 수 있어.

맨해튼섬.
뉴욕의 중심지야.

다섯 개 자치구로 이뤄진 뉴욕

뉴욕은 각각 특색이 다른 다섯 개 자치구로 이뤄져 있어. 그중 업무 중심지 맨해튼에는 세계의 주요 금융 기관과 기업이 모여 있지. 브루클린은 한때 범죄율이 높은 곳으로 악명 높았지만 최근엔 문화 중심지로 변신했어. 코리아타운이 있는 퀸스는 미국 동부에서 아시아계 인구가 가장 많은 곳이지. 브롱크스는 공업 지대로 아프리카계와 남아메리카계 미국인이 많이 살아. 스테튼아일랜드는 백인이 많이 사는 주거 지역이야. 아침이면 페리를 타고 맨해튼으로 출근하는 사람들을 볼 수 있지.

➜ **뉴욕의 상징 자유의 여신상** 미국 독립 100주년 기념물로 뉴욕 항 리버티섬에 우뚝 서 있어. 맨 위 왕관 부분에는 전망대가 있지. 왼손의 책은 미국 독립 선언서이고, 오른손의 횃불은 세계를 비추는 자유의 빛을 상징해.

세계 정치와 경제의 중심지

미국의 수도는 워싱턴 D.C.이지만 미국을 대표하는 도시는 뉴욕이란다. 뉴욕의 중심 맨해튼에는 국제 연합(UN) 본부, 월스트리트, 다국적 기업의 본사 등 주요 업무 기관이 밀집되어 있거든. 전 세계의 온갖 고급 정보와 자본이 모이는 곳이 바로 뉴욕이야.

← 국제 연합(UN) 본부
제2차 세계 대전이 끝난 후 세계 평화와 각국의 발전을 돕기 위해 세워졌어. 매년 9월, 국제 연합의 모든 회원국 대표가 이곳에 모여 국제 문제를 논의해.

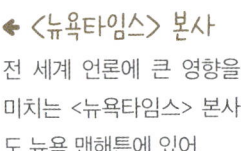

← <뉴욕타임스> 본사
전 세계 언론에 큰 영향을 미치는 <뉴욕타임스> 본사도 뉴욕 맨해튼에 있어.

세계 최대 규모의 증권 거래소인 뉴욕 증권 거래소

↑ 월스트리트
세계 경제에 큰 영향을 미치는 여러 금융 기관이 모여 있는 곳이야. '월스트리트'라는 이름은 네덜란드 식민지 시절 쌓았던 벽(wall)에서 유래한 이름이야.

← 돌진하는 황소
월스트리트를 상징하는 동상이야. 불황에도 굴하지 않는 힘을 의미해. 만지면 부자가 된다고 해서 관광객에게 인기가 많아.

세계 최고의 문화 도시

뉴욕은 세계 대중문화에 큰 영향을 미치는 문화 산업의 중심지야. 방송, 출판, 언론, 광고 등 각종 미디어 산업이 발달했지. 미국에서 가장 권위 있는 보도·문학·음악상인 퓰리처상도 뉴욕에서 시작됐어. 또 뉴욕에는 메트로폴리탄 박물관을 비롯해 크고 작은 갤러리가 수백 개나 있어.

➜ 타임스 스퀘어

과거 <뉴욕타임스> 본사가 있던 곳이어서 붙은 이름이야. 뮤지컬 극장이 모인 브로드웨이와 쇼핑의 중심지 7번가, 42번가가 교차하는 곳으로 뉴욕 최고의 번화가지. 매년 12월 31일에는 새해를 축하하러 모인 사람들로 발 디딜 틈이 없어.

타임스 스퀘어의 전광판은 세계에서 가장 비싼 광고료를 자랑해.

⬇ 센트럴 파크

맨해튼 중심에 위치한 넓은 공원으로 광화문 광장의 200배 크기야. 호수와 넓은 잔디 광장, 박물관, 동물원, 극장, 아이스링크 등을 갖춘 문화 공간이지.

⬇ 센트럴 파크의 여름
센트럴 파크에서는 매년 여름 온갖 야외 공연이 펼쳐져.

⬇ 센트럴 파크의 겨울
겨울이면 스케이트를 타러 오는 시민들로 공원이 붐비지.

↑ 컬럼비아 대학교의 로우메모리얼 도서관
언론계의 노벨상이라고 불리는 퓰리처상 시상식이 이곳에서 열려. 컬럼비아 대학교는 약 100명의 노벨상 수상자를 배출한 명문 사립 대학교야.

← 메트로폴리탄 박물관의 내부
회화와 조각, 사진, 공예품 등 300만 여점의 예술품을 소장한 세계적인 박물관이야.

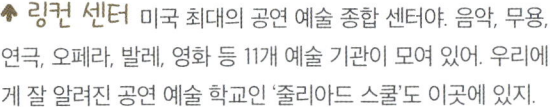

↑ 뉴욕 현대 미술관 근현대 미술 거장들의 작품을 전시하는 유명 미술관이야. 영문 약자를 따서 모마(MoMA)라고도 불러.

↑ 링컨 센터 미국 최대의 공연 예술 종합 센터야. 음악, 무용, 연극, 오페라, 발레, 영화 등 11개 예술 기관이 모여 있어. 우리에게 잘 알려진 공연 예술 학교인 '줄리아드 스쿨'도 이곳에 있지.

→ 뉴욕 양키스의 홈 구장
뉴욕 양키스는 미국 프로 야구 메이저리그에서 가장 많이 우승한 명문 구단이야. 전 세계에 수많은 팬들을 거느렸지.

↑ 뉴욕 마라톤 대회
매년 5만 명 이상이 참가하는 세계 최대 마라톤 대회야. 뉴욕 시는 대회와 관련된 여러 관광 상품을 개발해서 해마다 약 1억 달러에 이르는 수입을 올린대.

이민자가 만든 다채로운 도시

뉴욕에 사는 사람들을 '뉴요커'라고 해. 보통 뉴요커 하면 세련된 검은색 정장을 입은 백인이 맨해튼 사무실에서 바쁘게 일하는 모습부터 떠올려. 하지만 뉴욕은 여러 문화권에서 온 이민자의 다양한 삶이 어우러진 곳이야. 그래서 전 세계의 요리를 어디서든 쉽게 맛볼 수 있는 도시이기도 하지.

◀ 세리스 이스라엘 시나고그
미국에서 가장 오래된 유대교 사원이야. 뉴욕은 시민 6명 중 1명이 유대인일 정도로 유대인이 많은 도시이지. 맨해튼 부동산의 70퍼센트를 유대인이 소유하고 있어서, 뉴욕을 '유대인의 제국'이라고도 불러.

◀ 베이글
밀가루 반죽을 끓는 물에 데친 뒤 구워 낸 유대인의 전통 빵이야. 오늘날 뉴욕의 대표적인 아침 식사 메뉴지.

▲ 뉴욕의 할랄 푸드 트럭
뉴욕에는 40만 명 이상의 이슬람 신자가 살아. 그래서 이슬람 신자들이 먹을 수 있는 할랄 음식을 파는 푸드 트럭을 길거리에서 쉽게 볼 수 있지.

◀ 산 제나로 축제
이탈리아인이 모여 사는 '리틀 이털리'에서 9월에 열리는 축제야. 이탈리아 먹거리와 볼거리가 가득해.

바이마르 공화국이 시작부터 가시밭길을 걷다

"세계 대전이 끝났으니 여러 나라들이 이전과는 모습이 많이 달라졌을 것 같아요."

나선애가 정리노트를 펴며 물었다.

"흠, 먼저 가장 큰 변화를 겪은 독일부터 살펴볼까? 독일에서는 제1차 세계 대전 막바지에 노동자와 병사들이 혁명을 일으켰어. 그동안 나라를 다스렸던 황제 빌헬름 2세와 귀족들은 모두 외국으로

← 바이마르 공화국 선포 1918년 11월 9일, 베를린의 제국 의사당에서 바이마르 공화국 건국을 선포했어.

도망가 버렸지. 그 빈자리에 독일 사회민주당이 주도하는 새 정부가 들어섰단다."

"어? 그럼 독일에서도 사회주의자가 권력을 잡은 건가요?"

"그래. 사회민주당은 헌법을 만들고 독일 최초로 공화국을 건설했어. 이때 혼란스러운 베를린을 피해 바이마르에서 독일의 새 헌법을 준비했기 때문에 새로운 독일을 '바이마르 공화국'이라고 부르기도 해."

"이제 독일도 미국이나 프랑스처럼 공화국이 됐군요."

"응, 전쟁 이전의 독일 제국은 황제가 절대 권력을 가진 제국이었어. 반면에 바이마르 공화국은 국민의 목소리를 정치에 반영하는 제도가 잘 갖추어져 있는 민주주의 국가였단다. 특히 처음으로 모든 성인 여성에게 참정권을 준 점은 민주주의의 역사가 오래된 영국이나 미국, 프랑스 같은 나라와 비교해 봐도 오히려 앞섰지."

"어떻게 갑자기 그렇게 180도 바뀐 건가요?"

왕수재의 지리 사전

독일 사회민주당(SPD)
독일에서 가장 오래된 정당이야. 영국의 노동당, 프랑스의 사회당과 함께 유럽 사회민주주의를 대표하는 정당이기도 하지.

허영심의 상식 사전

바이마르 독일 중부에 위치한 인구 6만 명 정도의 작은 도시야. 괴테와 니체 등 독일을 대표하는 지식인이 활동한 문화 중심지이기도 해.

↑ 바이마르 공화국 시기 독일의 영토

↑ 바이마르 국립 극장 공화국 헌법을 만들기 위한 회의가 처음 열린 장소야.

"그야 헌법을 만든 독일의 사회주의자들이 앞서 민주주의가 발전한 미국, 영국 같은 나라에서 좋은 점만 잘 따왔기 때문이지. 하지만 바이마르 공화국은 잘 갖춰진 헌법이 무색할 만큼 시작부터 가시밭길을 걸었어."

"아니, 왜요?"

"바이마르 공화국에 반대하는 세력이 끊임없이 반란을 일으키며 사회를 혼란에 빠뜨렸거든. 급진적인 사회주의자들은 공화국 건국에 만족하지 않고, 혁명을 일으켜 독일을 사회주의 국가로 만들려고 했지. 정반대로 독일을 과거 독일 제국 시절로 되돌리려는 극우 세력의 쿠데타도 있었어. 주로 은퇴한 군인과 과격한 민족주의자가 극우 세력으로 활동했지."

"그러니까 좌, 우 세력 모두가 바이마르 공화국에 반발한 거네요."

"맞아. 게다가 의회도 매번 바이마르 공화국의 발목을 붙잡았어. 바이마르 공화국은 의원 내각제 국가야. 선거로 의회에서 다수 의석을

> **나선애의 세계사 사전**
>
> **극우** 극단적으로 보수적인 성향을 가리키는 말이야. 반대로 급진적인 개혁을 주장하는 성향은 '극좌'라고 해.

↑ **스파르타쿠스단의 반란** 1919년, 독일의 급진 사회주의 단체인 스파르타쿠스단이 일으킨 극좌파 반란이야. 이들은 독일을 사회주의 국가로 만들려고 했지만 결국 실패했지.

↑ **카프 쿠데타** 1920년 3월, 독일 군부가 바이마르 공화국에 반대하며 일으킨 극우파 쿠데타야. 하지만 독일인 대부분이 반발했기 때문에 며칠 만에 실패로 끝났어.

차지한 정당이 행정부를 구성해 나라를 이끌어 간다는 뜻이지. 근데 바이마르 공화국에서는 10개 넘는 정당이 의회에 진출해 의석을 나눠 가졌기 때문에, 어느 한 정당이 안정적으로 나라를 이끌어 나가기 어려웠어. 정책을 추진할 때마다 다른 정당의 협조를 얻어 내야 해서 늘 다른 정당의 눈치를 볼 수밖에 없었지."

"그런데 어떻게 그렇게 많은 정당이 의회에 들어가게 된 거죠? 우리나라는 보통 네다섯 개 정도이던데요."

"그건 바이마르 공화국의 선거 제도가 지지자가 적은 정당도 의회에 쉽게 진출할 수 있도록 만들어졌기 때문이야. 국민의 다양한 의견을 듣고 정책에 반영할 수 있도록 하기 위해서였지만, 현실은 달랐어. 정당마다 자기 주장을 하느라 의회는 매일 시끄러웠고, 그래서 계속되는 반란으로 혼란을 겪는 와중에도 정부가 이렇다 할 대응을 하기 힘들었지."

"어휴! 제도가 좋다고 모든 일이 잘 풀리는 건 아니네요."

아이들이 내쉬는 한숨 소리를 들은 용선생이 설명을 이어 갔다.

"하지만 바이마르 공화국의 가장 큰 짐은 뭐니 뭐니 해도 제1차 세계 대전의 후유증이었단다. 특히 베르사유 조약으로 짊어지게 된 전쟁 배상금 문제가 심각했어. 전쟁을 막 끝낸 독일은 배상금을 갚을 능력이 없었거든."

"맞아요. 승전국이 엄청난 배상금을 요구했다고 하셨죠?"

"근데 돈이 없는데 어떻게 배상금을 줘요?"

나선애가 재빨리 대답하자, 장하다가 뒷머리를 긁으며 말했다.

"석탄 같은 광물 자원이나 농기계 같은 공산품을 돈 대신 보내기

> **용선생의 세계사 돋보기**
>
> 바이마르 공화국의 첫 정부는 제1당인 독일 사회민주당과 가톨릭 중앙당, 독일 민주당, 이 세 정당이 손을 잡아 행정부를 구성했어.

전 세계가 경제 대공황에 빠지다

시대를 앞서간 바이마르 공화국의 정치 제도

바이마르 공화국의 헌법은 영국, 프랑스, 미국 등 민주주의가 발달한 나라의 좋은 점을 잘 정리해 만들었어. 언론의 자유와 집회의 자유, 영장 없이 구속 금지, 여성의 투표권과 비밀·보통·직접·평등 선거 원칙 등 시대를 앞선 요소가 두루 들어가서 현대 헌법의 본보기가 되었지. 우리나라 헌법 제1조의 '대한민국은 민주 공화국이다. 대한민국의 주권은 국민에게 있고 모든 권력은 국민에게서 나온다.' 역시 바이마르 헌법의 다음 구절에서 유래된 거란다.

"독일은 공화국이다. 국가 권력은 국민으로부터 나온다."

– 바이마르 헌법 제1조

바이마르 공화국은 선거 제도에도 국민의 여러 목소리를 두루 듣기 위한 장치를 갖추고 있었어. 대표적인 예로, 의회는 선거구에서 투표를 통해 의원을 뽑는 게 아니라 각 정당의 득표수에 비례하여 선출되는 비례 대표 의원으로 구성했지. 비례 대표가 뭐냐고?

만약 선거 결과 어떤 당이 모든 지역구에서 2위를 차지했다고 가정해 보자. 전국적 득표수로 따지면 이 당은 꽤 많은 표를 얻었지만, 의회에는 의원을 한 명도 보낼 수가 없겠지? 비례 대표는 이런 문제점을 막기 위해 생긴 제도야. 한 정당이 전국적으로 얻은 표수를 계산해 그 득표수에 따라 의원을 뽑는 거지. 바이마르 공화국에서는 전국 기준으로 최소 3만 표를 받은 당은 의회에 비례 대표 의원 한 명을 보낼 수 있었단다. 이렇게 하면 지역구에서 당선이 어려운 소수 정당도 비례 대표를 통해 의회에서 제 목소리를 낼 수 있다는 장점이 있지.

▲ 바이마르 공화국 제헌 의회
1919년 2월 6일 바이마르에서 열린 첫 회의 모습이야.

하지만 비례 대표를 부여하는 기준을 너무 낮게 잡은 것이 오히려 민주주의 발전의 걸림돌이 되었어. 최소 기준인 3만 명은 당시 독일 인구의 0.07퍼센트에 불과했거든. 그 결과 독일 의회에는 10여 개가 넘는 정당이 난립하며 좀처럼 의견 일치를 보지 못했지. 결국 시대를 앞서간 바이마르 공화국의 정치 제도가 오히려 전쟁 후 안정을 되찾으려는 바이마르 공화국의 발목을 매번 붙잡았어.

도 했어. 하지만 전쟁 배상금만 낸다고 끝이 아니었지. 전쟁 도중 끌어다 쓴 빚도 갚아야 하고, 국가 운영에 필요한 자금까지 마련해야 하니까 말이야. 돈에 쪼들린 독일 정부는 일단 무작정 돈을 찍어 내서 사용했단다."

"무작정 돈을 찍어 내요? 그럼 안 되는 거 아니에요?"

"맞아. 계획 없이 돈을 찍어 내면 돈의 가치가 떨어지고 물건값이 오르지. 그래서 전쟁이 끝난 직후 독일에서는 세계 역사상 유래가 없는 인플레이션이 일어났어. 놀라지 마라. 1921년부터 1924년까지 독일의 물가는 무려 100억 배나 올랐단다."

"100배가 아니라 100억 배요?"

왕수재가 깜짝 놀란 듯 큰 소리로 말했다.

"응. 며칠 사이에 몇십, 몇백 배씩 물가가 올랐어. 이렇게 되자 독일에서는 온갖 진풍경이 벌어졌지. 땔감 가격이 너무 올라서 돈을 주고 땔감을 사느니 그냥 돈을 불태워 땔감으로 쓰는 사람이 생겨났고, 돈을 주고 벽지를 사는 대신 그냥 돈으로 벽을 도배해 버리는 사람도 있었단다. 아이들은 지폐로 연을 만들어 날리고, 돈다발로 블록 쌓기를 했어. 동네 슈퍼에 갈 때에도 손수레에 한가득 지폐를 싣고 가야 할 정도였지."

"돈이 그야말로 휴지 조각이 된 거네요."

↑ **전쟁 배상금 대신 보낸 비행선** 전쟁 배상금은 일단 금으로 갚았지만, 금이 없을 경우 광물 자원이나 독일 공장에서 만든 각종 기계와 제품으로 갚아야 했어.

곽두기의 국어 사전

진풍경 보배 진(珍) 바람 풍(風) 볕 경(景). 구경거리가 될 만한 보기 드문 광경을 말해.

↑ 돈다발로 블록 쌓기를 하는 어린이들

"이렇게 물가가 오르자 아무도 물건을 팔려고 하지 않았어. 아침에 2,000원을 받고 판 물건이 저녁이면 20,000원이 되어 버리는 격인데, 누가 물건을 팔려고 하겠니? 게다가 일정한 임금을 받는 노동자들은 엄청난 고통을 받았어. 물가가 한 달에도 몇십 배씩 뛰는데, 임금은 절대로 그만큼 오르지 않았거든."

"어휴, 그러면 독일 사람들은 어떻게 살죠?"

"나라 경제가 엉망이 되자 독일 정부는 더 이상은 전쟁 배상금을

▲ 루르 지방의 철강 공장을 감시하는 프랑스군 프랑스는 루르를 점령하고 2년간 루르 지방에서 생산된 제품과 자원을 프랑스로 가져갔어.

▲ 독일의 파업 포스터
프랑스군의 루르 점령에 맞서 독일 노동자의 파업을 촉구하는 선전물이야.

갚을 수 없다고 주저앉았어. 하지만 프랑스는 전혀 사정을 봐주지 않았어. 오히려 벨기에와 함께 군대를 이끌고 독일의 대표 산업 지역인 루르 지방을 점령했지. 전쟁 배상금 대신 루르 지역에 풍부한 석탄을 받아 내려고 한 거야."

"그렇게 마구잡이로 하다가 또 전쟁이 나는 거 아닌가요?"

"옛날이었으면 당연히 전쟁이 났겠지. 하지만 독일은 베르사유 조약으로 군대가 거의 해체된 상태였기 때문에 프랑스의 침략을 우두커니 지켜볼 수밖에 없었어. 그렇다고 앉아서 당하기만 한 건 아니야. 독일 정부는 루르의 노동자를 선동해 총파업을 벌였고, 탄광을 싹 비워 버렸단다."

"독일 나름대로는 저항을 한 거네요."

"흐흐, 그러자 프랑스는 질세라 자국에서 노동자를 데려와서 루르 지방의 석탄을 캐냈단다. 이런 식으로 독일과 프랑스는 2년 동안이나 티격태격하며 갈등을 빚었어. 하지만 시간이 갈수록 독일의 피해

↑ 루르 지방의 에센을 점령하는 프랑스군 프랑스와 벨기에 연합군은 독일의 루르 지방을 2년 동안 점령했어. 주민들은 총파업으로 맞섰지.

↑ 루르 지방 점령에 항의하는 뮌헨 시위 뮌헨에서 열린 전국 체전은 곧 루르 지방 점령에 대한 항의 시위로 바뀌었어.

는 눈덩이처럼 커져만 갔지. 그동안 독일 경제는 주요 산업 시설을 잃고 계속 나락으로 떨어졌어. 이쯤 되자 세계적으로 프랑스를 비난하는 여론이 커졌단다. 남의 나라 자원을 가로채는 프랑스가 영락없이 강도처럼 보였던 거야."

"그러게요. 게다가 처음부터 독일이 갚을 수도 없는 배상금을 요구한 거였잖아요."

영심이가 입을 비죽 내밀며 중얼거렸다.

 용선생의 핵심 정리

제1차 세계 대전 이후 독일에는 바이마르 공화국이 들어섬. 바이마르 공화국은 민주주의 제도를 잘 갖췄으나 정치적 혼란이 계속됨. 한편으로는 급격히 물가가 오르고, 경제가 어려워짐. 독일이 전쟁 배상금을 갚지 못하자 프랑스는 루르 지방을 점령함.

평화를 위한 논의가 시작되다

"프랑스와 독일의 대치가 길어지자 연합국은 독일의 전쟁 배상금에 대해 진지하게 논의하기 시작했어. 누가 봐도 지금 독일에 전쟁 배상금을 갚을 능력이 전혀 없다는 건 확실했거든. 그래서 연합국은 계획을 바꿨단다."

"어떻게 바꿨는데요?"

"미국의 재무 장관인 도스의 계획에 따라, 우선 독일이 부담해야 할 전쟁 배상금을 10분의 1로 대폭 깎아 주기로 했어. 이 계획을 '도스 계획'이라고 하지."

"어, 깎아 준다고요? 그렇게 악착같이 받아 가더니 웬일이래요?"

"프랑스나 영국 같은 나라도 전쟁 복구 때문에 한 푼이 아쉬운 처지인데, 독일이 이대로 한 푼도 못 내겠다고 버티면 영국과 프랑스에도 손해였거든. 그러니 배상금을 깎아 주기로 한 거지. 게다가 미국

용선생의 세계사 돋보기

도스가 이끈 재정 전문가 위원회는 독일의 숨통을 틔워주는 것이 장기적으로 유럽 경제에 도움이 된다며, 배상금을 줄이고 미국이 돈을 빌려주라고 제안했단다.

▲ 미국의 재정 지원 도스 계획에 따라 독일 경제를 안정시키기 위해 베를린 제국은행에 미국의 금이 도착했어.

▲ 독일에서 철수하는 프랑스군 도스 계획이 실시되면서 독일에 주둔하던 프랑스군은 차례로 철수했어.

전 세계가 경제 대공황에 빠지다

↑ **베르트하임 백화점** 1926년 초 베를린에 들어선 유럽 최대 규모의 쇼핑몰이야. 독일 경제의 부활을 알리는 상징이지.

↑ **1렌텐마르크** 물가 인상을 막기 위해 1923년 11월에 발행된 새 화폐야. 은행에서 1조 마르크를 1렌텐마르크로 바꿔 줬지. 이 화폐는 무작정 찍어 내지 않았기 때문에 가치가 안정적이었어.

은 추가적으로 독일에 돈을 투자하기로 했단다."

"왜 독일에 투자를 한 거죠?"

"그야 독일 경제를 회복시켜야 나중에라도 배상금을 갚을 능력이 생길 테니까. 아무튼 도스 계획이 시작되자, 프랑스군은 루르에서 철수했단다."

"그럼 독일 입장에선 숨통이 트이겠네요."

"거기에 살인적인 물가 폭등도 멈추었어. 독일은 1923년 말부터 새로운 화폐를 도입하며 화폐 발행을 엄격히 통제했는데 다행히도 그 효과가 빠르게 나타나기 시작했거든."

"우아, 그거 정말 다행이네요."

"독일 경제가 안정을 되찾으면서 유럽은 서서히 평화 분위기로 접어들었어. 1925년 10월에는 영국과 프랑스, 독일 등 주요 국가의 지도자들이 스위스의 로카르노에 모여서 회의를 열었지. 이들은 앞으로 유럽의 평화를 위해 노력하기로 합의했단다."

▲ 로카르노 조약 당시의 세 나라 외무 장관 왼쪽부터 독일, 영국, 프랑스의 외무 장관이야. 특히 독일과 프랑스의 외무 장관은 로카르노 회담의 공로로 노벨 평화상을 받기도 했지.

▲ 로카르노 회담 만찬 메뉴판 회담이 대성공을 거두자 성대한 파티를 열었어. 이날 메뉴판에는 회담의 주요 참가자들이 천사로 묘사되어 있었단다.

"평화를 위해 노력하자는 거야 그냥 늘 하는 말 아닌가요? 뭔가 행동이 있어야죠."

"흐흐. 맞는 말이다. 로카르노 회담에 참여한 유럽 국가들은 앞으로 유럽에서 국경 분쟁을 멈추기로 약속했어. 만일 다툼이 생기면 전쟁이 아니라 국제기구의 중재 절차를 거쳐 해결하기로 약속했지."

"그러니까 싸우지 말고 말로 하자, 이거군요."

곽두기의 국어 사전

중재 가운데 중(仲) 마를 재(裁). 다툼에 끼어들어 서로를 화해시킨다는 뜻이야.

▲ 켈로그-브리앙 조약 발표 프랑스 외무 장관이 조약 체결을 발표하고 있어. 켈로그-브리앙 조약으로 모든 전쟁은 범죄로 규정됐지.

"바로 그거야. 뒤이어 1928년에는 모든 전쟁을 범죄로 보고, 분쟁의 해결책이나 외교 수단으로 이용해서는 안 된다는 내용의 조약을 맺었어. 그 어떤 이유로도 전쟁을 용납하지 않겠다는 거지."

"정말로 그 약속이 지켜졌나요?"

"일단은 모두 대찬성이었어. 제1차 세계 대전을 생생히 기억하는 각국 국민은 전쟁이라면 몸서리를 쳤거든. 그래서 누구나 평화를 위한 대화를 응원했고, 각국 지도자들도 약속을 지키려고 했지. 그 결과 유럽은 전쟁의 상처를 씻고 평화로웠던 예전의 모습을 빠르게 회복해 갔단다."

"역시 다들 말로 해결하려 하니까 방법이 있는 거군요."

"그런데 이렇게 유럽이 안정을 되찾으면서 정말 큰 이익을 본 나라는 따로 있어. 바로 미국이야."

> **용선생의 핵심 정리**
>
> 도스 계획을 통해 독일의 전쟁 배상금을 깎아 주고 독일 경제에 대한 투자가 이어지며 독일 사회는 안정을 되찾음. 뒤이어 유럽은 로카르노 회담을 거치며 평화를 되찾아 감.

미국이 경제 호황을 누리다

"사실 미국은 영국과 프랑스로부터 받을 돈이 많았어. 제1차 세계 대전 도중에 전쟁 물자를 외상으로 제공해 주었거든. 유럽의 전쟁 피해가 복구되고 유럽 경제가 회복되자 미국은 밀린 외상값을 받을 수 있었지. 게다가 유럽에 전쟁 피해 복구에 필요한 각종 물자를 활발히 수출하며 산업도 크게 발전했단다. 덕분에 미국은 영국을 제치고 세계 경제의 중심으로 올라섰어. 미국 증권 거래소가 있는 뉴욕 월스트리트는 세계 경제의 흐름을 파악할 수 있는 장소가 되었지."

"결국 바다 건너 있던 미국이 제일 큰 이득을 본 셈이네요."

나선애의 말에 용선생은 고개를 끄덕였다.

"그런 셈이지. 특히 눈여겨볼 만한 게 자동차 산업의 발전이야. 1900년 무렵만 해도 자동차는 부자나 가지고 있는 사치품이었어. 하지만 제1차 세계 대전이 끝난 1920년대에 이르면, 자동차는 모든 미

곽두기의 국어 사전

외상 값은 나중에 치르기로 하고 물건을 사거나 파는 일을 말해.

허영심의 상식 사전

월스트리트 뉴욕에 있는 세계 금융 시장의 중심 거리야. 세계 제일의 규모를 자랑하는 뉴욕 증권 거래소를 비롯해 큰 은행과 투자 회사가 모여 있지.

▼ 월스트리트의 뉴욕 증권 거래소 미국 기업이 급성장하고 사업이 활발해지면서, 뉴욕의 증권 거래소가 있는 월스트리트는 주식 거래를 하려는 사람으로 북적댔어.

장하다의 인물 사전

헨리 포드
(1863년~1947년) 미국의 기술자이자 사업가로 포드 자동차의 창립자야.

허영심의 상식 사전

컨베이어 시스템
수평 이동하는 평평한 벨트 위에서 공급되는 부품을 순서대로 조립해 종점에서 완성품을 생산하는 작업 방식이야. 작업 시간을 일정하게 만들고 노동 능률을 높여 생산량을 크게 늘렸지.

국 가정이 한 대씩 가지고 있는 생활필수품이 되었단다."

"그럼 다들 부자가 된 거예요?"

"그건 아냐. 1913년 무렵에 미국의 기업가 헨리 포드가 새로운 생산 방식을 도입하면서 자동차를 대량 생산할 수 있게 됐어. 그러면서 자동차의 가격이 크게 떨어졌지."

"어떤 새로운 방식을 도입했는데요?"

"헨리 포드는 도축장에서 이용하던 컨베이어 시스템을 자동차 공장에 도입했어. 자동차는 수많은 기계 부품을 조립해서 만드는 복잡한 제품이야. 원래는 여러 명의 기술자가 공장 안을 일일이 옮겨 다니며 차의 뼈대에 부품을 조립하는 식으로 일을 했어. 그러다 보니 차를 만드는 속도는 느렸고, 하루에 생산할 수 있는 자동차 대수도 적었지."

↑ **1914년 포드 자동차 T모델** 컨베이어 시스템을 이용해 만든 첫 모델이야. 20년 동안 약 1,500만 대가 판매될 정도로 미국에서 큰 인기를 누렸어.

↑ **포드 자동차 회사의 컨베이어 시스템** 컨베이어 시스템이 도입되며 포드 자동차 회사는 자동차를 대량으로 생산할 수 있었어.

"컨베이어 시스템을 이용하면 차를 빨리 만들 수 있나요?"

"맞아. 조립해야 할 차체를 컨베이어 벨트 위에 놓고 일정한 속도로 움직이게 하면 기술자가 옮겨 다니지 않고 자기 자리에서 일하면 되거든. 예를 들어 타이어 끼우는 사람은 타이어만 끼우고, 핸들 조립하는 사람은 핸들만 조립하고, 의자를 장착하는 사람은 의자만 끼우면 되는 거야."

"편리하겠네요. 옮겨 다니지 않고 일을 할 수 있으니까."

"분명 편리한 점이 있지만 단점도 있단다. 기술자들은 자기가 쉬고 싶을 때 쉬지 못하고, 컨베이어 벨트가 돌아가는 속도에 맞추어서 그야말로 기계처럼 일을 해야 했거든. 반면 공장주는 컨베이어 시스템을 환영했어. 그 전에는 노동자들의 컨디션에 따라 생산량이 들쑥날

전 세계가 경제 대공황에 빠지다

▲ 라디오를 듣는 소녀 1920년에 라디오 뉴스가 처음 방송된 이후 라디오는 미국인의 생활필수품이 되었어.

쑥했는데, 이제는 벨트가 돌아가는 속도에 맞추어 물건을 생산하게 됐기 때문이지. 이렇게 하면 시간당 생산량이 얼마나 되는지 손쉽게 파악할 수 있고, 조절하기도 쉽지. 생산 속도도 매우 빨라졌어. 포드 자동차 회사는 원래 한 시간에 한 대꼴로 자동차를 생산했는데, 컨베이어 시스템이 도입된 뒤에는 24초당 1대를 생산할 수 있게 됐거든."

"우아, 어마어마한 변화네요."

장하다가 입을 떡 벌렸다.

"이렇게 생산량이 늘자 헨리 포드는 자동차 가격을 과감하게 낮추었어. 포드 자동차 가격은 1908년에는 825달러였는데, 1926년에는 260달러까지 떨어졌지. 지금 물가로 환산하면 600만 원 정도 되니까, 평범한 노동자도 월급을 차곡차곡 모으면 자동차를 장만할 수 있었지. 또 컨베이어 시스템이 다른 공장에서도 사용되며 다른 전자 제품의 가격도 크게 떨어졌어. 그래서 미국 가정에서는 라디오, 세탁기 같은 비싼 전자 제품을 흔히 볼 수 있게 됐지."

"물건을 그렇게 맘대로 살 정도면, 노동자들이 월급을 잘 받았던 모양이죠?"

"응, 기업마다 사정은 조금씩 다르지만, 1920년대부터는 노동자들의 주머니 사정이 좋아졌어. 벌이가 늘어난 만큼 소비도 늘어났고, 기업들은 그만큼 돈을 많이 벌었어. 돈을 번 기업들은 새 공장을 세우고 생산을 늘렸기 때문에 일자리도 점점 늘어났지. 생산이 늘어난

용선생의 세계사 돋보기

헨리 포드는 노동자가 혹시 파업이라도 벌일까 몹시 불안해서, 월급을 대폭 올리고 노동 시간도 하루 8시간을 정확히 지켰지. 포드 자동차 회사의 기술자는 두 달 치 월급만 모으면 자기 회사의 자동차를 살 수 있었어.

만큼 물건값은 또 떨어졌고. 게다가 할부 제도가 도입되면서 비싼 전자 제품을 큰 부담 없이 살 수 있었지."

"뭔가 좋은 일이 톱니바퀴처럼 착착 맞춰서 일어나네요."

"맞아. 미국은 경제 호황을 맞이했어. 그래서 뉴욕 같은 대도시에는 높이가 수백 미터나 되는 고층 빌딩이 들어섰어. 예술과 문화도 전성기를 맞이했지. 경제적 여유가 생기면서 영화관과 극장에서 문화생활을 즐기는 사람이 늘어났어. 야구장은 관중으로 북적였고, 레스토랑과 술집마다 재즈 음악이 흘러나왔단다. 또 할리우드에서 유성 영화가 제작되면서 영화 산업도 본격적으로 발전했어."

"전쟁이 끝난 지 얼마 안 됐는데……. 분위기가 확 바뀌었네요."

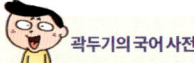

곽두기의 국어 사전

할부 벨 할(割) 줄 부(賦). 돈을 여러 번에 나누어 내는 것을 말해.

호황 좋을 호(好) 형편 황(況). 생산이나 소비 등 경제 활동이 활발한 상태야. 반대말은 불황.

허영심의 상식 사전

유성 영화 화면과 소리가 결합된 영화야. 1900년대 초 처음 영화가 대중에게 선보였을 때는 대사 없이 화면만 흘러나왔어. 화면과 소리가 결합되기 시작한 건 1920년대부터지.

↑ 1926년 뉴욕의 극장 앞 사람들

↑ 〈증기선 윌리〉 미키마우스를 주인공으로 하는 유성 애니메이션이야. 1928년에 제작됐어.

↑ 미국 잡지 표지의 신여성 1920년대 미국에선 단발머리에 짧은 스커트나 소매 없는 드레스를 입는 게 유행이었어. 이런 여성을 '왈가닥'이란 뜻의 '플래퍼'라고 불렀대.

"흐흐, 그렇지? 여성의 사회 진출이 본격적으로 늘어난 것도 이 무렵이야. 여성들은 사회 곳곳에서 일하면서 화장과 헤어스타일로 자신의 개성을 마음껏 드러냈지."

"분위기가 예전보다 한결 밝아진 거 같아서 좋아요!"

영심이가 싱글벙글 웃음을 지었다.

"1920년대는 그야말로 미국의 황금기였어. 여기에 유럽에서 전쟁의 상처가 서서히 회복되어 가자, 미국인들은 이제 세계에서 전쟁이 영원히 중단되고 평화가 계속될 거라고 낙관했지. 이런 생각이 가장 잘 드러난 곳이 주식 시장이었어. 주가가 끊임없이 올랐거든."

"왜 그런 거예요?"

"사람들의 기대 때문이야. 평화가 계속되면 경제가 발전하고, 경제가 계속 발전하면 기업이 큰돈을 벌 테니 기업의 가치를 나타내는 주가도 끊임없이 오를 것이라고 생각한 거야. 실제로 미국에는 주식으로 많은 돈을 벌고 벼락부자가 된 사람들이 속속 등장했지. 그럴수록 주식 시장에 뛰어드는 사람은 점점 늘어났어. 돈이 많은 사람은 많은 사람대로, 돈이 없는 사람은 없는 사람대로 재산을 털어서 주식을 샀지. 심지어 은행에서 돈을 빌려

↑ **엠파이어 스테이트 빌딩 건설 모습** 엠파이어 스테이트 빌딩 건설 장면은 약 1,000여 장의 흑백 사진으로 생생하게 남아 있대.

↑ **엠파이어 스테이트 빌딩** 1931년 뉴욕에 건설된 102층 빌딩이야. 건설 이후 1970년까지 세계에서 가장 높은 빌딩이었어.

주식을 사는 사람도 있었단다."

"돈을 빌려서까지 주식을 사요?"

"그래. 이렇게 열기가 뜨거워지자 문제가 생겼어. 물론 사람들이 기대하는 대로 주식 가격이 무한정 올랐다면 별 문제가 없었겠지. 그런데 만약 떨어진다면 어떻게 될까?"

용선생은 심각한 표정을 지으며 마우스를 몇 번 클릭했다.

 **용선생의 핵심 정리**

제1차 세계 대전 이후 미국은 영국을 제치고 세계 경제의 중심으로 급부상함. 컨베이어 시스템이 도입되며 대량 생산이 이루어졌고, 자동차를 비롯한 여러 제품이 대중화되고 주식 시장도 활성화됨.

1920년대 뉴욕 타임스 스퀘어

뉴욕의 42번가, 7번가, 브로드웨이가 만나는 세모꼴 광장을 '타임스 스퀘어'라 불러. 1904년 신문사 〈뉴욕타임스〉가 이전하면서 타임스 스퀘어로 불리게 되었지. 이 광장에는 수많은 영화관, 공연장, 호텔, 레스토랑 등이 모여 있어. 밤이면 화려한 네온사인의 거리로 변신하는 것도 큰 볼거리지.

전차
도로에 설치한 레일 위를 달리는 전차야. 19세기 말 미국에서 처음으로 실용화되었대. 전차의 발달로 도시 외곽에서 중심가로 통근하는 사람들이 편해졌지.

〈뉴욕타임스〉 본사
이 건물은 25층으로 엘리베이터가 있었어. 이 당시에는 엘리베이터의 조작이나 안내를 담당하는 사람이 있었지.

카바레
공연을 위한 무대가 갖춰진 식당이야. 관객들은 앉아서 술을 마시거나 식사를 하며 공연을 즐기지만, 간혹 일어나 춤추는 경우도 있었대. 미국의 카바레에서는 재즈 공연을 많이 했어.

미국의 경제 위기가 세계 경제를 대공황에 빠트리다

허영심의 상식 사전

다우존스 지수 미국 주식 시장을 대표하는 우량 대기업 30개 종목의 주가를 평균 낸 수치. 줄여서 '다우 지수'라고도 해. 다우존스 지수를 보면 그날의 미국 주식 시장 상황을 쉽게 알 수 있지.

"오늘 뉴욕 증권 시장에서 다우존스 지수가 12퍼센트 넘게 떨어졌습니다. 지난 9월 초에 비하면 20퍼센트 이상 떨어진 건데요, 월 스트리트에서는 손해를 더 보기 전에 주식을 팔려는 투자자가 몰려 북새통을 이뤘습니다."

"어, 주가가 왕창 떨어졌네요."

모니터에서 흘러나오는 소리에 왕수재의 눈이 휘둥그레졌다.

"맞아. 1929년 10월 24일 목요일, 미국의 주가가 하루 만에 12퍼센트 넘게 떨어졌어. 깜짝 놀란 사람들은 주식 가격이 더 떨어지기 전에 한 푼이라도 건져 보겠다는 심정으로 주식을 내다 팔기 시작했지. 그러자 주가가 더욱 심하게 떨어졌고, 불과 일주일 사이에 반 토막이 나기도 했어. 몇 주 전만 해도 부자라고 으스대던 사람들이 빈털터리가 돼 거리에 나앉았지. 이렇게 미국의 주가가 떨어지기 시작한 10월 24일을 '검은 목요일'이라고 불러."

"한창 오르던 주식이 왜 그렇게 떨어진 건가요?"

"사실 그동안 주가가 계속 오른 게 이상한 거야. 원래 주식의 가격은 각 회사의 실적에 따라서 변화해. 실적이 좋은 회사의 주식

폭발적으로 상승하던 다우존스 지수는 1929년 갑자기 떨어지기 시작했어.

↑ 1920~30년대의 다우존스 지수

은 오르고, 그렇지 않은 회사 주식은 떨어지지. 그런데 너도나도 맹목적으로 주식을 사들이다 보니 다른 현상이 나타났어. 회사의 실적과는 상관없이 거의 모든 주가가 오른 거야."

"그러니까 떨어지는 게 오히려 당연한 일이었다는 말씀이시군요?"

"응. 실제로 1929년 10월까지 미국 경제의 흐름을 자세히 살펴보면 불길한 조짐이 미리 보였어. 일단 노동자들이 소비를 줄이면서 물건이 예전만큼 많이 팔리지 않았지. 자동차의 경우, 1929년 봄부터 가을까지 판매량이 3분의 1로 줄어들 정도였단다."

"어, 왜 그런 거죠?"

"노동자들의 임금이 어느 순간부터 그다지 많이 오르지 않았고, 자동차도 팔릴 만큼 팔렸기 때문이야. 다른 제품의 경우도 자동차랑 비슷했지."

"그런데도 모두들 신경 쓰지 않은 건가요?"

"그래. 어차피 주식 가격은 계속 올랐으니까. 제품 판매가 줄어들면 회사는 신제품이나 신기술을 개발해 판매를 늘릴 생각을 하는 게 정상이야. 하지만 미국 회사는 오히려 주식 투자에 열을 올렸단다. 판매가 줄어들어서 생긴 손해를 주식으로 돈을 벌어 메꾸려고 했거든. 그러니까 회사가 손해는 면했어도, 실제 발전은 없었던 거지."

"어휴, 다들 주식에만 눈이 멀어 있었군요."

"여기에 전쟁 이후 몇 년 동안 농작물 가격이 계속 떨어지면서 지방 은행의 사정은 계속 나빠졌어."

"농작물 가격이랑 은행이 무슨 상관이에요?"

"제1차 세계 대전으로 전쟁터가 된 유럽에서 식량이 부족해지자,

곽두기의 국어 사전

맹목 눈 멀 맹(盲) 눈 목(目). 이성을 잃고 적절한 분별이나 판단을 못 하는 것을 가리켜.

용선생의 세계사 돋보기

이런 상황을 두고 '거품이 꼈다'라고 이야기하기도 해. 탄산음료를 흔들면 거품이 올라와 부피가 늘어나는 것처럼, 가격이 실제 가치보다 높게 평가되어 있다는 뜻이지.

▲ 주가 폭락 이후 월스트리트
주가 폭락 소식이 알려지자 삽시간에 사람들이 뉴욕 증권 거래소 앞으로 몰려들었어.

▲ 검은 목요일 사태를 다룬 기사
'월스트리트가 무너지다!'라고 적혀 있어. 검은 목요일 이후 미국 경제는 급격히 악화됐지.

미국과 캐나다, 호주 같은 곳에서는 식량 생산을 엄청나게 늘렸어. 농장주들은 더 많은 농작물을 생산하기 위해 은행에서 빚까지 내 새로운 농기계를 구입하고 땅을 더 사들였지. 근데 전쟁이 끝나고 유럽에서 다시 농사를 짓기 시작하자 농작물이 남아돌게 됐어. 농작물 가격은 폭락했고, 농장주는 큰 손해를 입었단다. 농장주에게 돈을 빌려 준 은행도 덩달아 곤란해졌지."

"그런 사연이 있었군요."

왕수재가 고개를 끄덕였다.

"미국 경제는 겉으로는 호황이었지만 사실 언제 터질지 알 수 없는 시한폭탄을 안고 있던 셈이야. 결국 검은 목요일에 주식 시장의 거품이 꺼지자 이 시한폭탄이 연쇄적으로 폭발하기 시작했단다."

"그럼 이제 어떻게 되는 건가요?"

"주식에 투자한 미국인 수백만 명이 엄청난 손해를 봤어. 주식 시장에 많은 돈을 투자했던 기업도 큰 손해를 보고 운영이 어려워졌지. 머지않아 문을 닫는 기업이 속출하면서 실업자가 거리로 쏟아져 나왔어. 해고를 당하지 않은 사람도 월급이 깎여서 생활이 어려워지긴 마찬가지였단다."

"에구, 주가가 갑자기 크게 떨어지는 바람에 다들 어려워졌군요."

"근데 주식으로 큰 손해를 본 사람과 기업들은 대부분 은행에 많은 빚을 졌어. 다시 말해서 빌려준 돈을 받을 수 없게 된 은행도 사정이 어려워졌지."

"그럼 은행이 망해요? 은행이 망하면 사람들이 은행에 맡긴 돈은 어떻게 돼요?"

곽두기의 눈이 휘둥그레졌다.

"그냥 사라지는 거지. 은행이 위험하단 뉴스에 불안해진 사람들은 은행이 망하기 전에 자기 돈을 찾겠다며, 예금을 모두 인출하려 했어. 그러자 은행은 더욱 어려워졌고, 진짜로 망하는 은행까지 나왔단다."

"주가 폭락의 영향이 그렇게 클 줄 몰랐어요."

"더 큰 문제는 그다음이야. 이렇게 경제가 어려워지자 사람들은 허리띠를 졸라매고 소비를 줄였어. 기업 입장에서는 물건이 안 팔리기 시작한 거야. 기업들은 손해를 줄이기 위해서 임금을 줄이거나, 공장 문을 닫을 수밖에 없었지. 그런데 이렇게 하면 실업자가 늘어나고,

용선생의 세계사 돋보기

이런 사태를 '뱅크런(Bank Run)'이라고 해. 은행이 큰 손실을 입었을 때 예금주들이 저축한 돈을 찾지 못할까 봐 예금을 한꺼번에 찾아가는 현상이야. 뱅크런이 일어나면 은행은 파산 위기에 처하게 된단다.

↑ **은행에 몰려든 사람들** 은행에 맡긴 돈을 찾으려고 많은 사람이 몰려 있어. 오늘날도 경제가 어려울 때면 이런 일이 종종 발생하곤 하지.

↑ **1930년대 시카고의 무료 급식소** 말끔하게 양복을 차려입은 시카고 지역의 실업자들이 수프를 배급받으려고 줄을 섰어.

사람들의 벌이는 더욱 줄어들어."

"그럼 더 허리띠를 졸라매겠군요. 돈이 없으니까."

나선애가 걱정스러운 목소리로 말하자 용선생은 고개를 끄덕였다.

"맞아. 그럼 물건은 더 안 팔리고, 기업들의 손해는 더 커질 수밖에 없지. 이렇게 경제 상황이 계속 악화되는 과정을 불황이라고 해. 1929년에 시작된 미국의 경제 불황은 점점 심해져서, 1933년 미국에는 실업자가 무려 1,500만 명이나 됐어. 미국인 네 명 중 한 명이 실업자 신세였지. 일인당 소득은 3년 전에 비해 거의 반 토막이 됐단다. 창고에는 팔리지 않은 물건이 그득히 쌓여 있는데, 사람들은 물건을

살 돈이 없어서 허덕였지."

"휴, 얼마 전까지만 해도 정말 분위기가 좋았는데, 갑자기 정반대 상황이 되었네요."

"문제는 미국의 불황이 다른 나라에도 영향을 줬다는 거야."

"아니, 왜요?"

"이 당시 미국은 세계 경제를 이끄는 나라였잖니? 미국의 은행과 사업가들은 특히 유럽에 많은 돈을 투자했어. 경제 위기가 터지자 미국인들은 유럽에 투자한 돈을 모조리 찾아가려 했지. 그러자 유럽에서도 미국과 비슷한 경제 위기가 시작됐단다. 주가가 떨어지고, 은행이 망하고, 실업자가 늘어났지."

"불똥이 세계로 튀었군요."

"프랑스나 영국 같은 나라도 피해가 컸지만, 가장 큰 피해를 받은 나라는 독일이었어. 독일은 도스 계획으로 미국의 투자에 기대어 경제를 회복해 가고 있었거든. 미국의 돈이 빠져나가면서 독일 기업은 파산했고, 독일 건설 현장에서 일하던 노동자 절반이 일자리를 잃었어. 제철소와 광산도 연이어 문을 닫았지. 실업자는 삽시간에 600만 명까지 늘어났어. 물론 은행도 줄줄이 문을 닫았지. 전쟁의 상처를 겨우 이겨 냈나 싶었는데, 다시 엄청난 불황에 빠지고만 거야."

"어휴, 생각만 해도 눈앞이 막막하네요."

영심이가 고개를 절레절레 저었다.

"미국과 유럽의 경제가 어려워지면서 세계 경

↑ 1933년 네덜란드 암스테르담의 실업자
실업자들이 실업 급여를 받기 위해 줄을 서 있어.

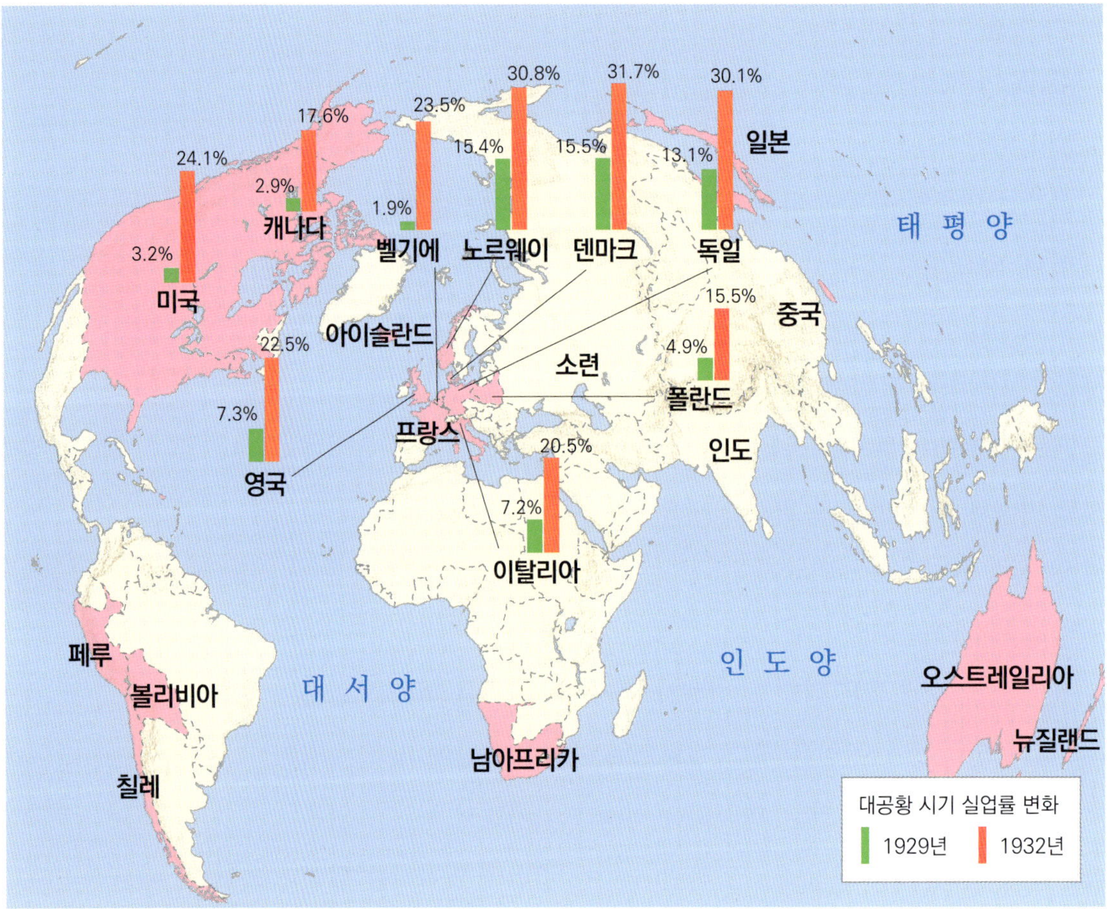

↑ 대공황의 타격을 받은 주요 국가

↑ **대공황 시기 멕시코 사람들** 미국에 원자재를 수출하던 라틴 아메리카 여러 나라도 큰 어려움을 겪었어.

제도 휘청거렸어. 불황으로 미국과 유럽 기업들이 원자재 수입을 대폭 줄이자, 원자재를 수출하던 나라들도 경제 사정이 어려워졌지. 특히 동아시아의 대표 공업국 일본의 수출량은 37퍼센트나 감소했고, 라틴 아메리카의 여러 나라는 빚을 갚지 못해서 부도가 날 지경이었지. 1933년이면 세계의 실업자는 5천만 명을 넘나들 정도로 늘어났다고 해."

"와, 무시무시하네요."

"이처럼 미국의 경제 위기가 세계 전역에 퍼지며 일어난 경제 위기를 '경제 대공황'이라고 해. 제1차 세계 대전의 충격에서 겨우 벗어나고 있던 세계는 경제 대공황으로 큰 타격을 입었어."

허영심의 상식 사전

공황 상품의 생산과 소비의 균형이 맞지 않아서 생기는 경제적인 위기를 말해.

용선생의 핵심 정리

미국의 주가 폭락 사태를 시작으로 기업과 은행이 연달아 망하며 경제 위기가 시작됨. 미국의 경제 위기는 유럽을 거쳐 전 세계를 휩쓰는 대공황으로 발전함.

대공황 탈출을 위해 국가가 나서다

"선생님, 그렇게 무시무시한 경제 위기가 시작됐는데 나라에선 그냥 지켜만 보고 있었나요?"

나선애가 답답한 듯 손을 번쩍 들어 물었다.

"이 시기에는 국가가 경제에 관여하는 걸 극히 꺼렸어. 1800년대 말부터 자유방임주의가 널리 퍼져 있었거든."

"자유방임주의가 뭔데요?"

"국가가 시장에 아무런 간섭을 하지 않아야 경제가 발전한다는 경제 사상이야. 이런 생각 때문에 미국에서 주가가 폭락하며 경제 위기가 시작됐을 때 정부가 대책을 재빠르게 내놓지 않았지. 하지만 불황이 전 세계로 빠르게 번지며 회복될 기미조차 보이지 않자 각국 정부가 나설 수밖에 없었어."

용선생의 세계사 돋보기

자유방임주의는 1700년대 영국에서 시작돼 제국주의 시대에 절정을 이뤘어. 자유 무역을 내세운 분위기에서 카네기의 US 스틸, 록펠러의 스탠더드 오일 같은 독점 기업이 탄생했지.

전 세계가 경제 대공황에 빠지다 **169**

허영심의 상식 사전

금리 빌려준 돈이나 예금에 붙는 이자, 혹은 그 비율을 뜻하는 말이야.

"정부에 무슨 수가 있긴 있었던 모양이죠?"

"일단 가장 급한 건 돈이야. 은행이든 기업이든, 당장 수중에 돈이 없어서 망하게 생긴 거니까. 그래서 각국 정부는 중앙은행의 금리를 대폭 낮추어서 은행과 기업이 사실상 이자 없이 돈을 빌려 갈 수 있도록 했어. 이렇게 하면 돈의 가치가 떨어져 물가가 오르는 부작용이 있지만, 당장 경제를 살리는 데 도움이 되거든."

"효과가 있었나요?"

"큰 효과가 없었어. 은행과 기업이 싼 이자로 대출을 받아서 일단 한숨을 돌린다고 해도, 어쨌든 창고에 쌓여 있는 물건이 안 팔리는 건 마찬가지였거든. 그래서 각국 정부는 두 번째 카드를 꺼냈단다."

"두 번째 카드가 뭔데요?"

"관세를 대폭 높여 수입품 대신 국산품을 쓰도록 하는 보호 무역 정책이지. 특히 미국은 몇 년 사이에 수백 가지 수입품에 매기는 관세를 두 배에서 네 배까지 올려서 일종의 무역 장벽을 만들었어. 사실상 수입을 막아 버린 거지."

"잠깐만요. 그럼 다른 나라들은 미국에 수출이 어려워졌겠네요?"

"맞아. 미국이 강력한 보호 무역 정책을 펼치자, 다른 나라도 앞다투어 보호 무역 정책을 펼쳐 자기 나라 산업을 보호하려 했어. 특히 넓은 식민지를 가진 영국이나 프랑스는 본토와 식민지를 한데 묶어서 일종의 경제 블록을 만들었단다. 경제 블록에 속한 지역끼리는 관세 없이 자유롭게 무역을 하는 대신, 경제 블록 밖에서 들어오는 수입품에 대해서는 높은 관세를 매겨 자국 산업을 보호한 거야."

허영심의 상식 사전

경제 블록 여러 나라가 공통된 경제적 목적을 위해 만든 경제권. 우리나라도 아시아 태평양 경제 협력체(APEC)에 속해 있어.

"저마다 살아남으려고 발버둥 쳤네요."

통화량을 조절하는 중앙은행

↑ 워싱턴 D.C.의 연방 준비 제도 본부
미국의 연방 준비 제도는 우리나라의 한국은행에 해당하는 미국의 중앙은행이야. 미국은 세계 경제에 큰 영향을 끼치기 때문에, 연방 준비 제도에서 설정하는 기준 금리는 세계의 경기 흐름을 예측할 수 있는 기준이기도 해.

한 국가 안에서 유통되는 화폐량을 통화량이라고 해. 통화량이 너무 많으면 돈이 흔해져 화폐 가치가 떨어지고 물가가 오르는 인플레이션 현상이 생겨. 반대로 통화량이 너무 적으면 돈을 구하기 힘들어져 기업과 은행의 운영이 어려워지고, 망할 수도 있지. 그래서 한 국가의 경제를 잘 운영하려면 반드시 통화량을 알맞게 조절해야 한단다.

이때 가장 큰 역할을 하는 기관이 바로 중앙은행이야. 중앙은행은 개인이나 기업을 상대로 영업을 하는 게 아니라, 은행을 상대로 영업을 하며 통화량을 조절해. 그래서 중앙은행을 '은행들의 은행'이라고 부르기도 하지.

중앙은행이 통화량을 조절하는 대표적인 방법은 '금리'를 정하는 거야. 통화량이 너무 적을 때에는 금리를 낮춰서 싼 이자로 돈을 쉽게 빌려 가도록 하고, 반대로 넘쳐 날 때에는 금리를 높여서 돈을 빌려 가기 어렵도록 한단다. 이때 중앙은행이 적용하는 금리를 '기준 금리'라고 해. 일반 은행들은 중앙은행에서 발표한 금리를 기준으로 각자 나름의 금리를 정하지. 따라서 중앙은행이 기준 금리를 올리면 일반 은행의 금리도 올라가고, 기준 금리를 낮추면 일반 은행의 금리도 떨어지면서 간접적으로 통화량이 조절되는 거야.

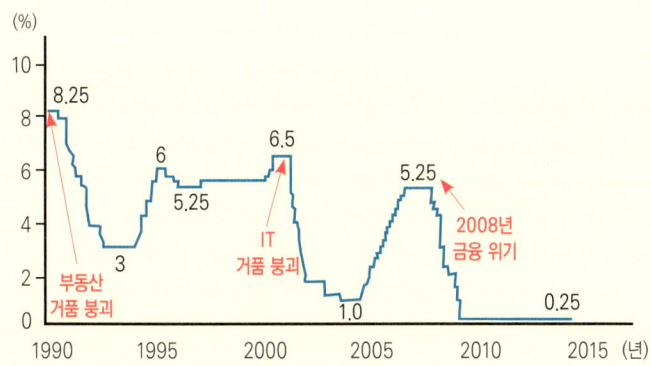

↑ 미국 연방 준비 제도의 기준 금리 변화
미국 경제 상황에 따라 기준 금리를 올렸다 낮췄어.

기준 금리 조절로 통화량 조절이 안 될 때는 다른 방법을 써. 대표적인 것이 직접 돈을 찍어서 통화량을 늘리는 방법이지. 2008년 전 세계에 금융 위기가 찾아왔을 때 미국을 비롯해 각국 중앙은행에서는 돈을 찍어 기업과 정부에 직접 빌려주는 '양적 완화' 정책을 활발히 실행했단다.

곽두기의 말에 용선생은 어두운 표정을 지었다.

"하지만 결과적으로 보호 무역은 오히려 세계 경제를 더욱 악화시켰단다. 영국처럼 식민지가 정말 많은 나라는 경제 블록을 만들면서 숨통이 좀 트였어. 영국에서 만든 공산품을 식민지에 팔 수 있었거든. 하지만 세계 전체로 볼 때에는 각국의 수출량이 크게 줄어들며 무역량이 대폭 감소했지. 1929년부터 3년 사이에 국제 무역량은 무려 60퍼센트나 줄었어. 즉, 물건이 그만큼 안 팔렸다는 뜻이야."

"그럼, 사태가 더 심각해진 거네요?"

경제 대공황 이후 보호 무역이 절정에 달한 1933년까지 세계 무역이 급감했네.

"응. 이로써 지금까지의 방법으로는 경제 대공황을 극복할 수 없다는 게 더욱 확실해졌어. 이때 획기적인 해결책을 들고 혜성처럼 등장한 사람이 있었단다. 바로 영국의 경제학자 케인스야."

"어떤 해결책을 내놓았는데요?"

"케인스는 정부가 좀 더 적극적으로 경제에 개입해야 대공황을 극복할 수 있다고 생각했어. 케인스의 생각을 잘 보여 주는 말이 이거야. '빈 병을 땅에다 파묻은 후, 정부가 사람을 고용해 돈을 주고 빈 병을 파내도록 해라.'"

"엥? 그게 무슨 이야기람."

장하다가 팔짱을 낀 채 입을 내밀자, 용선생이 웃으며 물었다.

"차근차근 생각해 보자. 물건이 왜 안 팔릴까?"

"그야, 일자리를 잃거나 월급이 줄어든 탓에 돈이 없으니까 물건을 살 수 없

↑ 경제 대공황 이후 세계 무역량 변화

는 거겠죠."

"맞아, 그러니까 경제가 살아나려면 누군가 실업자를 고용하고 임금을 줘서 물건을 살 수 있게 해 주어야 해. 원래는 기업이 할 일이지. 케인스의 말은 경제 위기가 닥쳐서 기업이 일자리를 늘리거나 임금을 높이기 어려우면, 정부라도 나서서 적극적으로 일자리를 만들고 소득도 늘려 줘야 한다는 거야."

"그렇다고 정말 빈 병을 파묻고 파내는 일을 시키는 건 아니죠?"

"하하, 그건 정부가 나서서 일자리를 만들어야 한다는 걸 강조한 말이란다. 이왕이면 많은 사람에게 이익이 가는 일이면 좋겠지. 예를 들면 계곡에 큰 다리를 놓거나, 도로를 닦는 공사 말이야."

"일리 있는 이야기 같은데요. 케인스의 주장을 실천으로 옮긴 나라가 있어요?"

"응. 바로 미국이야. 1933년 미국의 대통령이 된 루스벨트는 케인스의 생각을 받아들여 이전보다 훨씬 적극적으로 경제에 개입했어. 일단 은행의 경영 상태를 평가해서 가망이 없는 은행은 아예 문을 닫도록 하고, 튼튼한 은행은 확실히 지원했지. 그 결과 사람들이 은행이 망할까 불안해하며 돈을 빼 가는 일은 확실히 줄어들었단다."

"시작은 좋은데요."

"루스벨트 대통령은 뒤이어 대공황 극복을 위한 경제 정책을 내놓았어. 이걸 새로운 경제 정책이란 의미에서 '뉴딜 정책'이라고 불러."

"어떤 정책인데요?"

"뉴딜 정책은 정부가 나서서 경제적으로 소외된 사람을 위해 일자리를 만들고, 노동자의 수입을 보장해 주는 정책이야. 케인스의 주장

▲ 존 메이너드 케인스
(1883년~1946년) 영국의 대표 경제학자야. 정부의 적극적인 시장 개입을 주장해 훗날 세계 각국의 경제 운영에 큰 영향을 미쳤지.

↑ **시민 보호 기구의 텐트촌** 17세부터 28세 사이의 청년 실업자에게 숙식을 제공하던 곳이야. 이들은 댐 건설, 토지 개간, 식목 사업과 같은 공공사업에서 돈을 벌었어.

← **후버 댐** 대공황 탈출을 위해 건설된 다목적 댐이야. 당시 세계 최대 규모의 발전소이자 콘크리트 건축물이기도 했어.

후버댐이 살린 화려한 미국의 도시 라스베이거스?

에 딱 들어맞는 정책이지. 미국 정부는 주로 도로나 다리, 다목적 댐 같은 대형 토목 공사를 벌여서 실업자를 대규모로 고용했어."

"그러다가 쓸모없는 도로나 다리가 생기면 어떡해요?"

"물론 아무 데나 건설한 건 아니야. 이 당시 낙후 지역이었던 미국 남동부 테네시강 유역에 다목적 댐과 발전소를 대대적으로 지었지. 또 물이 많이 부족했던 로키산맥 인근에 건설 중이었던 후버 댐 완공을 서둘렀어. 미국 정부는 이런 대규모 공사를 계속 벌여 모두 300만 개가 넘는 일자리를 만들었단다."

"그런데 그렇게 공사만 벌이면 공사장에서 일하기 어려운 사람들

허영심의 상식 사전

다목적 댐 수력 발전, 홍수 조절, 농업용 물 공급 등 여러 목적을 겸하기 위해 지은 댐이야.

은 어쩌고요?"

영심이가 걱정스러운 표정으로 물었다.

"좋은 지적이야. 미국 정부는 토목 공사 말고도 여러 방법으로 일자리를 늘렸단다. 예를 들어 화가는 거리에서 벽화를 그리게 했고, 음악가는 음악책을 만들게 했지. 이런 식으로 국가의 지원을 받아 새로 일자리를 얻은 사람이 850만 명이 넘었어."

▲ 테네시강 유역 개발

"우아, 대단하네요."

"게다가 루스벨트 대통령은 노동자의 권리 보장에도 열심이었어. 특히 임금 협상에 직접 관여해서 노동자가 제대로 된 임금을 받고 휴식 시간도 보장받을 수 있도록 했지. 노동자의 형편이 좋아져야 경제에 도움이 될 테니까 말이야. 또 외교 협상을 통해서 세계 각국의 관세 장벽을 낮춰 나갔단다. 수출을 늘려서 경제를 회복시키려고 한 거지."

"그럼 뉴딜 정책은 성공했나요?"

"효과가 있었어. 실업률도 많이 줄어들었고, 국민 소득이 늘어나자 경제도 불황을 벗어날 기미를 보였거든. 그러다가 1930년대 말에 다시 한 번 불황이 찾아오며 실업률이 늘긴 했어. 또 국가에서 일을 많이 벌이며 돈을 쓴 만큼 나라 빚이 늘어났지. 하지만 국가가 적극적으로 개입한 덕에 경제 사정이 이전보다 나아졌다는 것만은 분명해."

▲ 테네시강 개발 사업에 나선 노동자 1942년에 찍은 사진이야. 뉴딜 정책의 일환으로 시작된 테네시강 유역 개발 사업은 오늘날까지도 꾸준히 계속되고 있어.

"다른 나라도 미국을 따라 했겠네요?"

"응. 뉴딜 정책의 성과가 드러나자 영국이나 프랑스 같은 나라에서

전 세계가 경제 대공황에 빠지다

대공황 탈출을 위한 해법, 뉴딜 정책

1933년 미국 대통령으로 당선된 루스벨트의 취임 연설에는 미국 정부가 대공황 문제를 어떻게 풀어 나가려 했는지 잘 드러나 있단다. 한번 읽어 볼까?

"시장에 돈이 돌고 있지 않습니다. 기업은 생산이 멈춰 말라 죽은 잎사귀만 휘날리고 있습니다. 농민은 농사를 지어도 팔 수가 없습니다. 수많은 가정이 오랫동안 저축한 돈이 사라지고 말았습니다. 무엇보다도 많은 실업자가 죽느냐 사느냐 하는 심각한 상황에 처해 있으며 수많은 사람이 형편없는 임금에 신음하고 있습니다. (……) 우리의 최우선 과제는 사람들에게 일자리를 주는 것입니다. 이것은 전시에 비상사태를 처리하는 것처럼 정부가 직접 나선다면 달성할 수 있습니다."

— 프랭클린 루스벨트의 대통령 취임 연설

▲ 프랭클린 루스벨트
(1882년~1945년) 제32대 미국 대통령으로, 뉴딜 정책을 실시하고 제2차 세계 대전을 승리로 이끌었어. 미국 역사상 유일무이하게 네 번이나 대통령으로 뽑힌 인물이야.

루스벨트는 크게 3개의 법안을 만들어 뉴딜 정책을 추진했어. 첫 번째는 대규모로 공공사업을 벌여 실업자를 줄이는 산업 부흥법이야. 실업자를 대규모로 고용해 댐이나 다리, 도로 등을 건설하는 법이지.

두 번째는 농촌을 보호하는 농업 조정법이야. 농산물 생산을 국가가 직접 통제해 농산물 가격이 폭락하지 않도록 했지. 루스벨트는 미국의 주요 농업 지역인 동남부의 테네시강 유역을 개발해 전기를 공급해서 기계를 이용한 농업 현대화도 추진했어.

세 번째는 노동자의 권리를 보호하는 와그너법이야. 이전까지 기업들은 생산량이 늘면 사람을 많이 고용했다가 생산량이 줄면 사람을 잔뜩 해고했어. 그러다 보니 언제 해고될지 모르는 노동자의 생계는 늘 불안했지. 와그너법은 노동자가 노동조합을 결성해 기업과 협상을 할 수 있게 해 주는 법이었어. 그 덕분에 노동자들은 기업의 갑작스러운 해고, 부당한 임금 삭감 등 일방적으로 불리한 일을 막을 수 있게 됐단다.

그 외에도 뉴딜 정책에는 여성과 예술가를 지원하는 법률, 은퇴한 노동자의 생계를 위한 연금법, 해고된 노동자의 생계를 위한 실업 보험법 등 다양한 복지 법안이 있었어. 뉴딜 정책은 미국이 대공황을 극복하는 발판이 되었지.

▲ 사회 보장법에 서명하는 루스벨트 대통령
루스벨트는 노동자의 최저임금제와 주 40시간 노동제 등을 도입하는 사회 보장법을 만들었어.

도 정부의 개입을 차츰 늘려 나갔어. 여기에 소련의 성장도 큰 자극이 되었지. 대공황이 세계를 휩쓸고 있을 때에 유독 소련만은 급속도로 경제 성장을 이루었거든. 사회주의 국가인 소련은 미국과 달리 국가가 경제에 깊숙이 개입해서 생산과 소비를 모두 통제했지."

"그럼 결국 국가가 경제에 적극 개입하는 게 더 나은 건가요?"

"하하. 꼭 그렇다고 볼 순 없겠지. 하지만 대공황의 비참함과 너무나 대비되는 소련의 성장 때문에 세계 곳곳에서 사회주의가 더 크게 힘을 얻었던 건 사실이야. 그러자 혹시라도 사회주의가 더 널리 퍼질까 봐 신경을 곤두세우는 사람도 늘어났지. 당장 케인스도, 루스벨트의 뉴딜 정책도 사회주의적 정책이라는 비판을 많이 받았어. 그런데 이런 갈등은 곧 아무도 생각지 못했던 방향으로 번져 나가게 된단다."

전 세계가 경제 대공황에 빠지다 **177**

♦ 빅스비 크릭 브리지와 해안 도로 뉴딜 정책이 한창 진행될 당시 캘리포니아 서해안에 놓은 다리야. 바닥에서 다리까지 79미터에 이르는 이 다리는 건설 당시 세계에서 가장 높은 다리였대. 오늘날엔 세계적인 명소이지. 다리와 해안 도로가 완공되는 데 7년 가까이 걸렸어.

"그래요? 어떻게 번졌는데요?"

"흐흐. 그 내용에 대해서는 다음 시간에 계속 배우자. 오늘도 고생 많았어!"

용선생의 핵심 정리

대공황에서 벗어나기 위해 통화량을 조절하고 보호 무역을 강화하는 대응이 이루어졌으나 큰 효과를 보지 못함. 케인스는 국가가 적극적으로 경제에 관여할 것을 주장했고, 이 주장에 따라 실행된 뉴딜 정책으로 미국은 어느 정도 효과를 봄.

나선애의 정리노트

1. ### 제1차 세계 대전의 상처를 극복해 가는 유럽
   - 독일에 새로운 민주주의 국가인 바이마르 공화국이 세워짐.
     - → 정치적 혼란과 과도한 전쟁 배상금 부담으로 경제적 어려움이 심해짐.
     - → 독일이 배상금을 갚지 못하자 프랑스가 루르 지방을 점령함.
   - 도스 계획과 로카르노 회담을 거치며 유럽은 평화를 되찾음.

2. ### 제1차 세계 대전 이후 급성장한 미국의 경제
   - 미국이 영국을 제치고 세계 경제의 중심을 차지함.
   - 헨리 포드의 컨베이어 시스템 도입으로 대량 생산이 가능해짐.
     - → 자동차 산업을 비롯해 여러 산업이 눈부시게 발전함.
     - → 주식 시장도 활성화됨. 예술과 문화는 전성기를 맞이함.

3. ### 경제 대공황으로 확대된 미국의 경제 위기
   - 1929년 미국의 주식 시장에서 주가가 폭락함.
     - → 기업과 은행이 망하고 실업자가 늘며, 경제 불황이 점점 심해짐.
   - 미국의 경제 불황이 세계 전역에 영향을 미치며 경제 대공황이 발생함.

4. ### 경제 대공황을 극복하려는 각국의 경제 정책
   - 미국과 유럽은 보호 무역을 실시했으나 경제는 더욱 악화됨.
   - 경제학자 케인스는 국가가 적극적으로 경제에 개입해야 한다고 주장함.
     - → 미국의 루스벨트 대통령은 뉴딜 정책으로 경제 회복을 시도함.

세계사 퀴즈 달인을 찾아라!

1 다음 국가에 대한 설명으로 옳지 않은 것은? ( )

<바이마르 공화국>

① 좌파와 우파에게 폭넓은 지지를 받았다.
② 헌법과 선거 제도는 현대 민주 국가의 본보기가 되었다.
③ 제1차 세계 대전 후 독일에 새롭게 들어선 민주주의 국가이다.
④ 정치적 혼란과 과도한 전쟁 배상금 부담으로 경제적 어려움을 겪었다.

2 제1차 세계 대전 이후 유럽의 상황에 대한 설명으로 알맞은 것에 ○표, 알맞지 않은 것에 X표 해 보자.

○ 독일은 물가가 급격하게 상승하고 정치적으로 혼란스러웠다. ( )

○ 독일이 배상금을 갚지 못하자 프랑스가 루르 지방을 점령했다. ( )

○ 도스 계획은 독일의 전쟁 배상금을 증가시키기 위한 계획이었다. ( )

○ 도스 계획과 로카르노 회담을 거치며 유럽은 서서히 평화 분위기로 접어들었다. ( )

3 제1차 세계 대전 이후 미국의 경제 상황에 대해 잘못 설명한 친구는?
( )

 ① 영국을 제치고 세계 경제의 중심으로 떠올랐어.

 ② 컨베이어 시스템이 도입되어 대량 생산이 이루어졌어.

 ③ 자동차 산업을 비롯해 여러 산업이 눈부시게 발전했어.

 ④ 노동자들의 생활 수준이 악화되어 대중문화가 쇠퇴했어.

4 빈칸에 공통으로 들어갈 인물의 이름을 써 보자.

> 1913년 무렵에 미국의 기업가 ○○ ○○가 새로운 생산 방식을 도입하면서 자동차를 대량 생산할 수 있게 되었다. ○○ ○○가 도입한 컨베이어 시스템 덕분에 자동차의 가격을 획기적으로 낮출 수 있었고, 이는 자동차의 대중화에 기여했다.

( )

5 1929년 미국의 주가 폭락 사태가 불러온 결과로 옳지 않은 것은?
( )

① 기업과 은행이 연달아 망하며 미국에 불황이 찾아왔다.
② 미국의 경제 위기가 소련에도 영향을 미쳐 소련 경제가 악화되었다.
③ 미국의 보호 무역 강화에도 불구하고 경제는 계속 어려운 상황이었다.
④ 미국의 불황이 세계 여러 나라에 영향을 미치며 경제 대공황이 발생했다.

6 빈칸에 공통으로 들어갈 알맞은 말을 써 보자.

> 1933년 미국의 대통령으로 당선된 루스벨트는 케인스의 주장에 따라 새로운 경제 정책을 내놓았는데, 이를 '○○ 정책'이라고 한다. 미국 정부는 기업을 대신해 여러 가지 방법을 동원해 많은 일자리를 만들었고 ○○ 정책의 결과 미국은 차츰 불황에서 벗어날 수 있었다.

( )

 정답은 267쪽에서 확인하세요!

| 용선생 세계사 카페 |

힘든 가사 노동을 줄여 준 새로운 가전제품들

1900년대 초에는 과학과 기술이 발전하며 사회가 완전히 뒤바뀌었어. 특히 전기가 본격적으로 보급되며 세탁기, 다리미, 청소기, 냉장고 등 다양한 가전제품이 출시됐지. 이런 제품들은 가사 노동 부담을 대폭 줄여 줬단다. 그 전까지는 어느 정도 여유가 있는 집에서는 집안일을 맡아서 해 주는 일손을 고용하는 경우가 많았어. 그런데 가전제품이 보급되자, 꽤 경제적인 여유가 있는 부잣집에서도 외부인을 고용하는 일이 점점 드물어졌지.

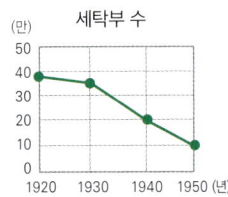

↑ 미국의 세탁기 생산량과 세탁부 수 변화

빨래의 번거로움을 덜어 준 세탁기

세탁기가 발명되기 전에는 손으로 직접 빨래를 해야 했어. 묵은 때를 벗기기 위해 비누칠을 해 빨래를 문지르고, 물로 헹군 뒤 손으로 짜는 작업은 무척 번거롭고 힘들었지. 전기를 이용한 자동 세탁기는 1900년대 초에 개발됐어. 세탁기는 그야말로 혁신적인 제품이었지. 사람이 하면 4시간이 걸릴 빨래가 세탁기를 이용하면 1시간이면 충분했거든. 이후 탈수 기능과 타이머 기능이 달린 새 제품이 계속 개발되어 누구나 쉽게 빨래를 할 수 있는 시대가 되었단다.

↑ 1930년에 판매된 전동 세탁기 밑에 바퀴가 있어서 세탁기를 움직일 수 있었어. 위에 두 개의 롤러는 빨래를 짜는 기능을 해.

가정의 필수품이 된 냉장고

냉장고가 발명되기 이전에는 신선한 과일이나 고기를 맛보기가 굉장히 어려웠어. 무더운 한여름에 차가운 얼음물을 마시는 건 귀족이나 누릴 수 있는 사치였지. 하지만 1800년대 들어서 냉장고가 발명되어 창고와 공장에서 사용되었고, 1920년에는 가정용 냉장고가 발명되었단다. 이제 날씨와 무관하게 음식을 오랫동안 신선하게 보관할 수 있게 되었기 때문에 날마다 장을 보러 갈 필요가 없어졌어. 또 신선한 과일과 고기를 먹기도 쉬워져서 사람들의 영양 상태에도 많은 도움이 되었지. 이 때문에 냉장고는 모든 가정에 급속도로 보급되며 생활 필수품이 되었어.

이 원통형 상자는 온도를 낮추는 장치야.

▲ 제너럴 일렉트릭의 냉장고
이 냉장고는 1929년 한 해 동안 5만 대가 팔려 나갔고, 1931년까지 1백만 대 넘게 생산되었어.

청소의 수고를 덜어 준 진공청소기

진공청소기는 청소기 내부를 진공으로 만들어 주변의 먼지를 빨아들이는 기계야. 초기의 진공청소기는 손으로 펌프질을 해서 청소기 내부를 진공으로 만들어 사용했지. 당연히 힘도 많이 들고 사용하기도 어려웠을뿐더러, 크기도 몹시 크고 무게도 무거웠어. 하지만 집집마다 전기가 들어오자 손으로 하던 일을 전기로 손쉽게 해결할 수 있게 됐지. 1920년대가 되면 크기도 작아져 누구나 손쉽게 이용할 수 있게 되었단다.

▲ 1920년대 진공청소기 광고
청소기의 장점 다섯 가지를 들며 홍보하고 있어.

매끈한 옷맵시를 책임지는 전기다리미

전기다리미가 발명되기 전엔 다리미를 난로 위에 놓고 뜨겁게 달궈서 사용했어. 매우 번거로운 데다가 위험하기도 했지. 게다가 다림질을 하는 도중 다리미가 금방 식었기 때문에 수시로 다시 뜨겁게 달구는 일을 반복해야 했어. 전기다리미가 등장하며 이런 수고가 몽땅 사라졌어. 전기만 연결하면 금세 온도가 오르는 데다가 쉽게 식지도 않는 다리미를 사용할 수 있으니까. 1920년대 말이면 포드 자동차 회사의 노동자 중 98퍼센트가 전기다리미를 갖고 있었대.

▲ 1920년대 다리미 광고 크리스마스 선물로 다리미를 광고하고 있어.

> 용선생 세계사 카페

1920년대 미국의 황금시대를 배경으로 한 《위대한 개츠비》

미국은 1920년대의 화려한 경제 성장 덕분에 물질적으로 풍요로운 시대를 맞이했어. 하지만 그만큼 일확천금을 노린 범죄도 늘어났고, 사치스러운 생활을 누리며 도덕적으로 타락한 부자도 많았지. 1925년 프랜시스 스콧 피츠제럴드가 쓴 《위대한 개츠비》는 이런 미국의 시대 상황을 잘 담아낸 작품이야.

등장인물 닉 캐러웨이는 제1차 세계 대전이 끝난 이후 뉴욕으로 이사 온 청년이야. 주식 투자 열풍이 불던 뉴욕에서 한몫 잡는 것이 닉의 목표였지. 매일처럼 월스트리트를 오가던 닉은 이웃인 제이 개츠비와 친구가 되었단다.

뉴욕 외곽의 거대한 저택에 홀로 사는 개츠비는 어마어마한 부자였어. 매주 토요일마다 부유한 손님을 수백 명씩 초대해 호화 파티를 열었지. 다만 개츠비가 어떻게 재산을 모았으며, 왜 매번 파티를 여는지는

↑ 1925년 출판된 《위대한 개츠비》의 표지

→ 오헤카성 미국 뉴욕 근처에 위치한 성으로 개츠비 대저택의 모델이 되었어. 지금은 특별한 결혼식을 하는 장소로도 각광받는 고급 호텔이야.

아무도 알지 못했단다. 그러던 어느 날, 개츠비는 닉에게 자신이 매번 파티를 여는 이유를 들려주었어.

사실 개츠비는 원래 매우 가난한 청년이었어. 개츠비에게는 데이지라는 연인이 있었는데, 데이지는 부유한 가문의 여인

↑ 2013년 영화 〈위대한 개츠비〉의 한 장면

이었지. 그런데 개츠비가 제1차 세계 대전에 나가 있는 사이 데이지가 자신보다 훨씬 부유한 남자와 결혼을 해 버린 거야.

개츠비는 데이지를 다시 만나기 위해 악착같이 돈을 모았어. 신분과 이름도 바꾸었지. 완전히 새로운 사람이 된 뒤 호화로운 파티를 열어 돈 많은 사람을 계속 초대하다 보면, 언젠가 데이지를 다시 만날 수 있을 거라 생각했어. 알고 보니 개츠비가 닉과 친해진 것도 그럴 만한 이유가 있었어. 데이지는 바로 닉의 친척 동생이었거든.

결국 닉의 소개로 개츠비와 데이지는 다시 만났어. 때마침 데이지는 남편과 사이가 좋지 않았는데, 남편이 바람을 피운 거야. 개츠비는 데이지에게 이혼을 요구하며 자신과 함께 살자고 말했지. 하지만 데이지는 망설였고, 설상가상으로 데이지의 남편이 이 사실을 알게 되면서 문제는 더욱 복잡해졌단다. 우여곡절 끝에 개츠비는 자신의 저택 수영장에서 총을 맞아 비극적인 최후를 맞이하고 말았어.

개츠비의 장례식은 몹시 쓸쓸했어. 매주 파티에 참석해 개츠비를 떠받들었던 수많은 사람들 중 그 누구의 그림자도 비치지 않았지. 심지어 데이지마저 나타나지 않았어. 쓸쓸한 장례식장을 지키던 닉은 오직 돈과 화려함만을 쫓는 뉴욕 사람들에게 크게 실망했단다.

4교시

독재의 길로 내달리는 유럽

대공황으로 전 세계 경제가 엉망이 되고,
혼란 속에 극단적인 민족주의와 전체주의를 내세운 독재자들이 등장했어.
이들은 폭력을 앞세워 민주주의를 짓밟았지만 오히려 큰 지지를 받았고,
급기야 권력을 잡게 된단다.
국민들은 왜 그런 선택을 했고, 그 선택은 어떤 결과를 낳았을까?

1919년	1922년	1923년	1928년	1933년	1935년
히틀러, 나치당 입당	무솔리니, 로마 진군	히틀러, 뮌헨 쿠데타	스탈린, 5개년 경제 계획 시작	히틀러, 독일 수상 취임	독일, 베르사유 조약 파기

프랑크푸르트
독일의 교통 요충지. 나치 집권과 함께 자동차 전용 도로인 아우토반이 본격적으로 건설된 곳이야.

뮌헨
독일 바이에른의 중심지로 나치당이 탄생한 곳. 히틀러와 나치당은 이곳에서 쿠데타를 일으켰지만 실패했어.

로마
이탈리아 왕국의 수도. 무솔리니는 검은 셔츠단을 이끌고 로마를 점령해 권력을 잡았어.

오늘날 독일의 중심지 베를린과 뮌헨을 가다

독일은 16개 자치주로 이뤄진 연방 공화국이야. 독일 각 지역은 1871년 독일 제국으로 통일되기 전까지 오랫동안 서로 다른 나라였고, 저마다 개성 있는 문화를 꽃피웠어. 그래서 북부 프로이센 왕국의 수도였던 베를린과 남부 바이에른 왕국의 수도였던 뮌헨의 분위기는 사뭇 다르지. 오늘날 두 도시의 모습을 자세히 살펴보자.

➜ 베를린 구도심
베를린 장벽이 있었던 베를린 중앙역 일대의 모습이야. 전쟁으로 황폐했던 옛 흔적을 전혀 찾아볼 수 없게 변했어.

↑ 브란덴부르크 문
베를린의 상징으로, 원래는 개선문으로 쓰였어. 동베를린과 서베를린의 검문소이기도 했지.

브란덴부르크 문
국회 의사당
베를린 중앙역
베를린의 젖줄 슈페레강

역사와 정치의 중심지 베를린

독일 북동부에 자리한 수도 베를린은 서울의 약 1.5배 면적에 390만 명이 사는 독일 최대 도시야. 제2차 세계 대전 때 도시 전체가 파괴되었고, 미국과 소련이 대립하던 시기에는 잠시 본에 수도 자리를 내준 적도 있었지. 하지만 통일 후 명실상부한 독일의 정치 중심지로 자리매김했어.

◀ 국회 의사당
지붕의 거대한 유리 돔에서 방문객들이 의회 본회의장을 내려다볼 수 있게 만들었어. 독일의 투명한 민주 정치를 상징하지.

즐길 거리가 넘치는 문화 도시

베를린에는 다양한 주제의 박물관이 수백 개나 있어서 '박물관의 도시'라고도 해. 특히 페르가몬 박물관을 비롯해 세계적인 박물관들이 모여 있는 '박물관 섬'이 유명하지. 베를린에는 그 밖에도 600개가 넘는 갤러리, 250개의 공공 도서관과 130개의 극장 등 수많은 문화 시설이 들어서 있단다.

↑ **이스트사이드 갤러리** 남아 있는 베를린 장벽 일부를 이용해 만든 야외 갤러리야. 세계 각국의 화가들이 행복과 희망을 주제로 105개의 그림을 그려 넣었어.

↑ **페르가몬 박물관** 그리스의 고대 신전을 통째로 옮겨 와 전시하는 걸로 유명해.

↑ **포츠담 광장** 업무, 상업, 문화, 주거 시설이 한데 모여 있는 곳이야. 복합 문화 공간 소니 센터, 베를린 필하모닉 콘서트홀 등이 이곳에 모여 있지.

↓ **베를린 영화제** 매년 2월에 열리는 영화제로, 칸, 베네치아 영화제와 함께 세계적인 권위를 자랑해.

창업가들이 모이는 혁신 도시

베를린은 독일에서 스타트업이 가장 많은 도시야. 유럽 대륙의 중심부라는 위치, 대도시이면서도 저렴한 물가와 임대료, 새로운 시도에 개방적인 도시 문화 덕분이지. 넘쳐 나는 고학력 인재도 강점이야. 독일에는 보통 도시마다 국립 대학이 하나만 있는데, 유일하게 베를린에만 국립 대학이 4개나 있거든.

↑ **베를린 훔볼트 대학교** 1810년에 세워졌어. 비스마르크, 마르크스, 헤겔 등 수많은 유명 인사를 배출한 명문 대학이지.

↑ **팩토리 베를린** 방공호로 쓰였던 양조장을 개조해 만든 스타트업 산업 단지야. SNS 시대를 연 '트위터'를 비롯한 수십 개의 세계적 IT 기업이 들어섰어.

독일에서 가장 부유한 도시 뮌헨

뮌헨은 바이에른주의 주도이자, 베를린, 함부르크에 이어 독일에서 세 번째로 큰 도시야. 서울 절반 정도의 면적에 약 160만 명이 살고 있지. 제2차 세계 대전으로 큰 피해를 입었지만 1970년대부터 정보 통신 (IT), 관광 산업 등 여러 산업을 키우며 크게 발전했어. 현재 독일 경제를 이끄는 주요 기업들이 뮌헨에 모여 있지.

↓ **지멘스 본사** 지멘스는 유럽 최대의 전자 기업이야. 반도체, 전자 제품 등 다양한 제품을 생산해.

뮌헨의 랜드 마크인 뮌헨 대성당

↑ **알프스가 보이는 뮌헨** 독일 동남부, 알프스 북부에 자리한 뮌헨은 아름다운 자연환경과 잘 보존된 옛 도시 풍경 덕분에 관광지로도 인기가 높아.

↓ **BMW 자동차** 세계적인 자동차 기업 BMW는 뮌헨에 본사를 둔 바이에른주의 대표 기업이야.

독일의 옛 모습을 간직한 뮌헨

뮌헨은 바이에른 왕국의 옛 모습을 잘 간직하고 있는 도시야. 바이에른 왕국부터 이어져 내려온 고품격 오페라 공연 등 여러 귀족 문화도 여전히 이어지고 있어.

▼ **님펜부르크 궁전** 바이에른 왕가의 여름 궁전이야. 제2차 세계 대전 때 피해를 입지 않아 옛 모습 그대로 남아 있어.

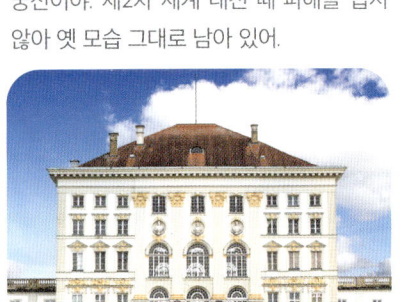

▲ **뮌헨 레지덴츠 내부** 바이에른 왕가의 겨울 궁전이야. 역대 바이에른의 왕들이 수집한 다양한 보물과 예술 작품으로 가득 차 있지.

바이에른의 기반을 다진 막시밀리안 1세

▲ **시청사 시계** 12시 정각에 인형이 나와 시간을 알려 주는 시계 때문에 관광객들로 붐벼.

▲ **바이에른 국립 오페라하우스** 1653년에 지어진 오페라하우스로 '남부 독일 예술의 자존심'이라 불러. 매 시즌 오페라, 발레 등 450편이 넘는 공연이 열리지.

◀ **마리아 탑** 광장 중앙에 있는 높이 11미터의 탑. 30년 전쟁 때 도시가 스웨덴군에게 파괴되지 않고 무사한 것을 기념해 세운 거야.

▲ **마리아 광장** 뮌헨의 최고 중심지이자 유명 관광지야. 근처에 오페라 극장, 궁전 등 여러 역사적인 건물이 모여 있어.

맥주와 축구의 도시

9월 말에 뮌헨에서 열리는 옥토버 페스트는 세계적인 맥주 축제야. 바이에른 왕국에서 시작된 축제라 뮌헨의 자랑이기도 해. 또 뮌헨 사람들은 열렬한 축구광이야. 지역 연고 팀인 FC 바이에른 뮌헨은 독일 프로축구 리그인 분데스리가와 유럽 챔피언스리그에서 우승을 여러 차례 차지한 강팀이란다.

↑ **옥토버 페스트** 매년 9월 말부터 2주간 열리는 축제 기간에는 전 세계에서 수백만 명이 뮌헨으로 모여.

↑ **호프브로이 하우스** 뮌헨 6대 맥주 회사 중 가장 규모가 크고 오래된 곳이야.

← **알리안츠 아레나** FC 바이에른 뮌헨의 홈 구장이야. 경기장 외벽은 평소에 반투명한 흰색인데, FC 바이에른 뮌헨의 경기가 열리면 팀의 상징 색인 붉은색으로 변해.

↑ **뮌헨 올림픽 공원** 뮌헨은 독일이 분단되어 있던 1972년에 하계 올림픽을 개최했어. 한때 FC 바이에른 뮌헨이 올림픽 주경기장을 홈구장으로 썼지.

무솔리니가 파시스트를 앞세워 이탈리아의 권력을 잡다

"대공황을 거치면서 사회주의를 경계하는 사람이 늘어나고 갈등도 생겼다고 하셨잖아요. 무슨 일이 생긴 건가요?"

허영심이 눈을 반짝이며 물었다.

"전체주의가 등장했지. 전체주의는 말 그대로 개인보다는 개인이 속한 집단 '전체'를 더 중요시하는 사상이란다. 즉, 집단의 이익을 위해서라면 개인의 자유와 권리를 기꺼이 희생해야 한다고 주장하는 사상이지."

"집단을 위해 개인을 희생한다고요?"

"응, 예를 들어 선생님이 '앞으로 역사반은 토요일마다 모두 함께 등산을 간다. 역사반의 단합이 제일 중요하니까. 앞으로는 토요일에

딴 약속은 잡으면 안 돼!'라고 명령한다면, 이것도 일종의 전체주의야."

"아니, 그런 억지를 부렸는데 어떻게 국민들에게 인기를 얻은 건가요?"

"나라마다 제각각 이유가 있었지. 유럽의 여러 나라 중에서도 전체주의자가 맨 먼저 권력을 잡은 곳은 바로 이탈리아였어."

"왜 하필 이탈리아가 먼저였어요?"

왕수재의 질문에 용선생은 어깨를 으쓱하며 말을 이어 나갔다.

"우선 이탈리아 사회가 몹시 혼란스러웠어. 제1차 세계 대전 막바지부터 이탈리아는 사회주의자들이 주도한 파업과 시위 때문에 극심한 혼란을 겪었거든."

"이탈리아에서도 사회주의가 인기였어요?"

"응. 전쟁으로 경제가 어려워지자 도시 노동자를 중심으로 사회주의가 급속히 퍼져 나갔지. 또 때마침 러시아에서 사회주의 혁명이 성공하고, 소련이 들어선 것도 사회주의가 퍼지는 데에 큰 역할을 했어."

"소련의 탄생이 유럽에도 영향을 미쳤군요."

"물론이지. 특히 도시가 발달하고 공장이 많은 북부의 밀라노 같은 곳에서는 파업과 시위가 쉴 새 없이 일어났단다. 전쟁이 끝나자 파업의 물결은 더욱 거세졌어. 불과 몇 달 사이에 이탈리아 주요 도시가 모두 파업과 시위의 물결에 휩쓸렸지."

▲ 공장을 점령한 밀라노의 노동자 제1차 세계 대전 막바지인 1918년부터 이탈리아 대도시에서는 사회주의의 영향으로 대대적인 파업과 시위가 벌어졌어. 이 사진 속에도 사회주의의 상징인 낫과 망치가 뚜렷하게 보이지.

↑ 제1차 세계 대전 후 이탈리아의 영토

"와, 사회주의가 그렇게 기세등등했어요?"

"응. 그런데 사회주의에 큰 관심이 없는 평범한 국민도 정부에 대해 불만이 컸기 때문에 시위에 참가했어."

"정부에 대한 불만이 왜 컸는데요?"

"제1차 세계 대전에서 이탈리아는 승전국이었어. 그런데 막상 전쟁을 통해 얻고 싶었던 걸 하나도 얻지 못했지 뭐니? 물론 이탈리아가 입은 피해는 영국이나 프랑스에 비해 훨씬 적었지만, 나름대로 70만 명에 가까운 국민이 목숨을 던져 싸웠단 말이지. 그러니 국민 입장에서는 울화통이 터질 수밖에 없었단다."

용선생은 지도를 가리키며 설명을 이어 나갔다.

"원래 이탈리아는 참전하는 대가로 이탈리아인이 많이 사는 아드리아해 인근의 영토를 차지하려 했어. 제1차 세계 대전 직전까지 이곳은 오스트리아-헝가리 제국의 차지였지. 그런데 전쟁이 끝난 뒤 영국과 프랑스는 독일 문제에 집중하느라 이탈리아가 바라는 영토 문제에는 신경조차 쓰지 않았어. 그러다 나중에는 아예 새롭게 세워진 유고슬라비아 왕국에 아드리아해 일대를 몽땅 넘겨준 거야."

"이탈리아 국민의 실망이 컸겠군요."

"이탈리아 국민은 연합국에 배신당했다고 생각했어. 외국과의 협상에서 제 몫을 챙기지 못한 정부에 대한 불만도 컸지. 그래서 이 문제를 두고 쉴 새 없이 시위가 벌어졌단다. 심지어 이탈리아 국민

나선애의 세계사 사전

유고슬라비아 왕국
제1차 세계 대전 이후 세르비아를 중심으로 발칸반도 북부에 세워진 슬라브인의 나라야.

↑ **피우메 점령** 피우메를 점령한 이탈리아 민병대의 모습이야. 이들은 자치 정부를 세워 피우메를 1년 남짓 다스리다 이탈리아 정부군에 진압당했어.

↑ **오늘날의 피우메** 지금 피우메는 크로아티아의 영토로, 리예카라고 불러. 여전히 많은 이탈리아인이 살고 있지.

2,000여 명이 자발적으로 민병대를 꾸리더니, 국경을 넘어서 아드리아해의 중요 항구 도시인 피우메를 무단으로 점령하는 사태까지 벌어졌어."

"어머, 자발적으로 군대까지 꾸렸다고요?"

"그래. 국민의 불만이 얼마나 컸는지 잘 알려 주는 사건이었지. 하지만 이탈리아 정부는 국민의 그 어떤 불만도 제대로 해결하지 못한 채 이리저리 휘둘릴 뿐이었단다. 이때 더 이상의 혼란을 막고 강력한 국가를 건설하겠다고 나타난 사람들이 있어. 그들이 바로 전체주의자였지."

"그러니까 전쟁 이후 혼란과 국민의 불만을 잠재우려고 전체주의자가 등장했다는 말씀이시군요."

왕수재가 알겠다는 듯 고개를 끄덕였다.

"맞아. 전체주의자들은 '사회를 안정시키고 강력한 나라를 만들려면, 개인의 자유를 포기하고 국가를 위해 희생해야 한다.'고 목소리

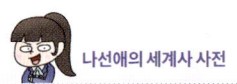

나선애의 세계사 사전

파시스트 1920년대 이탈리아에서 활동한 전체주의자들을 가리키는 말이야. 고대 로마 제국에서 권력의 상징으로 쓰였던 '파스케스'라는 몽둥이 묶음에서 따온 말이지. 오늘날엔 모든 전체주의자를 일반적으로 가리키는 말로도 사용돼.

를 높였어. 또 이들은 사회 혼란을 부추긴다며 사회주의자들을 격렬히 비난하고 원수처럼 여겼어. 이탈리아에는 이런 주장을 펼친 전체주의 단체가 꽤 많았는데, 그중에서도 특히 베니토 무솔리니가 이끄는 '국가파시스트당'이란 단체의 활동이 돋보였어. 국가파시스트당은 '검은 셔츠단'이란 폭력 조직을 앞세워 급속도로 세력을 넓혀 나갔단다."

"검은 셔츠단이라고요?"

아이들이 어리둥절한 표정을 짓자 용선생이 설명을 이어 나갔다.

"검은 셔츠단은 주로 제1차 세계 대전에 참전했던 군인을 중심으로 만들어진 폭력 조직이야. 이들은 혼란스러운 이탈리아를 안정시키고 질서를 잡아야 한다며 시위나 파업을 진행하는 사람들에게 거침없이 테러를 가했지. 심지어 살인도 서슴지 않았어. 주로 이탈리아 전역에서 파업과 시위를 진행하는 사회주의자들이 검은 셔츠단의 희생양이었지. 하지만 정부는 두 손을 놓고 무솔리니와 검은 셔츠단의 활동을 두고 보기만 했어."

"살인을 저지르는데도요?"

"일단은 사회주의의 기세를 꺾는 것이 우선이라고 생각했거든. 일부 기업가들은 무솔리니에게 자금을 대며 사회주의자에 대한 테러 활동을 지원하기까지 했어. 그 덕분에 무솔리니는 이탈리아의 중요한 정치인으로 떠올랐지. 그러자 이탈리아의 평범한 노동자와 농민들도 차츰 사회주의자보다는 무솔리니의 말에 귀를 기울였단다."

"노동자나 농민은 원래 사회주의자 편 아니었어요? 사회주의는 노동자와 농민을 위한 사회를 만들자는 사상이잖아요."

"그거야 그렇지. 하지만 사람들은 대부분 사회주의가 뭔지 정확히 알지 못했어. 또 노동자와 농민을 위한 새 세상을 만들겠다는 주장은 뜬구름 잡는 이야기 같았지. 국민의 바람은 새로운 세상이 아니라 그저 사회가 하루빨리 안정되는 것 이상도, 이하도 아니었단다. 그렇다 보니 무솔리니와 같은 전체주의자의 주장이 더 설득력 있었던 거야."

"그럼 무솔리니가 권력을 잡으면 사회가 안정될 것처럼 보였던 모양이죠?"

"무솔리니는 모든 국민이 자기를 중심으로 똘똘 뭉치기만 하면, 이탈리아를 고대 로마 제국처럼 강대국으로 일으켜 세울 수 있다고 장담했어. 연합국에게 받은 푸대접으로 분통이 터져 버린 이탈리아 국민은 이 말에 귀가 솔깃했고, 국가파시스트당을 지지하는 국민도 점점 많아졌지. 1922년 무렵 국가파시스트당은 당원이 무려 70만 명에

↑ **베니토 무솔리니** (1883년~1945년) 국가파시스트당과 검은 셔츠단을 만들어 이탈리아의 권력을 잡은 독재자야.

↑ **이탈리아 북부에서 열린 국가파시스트당의 시위** 국가파시스트당은 이탈리아를 안정시키기 위해 온 국민이 하나로 뭉쳐야 한다고 주장했어. 또 사회주의자에게는 테러를 일삼았지.

독재의 길로 내달리는 유럽

이를 정도로 세력이 커졌어."

"로마 제국처럼이라고요? 이탈리아 사람들이 완전히 환상에 젖어 있었던 거군요."

"우리 입장에서는 그렇게 보이지. 하지만 로마 제국은 이탈리아인이 정말 자랑스럽게 여기는 조상들의 역사였기 때문에, 이탈리아인 사이에서 이런 주장은 큰 박수를 받았단다. 이렇게 무솔리니와 국가 파시스트당이 힘을 얻으면서 이탈리아의 혼란은 점점 더 심해졌어. 사회주의자들도 질세라 세력을 키우고 전국에서 파업과 시위를 더욱 확대하며 검은 셔츠단과 충돌했지. 1922년 여름에는 이탈리아 전역의 사회주의자들이 총파업을 벌였고, 혼란이 절정에 달했어. 그러자 무솔리니는 혼란을 틈타 정부를 무너뜨리고 권력을 잡기 위해 검은 셔츠단 2만여 명을 앞세워 이탈리아의 수도 로마로 향했어. 이 사건을 '로마 진군'이라고 불러."

"로마로요? 그럼 쿠데타를 벌인 건가요?"

"응, 그런데 무솔리니가 아무리 국민의 지지를 받았다 해도, 검은 셔츠단은 군대가 아닌 조직 폭력배에 지나지 않았어. 이탈리아군과 경찰을 물리치고 정부를 장악할 능력까진 없었지. 근데 뜻밖에도 이탈리아 국왕은 로마로 들이닥친 검은 셔츠단을 진압하라고 명령하기는커녕, 오히려 무솔리니에게 이탈리아의 총리 자리를 맡겼단다."

"아니, 국왕이 왜 그런 거예요?"

"자칫하다 내전이 벌어져 사회가 더욱 혼란스러워질까 걱정됐기 때문이야. 그럴 바에야 무솔리니를 이용해서 사회주의자들을 완전히 몰아내는 편이 낫다고 판단한 거지."

"그럼 이제 무솔리니가 권력을 잡은 거네요?"

↑ **검은 셔츠단의 로마 진군** 무솔리니는 이 사건을 통해 이탈리아 왕국의 총리로 임명받고 뒤이어 이탈리아의 권력을 거머쥐었지.

↑ **대중에게 연설하는 무솔리니** 권력을 잡은 무솔리니는 강력한 군사 지도자 이미지를 드러내기 위해 공식 석상에서 늘 군복을 입었어.

▲ **로마 노동조합을 습격한 검은 셔츠단** 검은 셔츠단은 파업을 막는다는 명분으로 로마의 노동조합을 무차별 습격해 사무실을 파괴하고 서류를 불태웠어.

▲ **콜로세움 앞에서 열린 국가파시스트당 청년 모임** 무솔리니가 국가파시스트당 청소년들에게 연설하고 있어.

"응. 무솔리니가 총리가 되면서 검은 셔츠단은 단순한 폭력 조직이 아니라 국가의 질서를 유지하는 경찰 노릇을 하게 됐어. 자연스럽게 검은 셔츠단은 수도 늘어났고, 이전보다 훨씬 공공연하게 사회주의자에게 폭력을 휘둘렀지. 그 결과 사회주의 세력은 급격히 위축됐어. 파업이나 시위가 잦아들자 혼란은 일단 잠잠해졌단다."

"사회를 안정시킨다 해도 폭력을 이용하는 건 옳지 않아요."

영심이가 이맛살을 찌푸렸다.

"물론 불만을 가진 사람도 많았지. 하지만 파업과 시위가 잦아들자 정말 사회가 안정된 것처럼 보였고, 무솔리니의 인기는 더욱 높아졌단다. 국민의 지지를 등에 업은 무솔리니는 본격적으로 독재의 길을 걷기 시작했어. 자신을 비판하는 정치인은 모조리 잡아들였고, 언론사는 문을 닫아 버렸지. 또 선거법을 고쳐서 국가파시스트당이 의회를 완전히 장악하게 하더니 1925년에는 국가파시스트당 외의 모든 정당을 금지했어. 게다가 전 국민을 파시스트당에 강제로 가입시켜 일상생활까지 통제했지. 몇 년 사이 이탈리아는 무솔리니와 국가파시스트당의 명령 하나에 죽고 사는 독재 국가가 되었단다."

"어휴! 독재가 시작됐는데 국민들은 가만히 있었나요?"

"무솔리니에 저항하는 사람도 있었지만, 지지하는 사람이 더 많았어. 1920년대 후반부터는 미국에서 시작된 경제 대공황이 유럽을 덮치는 통에 더욱 살기가 어려웠거든. 그래서 독재를 하더라도 질서를 잡고 경제만 살릴 수 있다면 상관없다고 여긴 거야. 이탈리아뿐 아니라, 비슷한 시기 유럽 다른 나라도 마찬가지였단다."

"그럼 다른 나라에서도 무솔리니 같은 독재자가 나타났나요?"

"맞아. 바로 독일의 아돌프 히틀러라는 사람이 가장 대표적인 인물이지."

용선생의 핵심 정리

전쟁 이후 이탈리아에서는 혼란이 커지고 사회주의자의 시위가 거세게 일어남. 이에 맞서며 성장한 국가파시스트당의 무솔리니가 국왕의 동의 아래 이탈리아의 권력을 잡고, 폭력을 동원해 이탈리아의 질서를 잡으며 독재를 시작함.

히틀러와 나치당이 성장하다

"히틀러! 영화에서 봤어요. 그 콧수염 나고 무섭게 생긴 아저씨 말하는 거죠?"

장하다가 눈을 휘둥그렇게 뜨며 말하자 용선생은 고개를 끄덕였다.

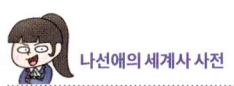

나선애의 세계사 사전

나치당 히틀러의 지도 아래 독일의 정권을 잡고 제2차 세계 대전을 일으킨 정당이야. 정식 명칭은 '국가사회주의 독일 노동자당'. '나치'란 이름은 독일어로 된 줄인말이야.

"그래. 한 번쯤은 들어 본 적이 있을 거야. 히틀러는 독일에서 '나치당'을 이끌며 권력을 잡은 독재자란다. 히틀러 역시 무솔리니 못지않은 전체주의자로, 무솔리니처럼 국민에게 많은 지지를 얻었지."

"히틀러가 인기를 얻은 걸 보면 독일도 이탈리아처럼 사회가 혼란스러웠던 모양이죠?"

영심이가 궁금하다는 표정으로 용선생을 바라보았다.

"응. 독일 사회의 혼란은 이탈리아보다 훨씬 심각했어. 바이마르 공화국이 얼마나 혼란스러웠는지는 이미 지난 시간에 이야기했지?"

"네, 급진적인 사회주의자들이랑 극우 세력이 계속 반발해서 사회가 혼란스러웠다고 하셨어요."

"그리고 전쟁 배상금을 물어내느라 경제도 엉망이 되었다고 하셨고요."

나선애와 왕수재가 번갈아 가며 말하자 용선생은 고개를 끄덕였다.

"그래, 잘 기억하고 있구나. 거기다 제1차 세계 대전 이후 독일에는 가짜 뉴스가 나돌며 사회 혼란을 부추겼단다. 알고 보면 독일이 제1차 세계 대전에서 충분히 이길 수 있었다는 헛소문이었지."

"그게 무슨 소리예요?"

"사실 독일군은 전장에서 승리를 거두고 있었지만, 후방에서 유대인과 사회주의자가 노동자의 파업을 선동하고 병사들의 탈영을 부추겼기 때문에 전쟁에 졌다는 거야. 여기에 바이마르 공화국을 이끌던 사회민주당의 정치인들이 국가를 배신하고 연합국과 일부러 굴욕적인 협상을 벌여 전쟁을 끝냈다는 헛소문도 돌았어."

"정말이에요, 선생님?"

↑ 아돌프 히틀러
(1889년~1945년) 독일의 독재자야. 히틀러는 전체주의에 극단적인 민족주의, 그리고 인종 차별까지 섞인 사상을 토대로 독일을 다스리며 제2차 세계 대전을 일으켰어.

↑ **다 이긴 전쟁에서 졌다는 가짜 뉴스** 제1차 세계 대전 이후 독일에서는 바이마르 공화국의 정치인들이 다 이긴 전쟁을 포기했다는 가짜 뉴스가 나돌았어.

↑ **유대인을 배신자로 묘사한 신문 만평** 군인의 등 뒤를 유대인이 칼로 찌르려 하는 모습이야. 제1차 세계 대전의 패배를 유대인의 배신 탓으로 돌리는 그림이지.

곽두기가 눈을 동그랗게 뜨고 물었지만 용선생은 고개를 절레절레 저었다.

"그럴 리가 있겠니? 이건 독일의 패배를 믿을 수 없었던 사람들이 만들어 낸 가짜 뉴스였단다. 독일 국민은 대부분 제1차 세계 대전의 진행 과정을 자세히 알지 못했어. 독일 정부는 전쟁 내내 언론을 장악해 독일군이 승리하고 있다는 소식만 국민에게 전했거든."

"지금껏 헛소문만 믿다가 현실을 받아들이지 못한 거군요?"

"그랬단다. 독일 국민 중에서는 굴욕적인 평화 조약을 거부하는 것은 물론이고, 나라를 팔아먹은 유대인, 정치인, 사회주의자 모두를 독일에서 모조리 쫓아내야 한다고 과격한 목소리를 내는 사람도 있었어. 이렇게 극단적인 주장을 하는 사람이 삼삼오오 모여 정당도 만들었어. 나치당도 그중 하나였지. 하지만 히틀러가 가입하기 전까지만 해도 나치당은 이렇다 할 세력이 없는 소모임에 불과했단다."

"아, 그럼 히틀러가 나치당을 만든 게 아닌가요?"

용선생의 세계사 돋보기

다만 전쟁 막바지 독일 국내의 물자 부족이 워낙 심각해서 독일이 불리하다는 걸 대충 짐작은 했을 거래. 그래도 굴욕적인 패배는 예상하지 못했던 거지.

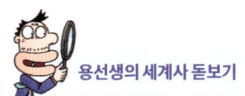

용선생의 세계사 돋보기

뮌헨은 독일 남부 바이에른 주의 중심 도시야. 바이에른은 원래 프로이센을 중심으로 한 북부 독일과는 상당히 다른 역사와 전통을 가진 지역으로, 독일 내부에서도 반정부 단체 활동이 가장 활발했어.

'하켄크로이츠'라는 문양이야. 고대 게르만 문자로 태양 혹은 천둥을 뜻한대.
붉은색은 피의 순수함을 나타내지.

↑ **나치당의 깃발** 이 깃발은 오늘날 인종 차별과 위험한 전체주의의 상징으로 쓰여.

↑ **나치식 경례** 원래 고대 로마 제국군에서 유래했어. 무솔리니가 이탈리아의 권력을 잡으며 이 경례를 도입했고, 이후 히틀러가 독일에 들여와 유명해졌지.

"응. 원래 히틀러는 독일 정부의 명령을 받고 뮌헨에서 시민의 정당 활동을 감시하던 군인이었어. 그런데 나치당을 몰래 감시하다가 오히려 나치당의 극단적인 주장에 크게 공감한 거야. 히틀러는 1919년 나치당에 정식 가입했고, 이후 빼어난 연설 실력을 무기로 당의 지도자 자리를 꿰차고 빠른 속도로 나치당을 키워 갔지. 이탈리아에서는 이보다 조금 앞선 시기부터 무솔리니가 국가파시스트당의 세력을 넓혀 갔고."

"그럼 히틀러가 무솔리니를 보고 배웠을 수도 있겠네요?"

"맞아. 히틀러는 여러모로 무솔리니를 보고 배웠어. 히틀러는 무솔리니와 마찬가지로 국가를 안정시키고 질서를 유지하기 위해, 개인의 자유를 포기하고 희생해야 한다며 목소리를 높였지. 아까 무솔리니가 세력을 키울 때 어떤 폭력 단체를 내세웠다고 했지?"

"검은 셔츠단요! 그럼 히틀러도 폭력 단체를 만들었나요?"

나선애가 재빠르게 대답하자 용선생은 고개를 끄덕였다.

"물론이지! 히틀러는 검은 셔츠단을 본떠 '나치 돌격대'라는 무장 조직을 만들고 나치당의 세력 확장에 이용했어. 1922년에 무솔리니가 '로마 진군'으로 이탈리아의 총리 자리에 오르자, 히틀러도 비슷한 시도를 했단다. 나치 돌격대를 앞세워 뮌헨에서 반란을 일으킨 거야."

"헉, 그래서 성공했나요?"

"아니야. 준비가 덜 됐던 탓에 실패로 돌아갔어. 하지만 히틀러는

오히려 이 사건을 통해 독일의 유명 인사로 떠올랐어. 그래서 체포돼 감옥에 가긴 했지만 금방 풀려났지."

"반란을 일으킨 사람이 오히려 유명 인사가 되었다고요?"

"히틀러의 재판이 화제가 되었거든. 법정에 선 히틀러는 '나는 혁명을 통해 혼란스러운 정부를 뒤엎고 나라를 바로 세우려고 했을 뿐이다!'라며 일장 연설을 늘어놓았지. 그런데 이 연설이 언론을 타고 전국적으로 퍼져 나가면서 히틀러를 진정한 애국자로 여기는 독일인이 늘어난 거야."

"세상에, 그런 말에 넘어가다니……."

용선생의 말에 장하다가 기가 막히다는 표정을 지었다.

"아무래도 그만큼 당시 독일 사회가 혼란스럽고 믿음직한 정치인이 드물었던 탓이 커. 유명세를 탄 히틀러는 이제 반란 같은 과격한

↑ 《나의 투쟁》 히틀러의 자서전이야. 극단적인 인종차별주의와 반유대주의 등의 사상이 정리되어 있어서 오늘날 독일에서는 금서래.

↑ 히틀러의 뮌헨 반란 1923년 11월 19일, 히틀러는 돌격대와 수천 명의 지지자를 이끌고 뮌헨에서 쿠데타를 일으켰지만 실패하고 체포당했지.

방법은 시도하지 않기로 했어. 선거를 통해 철저히 합법적으로 권력을 잡기로 한 거야."

> **용선생의 핵심 정리**
>
> 독일에서는 전쟁 이후 혼란이 계속되고 헛소문이 퍼짐. 히틀러는 혼란을 기회로 삼아 나치의 세력을 확장하고, 무솔리니를 모델로 삼아 쿠데타를 계획했으나 실패함. 그러나 이 쿠데타 때문에 독일의 유명 인사로 거듭남.

히틀러가 선거를 통해 독일의 권력을 잡다

"에이, 아무리 인기가 많다고 해도 독일 사람들이 정말 히틀러를 뽑아 줄까요?"

왕수재가 미심쩍은 표정을 지었다.

"때마침 상황이 히틀러에게 유리하게 돌아갔어. 미국에서 시작된 경제 대공황이 독일을 덮치면서 사회가 더 큰 혼란에 빠졌거든. 간신히 안정을 찾는가 싶었던 독일 경제는 폭삭 주저앉았지."

"저런, 국민들의 고통이 이만저만 아니었겠어요."

"이쯤 되자 독일 국민은 정부를 향한 믿음을 완전히 잃어버렸어. 그 대신 두 정치 세

↑ **대공황 시기 무상으로 음식을 받는 독일인들**
당시 독일에는 실업자가 600만 명이 넘었고, 거리에는 일자리를 찾는 사람들이 즐비했단다.

▲ 독일 의회에서 연설하는 히틀러 히틀러는 연설을 할 때마다 독일을 막강한 나라로 만들 수 있다고 자신했어.

력이 커졌지. 한 세력은 노동자와 농민을 위한 세상을 만들겠다고 주장하는 사회주의자였고, 다른 세력은 히틀러가 이끄는 나치당이었단다. 그중 독일 국민은 나치당에 희망을 걸었어."

"독일 국민이 히틀러를 믿은 이유가 있어요?"

"히틀러는 당장 급한 일자리를 만들고, 혼란에 빠진 독일 경제를 되살릴 수 있다고 자신했어. 무엇보다도 오랜 혼란으로 지친 독일인의 자존심을 치켜세워 주는 말을 잔뜩 늘어놨지. 독일 민족이 세계에서 제일 위대하며, 세계를 지배할 자격이 있다고 말이야. 그리고 자신을 중심으로 똘똘 뭉친다면 독일을 세계에서 제일가는 나라로 만들 수 있다고 호언장담했단다."

"독일 민족이 세계에서 제일 위대하다고요? 에이, 그럼 전쟁에서는 왜 졌어요?"

왕수재가 어이가 없다는 표정을 짓자, 용선생은 어깨를 으쓱해 보

독재의 길로 내달리는 유럽 **211**

였다.

"아까 독일에 가짜 뉴스가 널리 퍼졌다고 했잖니? 히틀러는 독일 민족은 충분히 위대하기 때문에, 독일 사회를 어지럽히는 유대인과 사회주의자의 뿌리를 뽑아내기만 하면 독일이 세계 최강국이 될 수 있다고 이야기한 거야."

"말도 안 되는 소리네요, 진짜!"

"하지만 독일 국민은 히틀러의 달콤한 말에 서서히 넘어갔어. 노동자와 농민을 위한 세상을 만들겠다는 사회주의자의 애매모호한 말보다는 당장 빵과 일자리를 주겠다는 히틀러의 말이 훨씬 피부에 와닿았거든. 또 사회주의 혁명을 겁낸 기업가나 사회 지도자들이 히틀러의 나치당에 후원금을 내며 적극적으로 지원했지."

"모두가 나치당에 넘어갔군요."

"그 결과 나치당은 급속히 성장했어. 급기야 1932년 의회 선거에서

↑ 나치당의 선거 포스터를 들고 있는 사람들
나치당은 일자리, 자유, 빵을 주겠다는 공약을 내세웠어.

↑ 총리로 임명된 히틀러 1933년 1월 힌덴부르크 대통령이 히틀러를 총리로 임명했어. 이후 독일은 급속도로 히틀러와 나치당에게 장악당했지.

는 나치당이 독일 최대 정당이 됐지. 나치 돌격대도 점점 수가 불어 나더니 나중에는 무려 40만 명에 이르렀단다. 당시 독일군의 네 배나 되는 어마어마한 수였지."

"으아, 나치 돌격대가 군대보다 훨씬 많았다고요?"

"나치당의 기세가 이렇게 커지자 1933년, 독일의 파울 폰 힌덴부르크 대통령은 히틀러를 독일의 총리에 임명했어. 형식적으로는 힌덴부르크 대통령의 지위가 높았지만, 힌덴부르크 대통령은 이미 85세를 넘긴 노인이고 건강도 좋지 않았단다. 게다가 정부 곳곳에서 이미 나치 세력이 판을 쳤어. 사실상 히틀러가 독일의 1인자가 된 거지."

"완전히 히틀러의 세상이 열린 거군요."

"하지만 아직 남은 곳이 있었어. 바로 의회야."

"의회요? 아까 나치당이 최대 정당이 됐다고 하셨잖아요."

"물론 나치당이 가장 수가 많았지만, 간신히 3분의 1을 넘겼을 뿐이야. 의회에는 여전히 사회주의자 세력이 만만찮았기 때문에 언제라도 의회의 반대에 발목이 잡힐 염려가 있었지. 그래서 히틀러는 대통령의 동의를 받아 의회를 해산하고, 선거를 다시 치르기로 했어. 나치당이 의회의 과반수 이상을 차지해

장하다의 인물 사전

파울 폰 힌덴부르크 (1847년~1934년) 바이마르 공화국의 마지막 대통령. 제1차 세계 대전에서 맹활약한 전쟁 영웅 출신이야.

용선생의 세계사 돋보기

이 당시 독일의 대통령은 형식상 독일의 최고 지도자로, 나랏일을 책임지는 총리와 고위 관리를 임명할 권한이 있었어. 또 비상사태를 선포해 의회를 해산할 권한도 있었지.

▶ **나치 돌격대의 복장**
나치 돌격대에는 군대처럼 계급과 유니폼이 있었어. 복장 색깔 때문에 갈색 셔츠단이라고 부르기도 했지.

▲ **베를린을 행진하는 나치 돌격대**
나치 돌격대는 사회를 안정시키고 질서를 유지하겠다는 명목으로 시내 곳곳을 다니며 힘을 과시했어.

의회를 좌지우지하려 한 거야."

"선거를 다시 치른다고 나치당이 의석을 더 차지할 수 있나요?"

"가능해. 히틀러가 총리가 되었잖니. 히틀러는 독일의 언론을 단단히 장악하고 선거 기간 내내 흑색선전을 일삼았어. 사회주의자가 혁명을 일으켜 독일을 사회주의 국가로 만들 거라고 국민을 겁준 거지. 여기에 나치 돌격대도 독일 곳곳에서 사회주의자가 제대로 선거를 치르지 못하도록 폭력을 휘둘렀단다."

"한마디로 완전히 부정 선거를 했다 이거네요!"

"그래서 선거 판세는 시간이 갈수록 나치당에 유리해졌지. 여기에 완전히 결정타를 날린 사건이 벌어졌어. 선거를 일주일 앞둔 시기에, 누군가가 독일 국회 의사당에 불을 지른 거야."

"헉, 범인이 누군데요?"

"네덜란드 출신의 사회주의자였어. 범인은 혼자 한 짓이라고 주장했지만, 히틀러는 '드디어 사회주의자들의 음모가 드러났다'면서 즉각 나치 돌격대와 경찰을 동원해 사회주의자들을 닥치는 대로 잡아들였지. 불과 며칠 사이에 수만 명이 체포됐어. 당선이 유력한 정치인 중에 나치에 반대하는 사람도 죄다 붙잡혀 갔지. 그래서 의회 선거는 어수선한 분위기에서 치러졌단다."

"어휴! 어떻게든 선거에 이기려고 별수를 다 썼네요."

↑ 불이 난 국회 의사당
히틀러는 이 사건을 빌미로 사회주의 세력을 탄압하고 의회 권력을 손에 쥐었어.

↓ 현재 독일 국회 의사당

영심이가 고개를 절레절레 흔들었다.

"그런데 이런 식으로 치른 선거에서도 나치당은 의회의 절반을 차지하지 못했어. 득표율 40퍼센트를 넘기긴 했지만, 사회주의자 정당도 여전히 30퍼센트가 넘는 지지를 받았지."

"그럼 또다시 선거를 해요?"

"굳이 그럴 필요 없었어. 선거를 통해 당선된 의원 중에도 이미 나치 돌격대에 체포되거나, 해외로 몸을 피신한 의원이 100명이 넘었거든. 히틀러는 나치 돌격대를 동원해 의회 건물을 포위한 뒤, 남은 의원들을 협박해서 새로운 법을 통과시켰단다. 법을 만드는 의회의 권한을 히틀러에게 넘긴다는 법이었어."

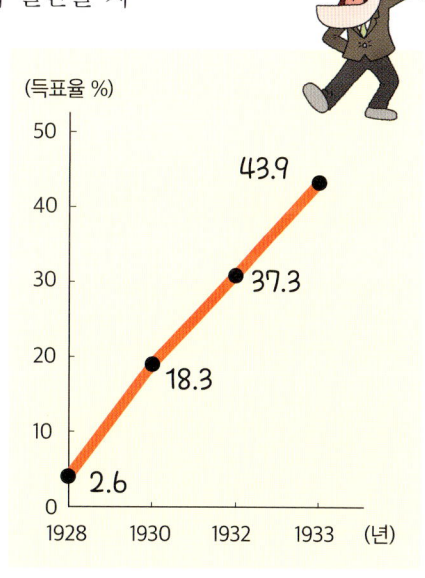

▲ 나치당의 득표율 변화

독재의 길로 내달리는 유럽 215

"그러니까 앞으로는 히틀러 맘대로 법을 만들겠다는 거네요."

"그래. 이 법으로 독일 의회는 모든 권한을 빼앗겼어. 히틀러와 나치당은 돌격대와 경찰을 이용해 국민을 감시하고, 반대파는 서슴없이 강제 수용소에 가두거나 죽였단다. 그리고 1934년에 힌덴부르크 대통령이 세상을 떠나자 히틀러는 국민 투표를 거쳐 대통령 자리까지 차지했어. 그야말로 독일의 권력을 한 손에 쥔 독재자가 된 거지."

용선생의 핵심 정리

히틀러는 독일 민족 제일주의를 내세워 선거에서 승리를 거둠. 나치당이 독일 최대 정당이 되자 히틀러는 독일의 총리가 되어 권력을 쥐고, 의사당 방화 사건을 기회로 반대 세력을 탄압하고 의회를 무력화하며 독재자가 됨.

경제가 회복되자 독일과 이탈리아가 야심을 드러내다

"그런데 선생님, 아무리 경제가 어렵다고 해도 국민들이 무솔리니나 히틀러의 독재에 반발하지 않은 게 이상해요."

영심이가 이해가 가지 않는 듯 눈살을 찌푸렸다.

"물론 처음에는 반발한 사람도 많았어. 하지만 무솔리니와 히틀러가 본격적으로 독재를 하면서부터 두 사람을 향한 지지는 오히려 더욱 단단해졌지. 사회가 안정되고, 먹고살기도 나아졌기 때문이야."

"우아, 대체 어떻게 그럴 수 있어요?"

"우선, 두 독재자는 대규모 토목 사업이나 개간 산업을 벌여 일자

유럽을 강타한 독재와 극우 세력의 물결

이탈리아와 독일에서만 독재자가 권력을 잡은 건 아니야. 제1차 세계 대전이 막을 내린 뒤 유럽 곳곳에 극우 정당이 들어서고 독재 세력이 우후죽순 등장했거든. 특히 폴란드와 헝가리 같은 동유럽의 신생국에서는 건국 초기의 어수선함과 경제 대공황으로 인한 혼란을 틈타 독재가 시작됐어. 또 오스트리아나 튀르키예처럼 제1차 세계 대전에서 많은 피해를 입은 국가에서도 어김없이 독재 세력이 등장했단다.

각 나라의 독재자는 보통 군부의 지지를 얻어 쿠데타를 일으켰고, 국민을 대표하는 의회를 무력화하고 권력을 잡았어. 또 개인보다 국가를 앞세우는 강력한 전체주의를 내세워 자신을 중심으로 사회를 통제했지. 그런데 이 당시 유럽의 혼란이 워낙 극심했던 탓인지, 이런 독재자 가운데에는 오늘날까지 긍정적인 평가를 받는 사람도 있단다.

민주주의가 일찍 발전한 서유럽과 미국에서도 극우 세력이 기지개를 폈어. 특히 영국에서 오스왈드 모슬리가 이끄는 '영국 파시스트 연합'은 한때 당원이 5만 명에 이를 정도로 기세가 대단했지. 하지만 독일과 이탈리아에서 전체주의자들이 일으킨 폭력 사태가 영국까지 전해지며 시민의 반감이 커졌고, 이 때문에 소수 세력으로 전락해 정치에 큰 영향력을 끼치지는 못했어.

▲ **영국 파시스트 연합** 1936년에 열린 런던 집회 모습이야.

허영심의 상식 사전
실업률 경제 활동을 할 수 있는 국민 중에서 일자리가 없는 사람들이 차지하는 비중을 말해.

리를 만들었단다. 무솔리니는 로마 남쪽의 넓은 습지를 개간해 식량 생산을 늘렸어. 또 히틀러는 도시에 새 건물을 잔뜩 짓고 독일 전역을 연결하는 고속 도로인 '아우토반'을 건설해서 많은 노동자를 고용했어. 그러자 일자리가 늘고 실업률이 줄면서 경제도 자연스럽게 회복됐단다."

"어라, 그거 미국에서 했던 뉴딜 정책이랑 비슷한 거 아니에요?"

장하다가 기억난 듯 말하자 용선생은 고개를 끄덕였다.

"맞아. 국가가 공공사업을 벌여서 직접 일자리를 마련해 주는 거지. 특히 히틀러가 다스리던 나치 독일은 아우토반 공사에 국가 예산을 집중하고 막대한 빚을 내어 일자리 마련에 집중했단다. 그 결과 600만 명을 넘나들던 독일의 실업자는 불과 4년 만에 20만 명까지 줄어들었어. 공업 생산량도 빠르게 회복돼서 제1차 세계 대전 이전 수준에 이를 정도였지. 세계가 깜짝 놀랄 만큼 빠른 속도였어."

"어쩐지…… 국민이 지지할 만하네요."

"그리고 히틀러와 무솔리니는 노동 환경을 대폭 개선하고 사회 보장 제도를 강화해 노동자의 마음을 사로잡았어. 나치가 권력을 잡은 뒤 독일에서는 노동자의 1년 휴일이 평균 실주일 정도 늘어났고, 큰 공장에는 휴게소와 식당을 설치해 휴식을 보장하고 싼값에 식사를 제공하는 게 의무화됐지. 심지어 국가가 만든 노동조합을 통해 싼값에 연극이나 영화를 상영하고 해외여행 상품까지 제공할 정도였어."

↑ **폰티네 평야** 무솔리니는 로마 남동쪽 폰티네 늪지대를 토지로 개간하며 실업자를 구제하고 국토를 넓혔다고 대대적으로 선전했어. 하지만 이를 위해 최소 1만 명이 넘는 농민이 강제 이주를 당해야 했지.

↑ **독일의 고속 도로 아우토반** 나치가 권력을 잡은 후 경제 회복을 위해 본격적으로 건설했어. 아우토반은 오늘날까지도 독일 전국을 잇는 교통로 역할을 충실히 하지. 일부 구간은 속도 제한이 없는 걸로 유명해.

↑ **아우토반 건설 노동자 숙소** 아우토반 건설에 동원된 노동자가 머물던 숙소야. 아우토반 건설 공사 덕택에 전국에서 매년 수십만 명이 일자리를 얻었지.

"히틀러가 국민의 환심을 사려고 여러 노력을 했군요."

"또 히틀러는 1935년에 파격적인 결정을 했단다. 독일이 제1차 세계 대전에서 패배하며 맺은 베르사유 조약을 파기하고, 전쟁 배상금도 내지 않겠다고 한 거야."

"베르사유 조약을 깨트렸다고요?"

"평소 베르사유 조약에 불만이 많던 국민에게 더 많은 지지를 얻기 위한 결정이었어. 히틀러의 선언 이후 독일은 보란 듯이 군대를 대폭 늘리고 탱크와 전투기 같은 각종 무기를 만들어 내기 시작했단다. 그러자 군수 산업이 활기를 띠면서 독일 경제는 더욱 발전했고, 독일은 다시 중부 유럽의 군사 강국으로 떠올랐지."

"영국이나 프랑스는 그걸 그냥 보고만 있었어요?"

"물론 영국과 프랑스에서는 너무 늦기 전에 독일을 막아야 한다는 목소리가 점점 커졌어. 하지만 또다시 수백만 명이 죽어 나가는 무시

용선생의 세계사 돋보기

원래 베르사유 조약에 의해 독일은 아주 적은 병력만 유지할 수 있었고, 탱크나 전함 같은 첨단 무기는 아예 가질 수가 없었어.

곽두기의 국어 사전

군수 군 군(軍) 구할 수(需). 총, 대포와 같이 군사상 필요한 모든 물자를 가리켜.

▲ **1935년 육군 퍼레이드에 동원된 독일의 신형 탱크** 이 탱크는 '농업용 트랙터'를 개발한다는 명목으로 비밀리에 개발되다가 1935년 재무장 선언 이후 공개됐어. 이후 대량 생산되어 제2차 세계 대전에서 널리 쓰였지.

무시한 전쟁이 일어날까 봐 섣불리 나설 수 없었지. 두 나라 모두 아직 제1차 세계 대전의 피해를 다 복구하지 못했고, 대공황의 영향으로 경제 사정도 엉망이었거든."

"그래서 지켜만 봤다는 거네요."

"응, 영국과 프랑스는 적극적으로 나서는 대신, 이탈리아를 끌어들여서 세 나라가 공동으로 독일의 재무장을 반대한다고 선언할 뿐이었단다. 하지만 이것도 오래가지 못했어. 이탈리아가 독일의 재무장을 막는 일에 별 관심이 없었기 때문이야."

"그럼 이탈리아는 왜 영국과 프랑스 편을 든 거예요?"

"사실 이탈리아의 속셈은 따로 있었어. 이탈리아는 아프리카의 에티오피아를 식민지로 삼고 싶어 했거든. 그러려면 아무래도 아프리카에 식민지가 가장 많은 영국과 프랑스의 인정이 필요했지. 그래서 같은 편에 섰던 것뿐이야. 1935년 이탈리아는 실제로 에티오피아를

용선생의 세계사 돋보기

에티오피아는 1905년 이탈리아의 침략을 물리친 이후 독립을 유지하고 있었어. 사실상 아프리카의 유일한 독립국이었지.

공격해서 점령했어."

"이탈리아나 독일이나……. 둘 다 자기 이익에만 관심이 있었네요."

"그러게 말이다. 무솔리니와 히틀러가 이렇게 과감하게 행동에 나설수록 국내 인기는 더욱 높아졌어. 하지만 여기서 그치지 않았지. 두 독재자는 지지를 더욱 높이기 위해 언론도 총동원했단다."

 용선생의 핵심 정리

독재자들은 대규모 공공사업을 통해 경제를 회복시켜 국민의 지지를 얻음. 경제가 회복되자 히틀러는 베르사유 조약 파기와 재무장을 선언하고, 무솔리니는 에티오피아를 침공해 식민지로 삼는 등 과감한 팽창 정책을 실시함.

선전과 선동으로 국민의 눈을 가리다

"언론을 어떻게 동원해요?"

"신문과 방송에서 무솔리니와 히틀러가 대단한 능력을 가진 인물이고, 국민을 위해 피땀 흘려 일하는 애국자라는 이야기를 쉴 새 없이 떠들어 대는 거지. 매일 신문마다 무솔리니와 히틀러의 멋진 사진이 계속해서 실린다고 상상해 보렴. 농촌에 가서 농민과 함께 수확을 하고, 건설 현장에서 노동자를 격려하는 모습을 매일 보는 거지."

"날마다요?"

"그뿐만 아니라 집집마다 무솔리니와 히틀러 초상화를 걸게 했고, 길거리엔 나치당과 국가파시스트당의 포스터를 내걸었지. 라디오에

↑ 나치당 당원증
1945년 무렵 독일의 나치 당원은 700만 명에 달했어. 특히 초등학교 선생님은 반드시 가입해 아이들에게 전체주의 사상을 가르쳐야 했지.

서는 매일 무솔리니와 히틀러를 찬양하는 방송이 흘러나오고, 국가와 민족을 위해 나를 희생하자는 주장을 끊임없이 되풀이했어."

"끙. 완전히 세뇌될 수밖에 없겠군요."

"여기서 끝이 아니야. 독일과 이탈리아 국민은 의무적으로 나치당과 국가파시스트당에 가입해야 했어. 심지어 어린아이도 국가가 만든 청소년 단체에 가입해서 무솔리니와 히틀러에게 충성하고, 국가를 위해 자신을 희생해야 한다는 식의 전체주의 교육을 받았지."

"어휴, 그렇게 쉴 새 없이 이야기하면 오히려 반항하고 싶지 않을까요? 난 똑같은 이야기 계속 들으면 짜증 나던데."

영심이가 입술을 샐쭉거렸다.

"흐흐, 하지만 언론을 통해 연출된 독재자들의 업적이 너무 멋져 보였기 때문에, 자기도 모르게 전체주의에 빠져드는 국민이 점점 늘어났어. 더구나 언론뿐 아니라 학교에서도 전체주의 교육을 실시했고, 스포츠도 이용했지. 특히 나치당은 1936년에 열린 올림픽을 제대

↑ 아우토반 기공식에 나선 히틀러 1933년 최초로 열린 아우토반 기공식에 나선 히틀러의 모습이야. 히틀러는 이런 행사엔 반드시 참석해 국민들에게 자신을 홍보했어.

↑ 수확을 돕는 무솔리니 농민과 가난한 사람들에게 자신이 일일이 신경을 쓰고 있다는 것을 보여 주기 위해 연출한 사진이야.

↑ **무솔리니의 청소년 단체 발릴라** 발릴라는 무솔리니가 만든 이탈리아 청소년 단체야. 무솔리니를 본받으려는 청소년 단체였지.

↑ **히틀러 청소년단** 히틀러 청소년단의 단원은 총 870만 명에 이르렀어. 독일 청소년들은 여기서 군대식 훈련을 받고 전체주의 사상을 배웠어.

로 이용했어."

"4년마다 개최하는 그 올림픽을요?"

"응, 1936년 여름에 독일의 수도 베를린에서 하계 올림픽이 열렸어. 히틀러는 이 올림픽을 기회로 삼아 나치 독일의 멋진 모습을 독일 국민과 온 세상에 알리려 했단다. 그래서 10만 명이 동시에 입장할 수 있는 웅장한 경기장을 건설하고, 새로 길을 닦아서 도시를 한껏 아름답게 치장했지. 경기장에서는 키 큰 독일군 장교가 제복을 빼입고 항상 선수를 따라다니며 절도 있는 자세로 행진했단다. 그리스 아테네에서 올림픽 경기장까지 성화를 운반해 화려하게 불을 붙이는 행사도 올림픽 역사상 처음으로 연출됐어."

"성화 봉송을 나치 독일이 처음 시작한 거예요, 그럼?"

"그래. 그야말로 한 편의 영화 같은 장면이었지. 히틀러와 나치당은 올림픽을 화려한 쇼로 다시 탄생시킨 거야. 베를린 올림픽은 세계 최초로 텔레비전을 통해 생중계된 올림픽이기도 해. 세계인은 베를린

용선생의 세계사 돋보기

이 올림픽 마라톤에서 손기정 선수가 금메달을, 남승룡 선수가 동메달을 땄지만 당시 우리나라는 일본의 식민지였기에 두 선수는 일장기를 가슴에 달고 뛰어야 했어. 두 선수는 시상대에 올라서도 기쁜 기색 없이 고개를 숙였지. 그래서 우리나라 신문에는 시상대에 오른 손기정 선수의 가슴에서 일장기를 지운 사진을 내보냈단다.

곽두기의 국어 사전

봉송 받들 봉(奉) 보낼 송(送). 성스러운 물건 등을 정중하게 운반하는 것을 말해.

독재의 길로 내달리는 유럽 **223**

▲ 베를린 올림픽 경기장 1936년 베를린 올림픽을 대비해 지은 경기장이야. 오늘날까지도 챔피언스리그 등 각종 국제 운동 경기에 사용해.

▲ 1936년 베를린 올림픽 성화 봉송 성화 봉송은 1936년 올림픽에서 처음으로 연출됐어. 경기장 양옆에 나치 깃발을 줄지어 걸고, 그 아래에서 제복을 입은 독일군이 열을 맞춰서 성화 봉송 현장을 지켜보게 했지.

올림픽을 보며 깊은 감명을 받았지. 베를린 올림픽 이후 히틀러를 향한 국민의 지지는 더욱 단단해졌어. 심지어 미국이나 영국에서도 지지자가 생길 정도였다니까."

"대단하네요. 정말."

아이들이 혀를 내둘렀다.

"물론, 아무리 이렇게 선전과 선동을 일삼아도 불만을 품는 사람은 나타나기 마련이야. 그래서 히틀러와 무솔리니는 비밀경찰을 동원해 사회를 샅샅이 감시했단다. 만에 하나라도 정부에 반대하는 움직임이 보이면 쥐도 새도 모르게 잡아 가두었지. 그리고 다른 한편으로는 모든 사회 문제의 책임을 덮어씌워서 국민의 불만을 돌릴 만한 대상을 찾았어. 그게 바로 유대인과 사회주의자였지. 여러 번 말했지?"

"근데 사회주의자는 그렇다 쳐도, 히틀러는 유대인을 왜 그렇게 싫

어했나요?"

"히틀러만 유대인을 미워했다기보다는, 이 무렵 온 유럽에 유대인을 향한 반감이 컸다고 보는 편이 맞을 거야. 유럽에서 유대인이 워낙 따돌림을 받은 탓에 유대인의 나라를 건설하려는 운동까지 벌어졌다고 했잖니?"

"아, 맞다. 영국이 팔레스타인에 나라를 세워 주겠다고 약속했었죠?"

"맞아. 유럽 사람들이 이렇게 유대인을 싫어했던 이유는 굉장히 여러 가지야. 크리스트교와 유대교 간의 종교적인 차이도 크고, 남의 나라에서 자신들의 문화적 관습을 꿋꿋이 지키는 태도에 대한 반감도 있지. 그리고 독일에서는 경제적인 이유도 컸어."

"경제적인 이유는 뭔데요?"

"대대로 상공업에 종사하던 유대인 중에는 부자가 많았거든. 특히 독일의 유대인은 전체 인구의 3퍼센트에 불과한데도 독일인이 가진 전체 재산의 25퍼센트를 소유할 정도였지. 그러니 경제적 어려움을 겪던 독일 사람들 입장에서는 종교도, 문화도 다른 유대인이 독일인을 등쳐 먹고 탐욕을 부리며 돈을 긁어모은 것처럼 보였던 거야. 제1차 세계 대전 직후 '유대인이 나라를 팔아먹었다.'는 헛소문이 쉽게 퍼진 것도 이런 이유 때문이었단다."

"쳇, 유대인도 나름대로 열심히 일해서 돈을 벌었을 텐데 그런 식으로 취급하다니!"

"그러게 말이다. 나치 독일은 신문과 방송을 동원해 매일같이 가짜

▲ 월간지 〈독일 쇄신〉
유대인에 대한 인종적 편견을 노골적으로 드러낸 잡지야. 제1차 세계 대전이 끝나고 이렇게 극단적 주장을 담은 잡지가 많이 출간 되었어.

▲ 유대인 상점에 경고장을 붙이는 나치 돌격대원 가게 앞에 유대인 상점을 이용하지 말라는 경고장을 붙이고 있어.

뉴스를 퍼뜨리며 유대인을 욕하고 비난했어. 독일 사람들은 곧 이웃에 사는 유대인을 벌레 보다시피 혐오하기 시작했지. 그 결과 유대인은 독일 전체에서 멸시받고 탄압받는 신세가 되었단다. 일자리를 뺏기고 학교에서 쫓겨나는가 하면, 아파도 병원조차 갈 수 없었지. 나치 돌격대는 길을 지나다가 아무런 이유도 없이 유대인을 폭행하기도 했어."

"어휴, 그럼 유대인은 그냥 당하고만 있었어요?"

나선애가 눈살을 찌푸리며 용선생을 바라봤다.

"유대인은 나라도 없는 소수 민족인데, 무슨 수로 맞서겠니. 오히려 어설프게 맞섰다가는 더 큰 비극만 불러올 뿐이었지."

"더 큰 비극이라고요? 어떤 일이 있었는데요?"

"1938년 11월에 프랑스 파리에 살던 한 유대인 청년이 나치의 유대인 탄압에 복수한다며 파리의 독일 대사관 직원을 암살했어. 그러자 독일 전역에서 반유대인 시위가 일어났단다. 히틀러와 나치당은 '독일인의 정당한 분노 표시'라며 시위를 부추겼어. 그 결과 전국에서 수많은 유대인 상점과 사원이 파괴되고, 수백 명이나 되는 유대인이 목숨을 잃었지. 이 사건을 '수정의 밤'이라고 해. 사건 당시 독일인들이 유대인 상점의 유리창을 닥치는 대로 박살 냈는데, 깨진 유리 파편이 마치 수정이 반짝이는 것처럼 보여서 붙인 이름이지."

"어휴! 진짜 답답하네요."

"수정의 밤 이후 유대인 탄압은 한층 더 심해졌어. 유대인들은 국가에 재산을 빼앗기고 빈털터리가 된 채 쫓겨났단다. 나치 독일은 심지어 국민 한 명 한 명의 조상까지 샅샅이 추적해 족보를 만들고, 조

> **곽두기의 국어 사전**
>
> **멸시** 업신여길 멸(蔑) 볼 시(視). 업신여기거나 하찮게 여겨 깔보는 것을 말해.

↑ 반유대주의 포스터
유대인과 결혼하는 건 게르만인의 치욕이라는 내용이 담겨 있어.

▲ **파괴된 유대인 상점(왼쪽)과 사원(오른쪽)** 수정의 밤 사건 당일 독일 전역에서 파괴된 유대인 상점은 수천 개가 넘고, 유대인 사원은 사실상 모두 불타 버렸대.

상 중에 단 한 명이라도 유대인이 있으면 유대인으로 취급했지. 평생 자기 조상이 유대인인지도 모르고 살았던 평범한 독일인도 유대인의 피가 섞여 있다는 게 밝혀지면 모진 탄압을 받았단다. 그중에는 심지어 제1차 세계 대전에서 독일을 위해 목숨 바쳐 싸웠던 사람도 여럿 있었어."

"세상에, 어떻게 그런 황당한 짓을 할 수 있죠!"

나선애가 버럭 화를 내며 말했다.

"나치 독일의 유대인 탄압은 전체주의에 뿌리를 둔 독재가 얼마나 무서운 결과를 불러오는지 잘 보여 준 사건이었어. 그런데 비슷한 시기에 소련에서도 이에 못지않은 무서운 독재 정치가 등장했단다."

▲ **유대인 혈통을 가려내기 위한 도표**
나치는 전 국민의 가계도를 꼼꼼히 조사해 유대인, 혼혈, 순수 독일인으로 구별한 뒤 유대인을 박해했단다.

"소련에서요? 소련은 사회주의 국가가 된 거 아니었어요?"

"맞아. 그래서 소련에서 등장한 독재 정치는 전체주의와는 또 다른 모습을 보였어. 우리 지난 시간에 배운 소련이 세워지는 과정에 대해 기억하니?"

용선생의 핵심 정리

독재자들은 노동 환경을 개선해 노동자의 불만을 억제하고, 신문과 방송을 이용해 적극적으로 선전과 선동에 나섬. 특히 나치 독일에서는 사회 불만을 돌리기 위해 대대적으로 유대인 탄압을 실시함.

스탈린이 권력 투쟁 끝에 권력을 잡다

"내전에서 레닌이 승리하고 사회주의 공화국 연방인 소련이 수립되었다고 하셨어요!"

나선애와 왕수재가 동시에 자신만만하게 외쳤다.

"하하. 다들 잘 기억하고 있구나. 그런데 러시아 내전이 막바지에 이르렀을 때, 레닌은 이미 건강이 매우 악화돼서 나라를 제대로 다스리기 어려운 상황이었어. 그러자 레닌의 후계자 자리를 두고 두 인물이 떠올랐지. 한 사람은 레프 트로츠키, 다른 한 사람은 이오시프 스탈린이야."

"그 두 사람이 누군데요?"

"트로츠키는 레닌과 함께 10월 혁명을 처음부터 주도한 사람이야. 러시아 내전에서는 소련군을 조직하고 통솔하여 전투에서 승리하기

장하다의 인물 사전

레프 트로츠키 (1879년 ~1940년) 레닌과 함께 10월 혁명을 이끌어 소련 건국에 큰 공을 세운 인물이야. 그러나 권력 투쟁에서 스탈린에게 밀려나 소련에서 쫓겨난 뒤 암살당했지.

↑ 볼쇼이 극장 앞에서 연설하는 레프 트로츠키

도 했지. 한마디로 소련을 만드는 데에 큰 공을 세운 데다가 군대까지 꽉 쥐고 있는 인물이었던 거야."

"그럼 트로츠키가 후계자가 될 가능성이 높았겠네요."

나선애가 필기를 멈추며 말했다.

"하지만 트로츠키에게는 큰 단점이 있었어. 지금까지의 공이 너무 엄청난 탓에 다른 사람들을 조금 깔보는 경향이 있었지. 그래서 소련 공산당 내부에서 트로츠키를 지지하는 사람이 많지 않았어. 오히려 군대를 앞세워 독재자가 될지 모른다며 염려하는 사람이 더 많았지."

"그럼 스탈린은요?"

"스탈린의 명성은 트로츠키에 비하면 별 볼 일 없었어. 하지만 소련 공산당 서기장이었기 때문에 영향력이 상당했고, 공산당 내부에도 동료가 많았단다. 레닌의 건강이 크게 악화되자 스탈린은 동료들과 함께 트로츠키를 따돌리며 조금씩 권력을 장악해 나갔어. 트로츠

용선생의 세계사 돋보기

공산당 서기장은 공산당의 모든 업무를 관장하는 사람이야. 소련에서는 공산당이 나라를 다스렸기 때문에, 서기장은 국가 정책 결정을 좌지우지할 수 있었단다.

키가 '스탈린이 파벌을 만들어서 자신을 밀어내고 있다.'며 반발하자, 스탈린은 오히려 트로츠키가 있지도 않은 편 가르기를 한다면서 맹비난했지."

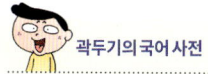

곽두기의 국어사전

파벌 갈래 파(派) 문벌 벌(閥). 이득에 따라 따로 갈라진 사람의 집단을 가리켜.

"스탈린과 트로츠키의 권력 싸움이 시작됐군요."

"그래. 1924년에 레닌이 세상을 떠나자 트로츠키를 향한 비난은 더욱 거세졌어. 결국 지방 당원들의 지지를 기반으로 스탈린은 트로츠키를 소련에서 완전히 내쫓았고, 레닌의 뒤를 이어 소련의 권력을 잡았단다."

"와, 그래도 트로츠키는 소련을 만드는 데에 큰 공을 세운 사람이라면서요. 그렇게 쉽게 쫓겨났어요?"

"글쎄다. 나중에 스탈린이 한 일을 보면 쫓겨난 것 정도가 다행일지도 몰라."

"그건 무슨 말씀이세요?"

왕수재가 고개를 갸웃거리며 물었다.

"스탈린은 공산당 내부 동료들의 도움으로 권력을 잡았기 때문에 당장 맘대로 권력을 휘두르지는 못했어. 그래서 공산당 안에서 약 5, 6년 정도 치열한 권력 다툼을 벌이며, 자신을 반대하는 사람을 하나둘 내쫓았지. 그러다가 어느 정도 권력이 튼튼해지자 반대파를 잔혹하게 제거하기 시작했어.

▲ **이오시프 스탈린**
(1879년~1953년) 레닌의 뒤를 이어 소련의 권력을 손에 쥐고 독재를 시작한 인물이야. 약 30년간 소련을 다스리며 산업화와 경제 성장을 달성했지만, 권력을 유지하기 위해 수백만 명을 죽이며 악명을 쌓았어.

"그럼 자기를 도와준 사람도 쫓아냈어요?"

"수많은 공산당의 당원들이 쫓겨나고 목숨을 잃었지. 심지어 제1차 세계 대전과 러시아 내전에서 많은 공을 세운 장군과 장교들도 처형을 당했어. 당시 죽은 사람이 몇 명인지 정확히 알 순 없지만, 적게

독재의 길로 내달리는 유럽

는 90만 명에서 많게는 200만 명 이상이 목숨을 잃었을 거라고 해. 1937년에서 1938년 사이에 일어난 이 사건을 '대숙청'이라고 한단다."

"세상에…… 너무 끔찍해요."

영심이가 몸을 부르르 떨었다.

"정말 무시무시한 일이었지. 스탈린은 여기서 그치지 않고 언론을 이용해 선전과 선동을 이어 갔고, 비밀경찰을 동원해 소련 사회를 샅

살이 감시했어. 공산당의 명령을 따르지 않거나 불만을 표현하는 사람들은 '혁명의 적'으로 몰려서 목숨을 잃었지."

"어라. 그럼 전체주의 국가가 된 거 아닌가요? 아까는 소련의 독재 정치가 전체주의와는 다르다고 하셨잖아요!"

"물론 비슷한 점이 많지만, 소련의 독재 정치는 독일, 이탈리아의 전체주의와는 다른 중요한 차이점이 있었어. 민족이나 국가의 영광을 위해 개인의 희생을 강조한 것이 아니라, '사회주의 혁명'을 성공하기 위해 혁명의 적을 색출하는 것이 목적이었기 때문이야. 특정 민족을 희생양으로 삼는 것이 아니라 노동자와 농민 계급의 단결을 막는 보이지 않는 적을 경계했던 거지. 오히려 민족을 우선시하는 사람을 사회주의 혁명의 적으로 여겼기 때문에 히틀러, 무솔리니 같은 독재자와 스탈린의 관계는 몹시 험악했단다."

"흠. 서로 비슷한 것 같기도 하고, 다른 것 같기도 하네요."

곽두기가 신기한 듯 말했다.

"그렇지? 단순히 집단의 이익과 개인의 희생이라는 개념으로 볼 수 없다는 점에서 소련의 독재 정치를 '스탈린주의'라고 구분하여 부르기도 한단다. 그래도 결과적으로는 전체주의 국가와 비슷했다는 한계가 있어. 또 스탈린은 무솔리니나 히틀러처럼 자기를 선전하는 데에 열을 올렸어. 스탈린은 자신이 마르크스, 레닌과 어깨를 나란히 하는 사회주의 혁명의 영웅이라고 선전했지. 그리고 실수도 하지 않고, 모든 분야에서 최고의 지혜를 갖고 있는 인물이라고 자랑했대."

"세상에. 독재자들은 다 자기만 잘난 줄 아나 봐요."

장하다가 입을 비죽거렸다.

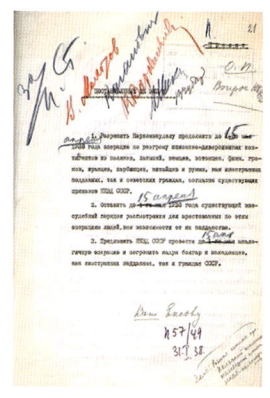

▲ 대숙청 명령문
숙청할 사람들을 가려 뽑은 명령문이야. 스탈린 등 숙청을 주도한 사람들의 서명이 남아 있어.

▲ 스탈린 선전 포스터
스탈린은 이렇게 각종 선전물을 만들어 소련 전역에 뿌렸어.

독재의 길로 내달리는 유럽 **233**

중앙아시아 한복판에 '고려인'이 뿌리내린 까닭은?

▲ 고려인의 강제 이주 경로

소련의 독재자 스탈린은 자신의 권력에 조금이라도 위협이 될 수 있는 사람은 모두 잡아 가두거나 목숨을 빼앗았어. 소련 곳곳의 소수 민족도 스탈린의 주요 감시 대상이었지. 당시에 세계 유일의 사회주의 국가였던 소련은 주변 나라와 관계가 별로 좋지 않아서, 스탈린은 소련의 소수 민족이 언제라도 주변 나라와 힘을 합쳐 반란을 일으킬 수 있다고 생각했거든. 특히 국경 지대에 사는 소수 민족은 평상시에도 숱한 감시를 받았어.

그런데 소련의 동부 국경 지대인 연해주에는 한민족이 많이 살았어. 조선 말기부터 무거운 세금과 가난을 피해 이주한 사람이 많았고, 일본의 침략이 시작된 이후에는 일제의 탄압에 맞서 독립운동가도 많이 이주했지.

제1차 세계 대전 이후 일본이 중국을 본격적으로 침략하고, 연해주와 가까운 만주로 세력을 넓혀 오자 소련은 연해주의 한민족을 의심했어. 한민족이 일본의 스파이 노릇을 할 수도 있다고 생각한 거야. 그래서 스탈린은 1937년 9월부터 1달 동안 열차 124대를 동원해서 연해주의 한민족 약 17만 명을 모조리 중앙아시아로 강제 이주 시켰지. 이들이 오늘날 고려인의 선조란다.

강제로 이주당한 고려인들은 어디로 가는지도 모른 채, 짐도 제대로 챙기지 못하고 열차에 짐짝처럼 실려서 수천 킬로미터를 이동했어. 강제 이주 도중 1만 1,000여 명이 목숨을 잃었지. 중앙아시아에 도착한 이후에도 앞날이 막막하기는 마찬가지였어. 이 당시 고려인이 도착한 중앙아시아 일대는 말 그대로 아무것도 없는 황무지였거든. 게다가 소련 정부는 고려인이 다른 곳으로 도망가지 못하도록 이주도 철저히 금지했어.

고려인들은 하나로 똘똘 뭉쳐 황무지를 개척하고 도시를 건설하며 그야말로 맨손으로 살아남았어. 고려인은 특히 교육열이 높기로 유명했는데, 그 결과 소련의 각계각층으로 진출해 활약하는 고려인이 속속 생겨났지. 오늘날 고려인은 러시아 내부의 소수 민족 중에서 손에 꼽힐 정도로 교육 수준이 높고 부유한 민족이래.

▲ 타슈켄트 시장에서 장사하는 고려인
오늘날 중앙아시아에는 약 40만 명의 고려인이 살고 있어.

> **용선생의 핵심 정리**
>
> 레닌의 후계자 자리를 놓고 트로츠키와 스탈린이 경쟁을 펼친 끝에, 스탈린이 권력을 잡음. 스탈린은 대숙청을 통해 수백만에 이르는 사람을 죽였고 스탈린주의 독재 체제를 강화함.

스탈린이 소련의 산업화에 성공하다

"선생님, 그런데 히틀러나 무솔리니는 경제를 살리기라도 했잖아요. 스탈린도 그런 성과가 있었어요?"

"물론이지. 사실 경제 분야에서 스탈린이 이루어 낸 성과는 히틀러나 무솔리니보다 훨씬 눈부셨어. 1920년대 말부터 시작된 경제 대공황으로 독일이나 이탈리아는 대혼란에 빠졌지만, 스탈린이 다스리는 소련만은 대공황의 영향을 전혀 받지 않고 경제 성장을 거듭했거든. 전 세계 사람들이 소련을 부러워할 정도였어."

"어머, 정말요? 도대체 비결이 뭐죠?"

"일단 소련은 러시아 혁명 이후 미국, 유럽과의 무역이나 교류가 완전히 끊겼어. 그래서 미국과 유럽 경제가 흔들려도 소련은 별 영향을 받지 않았던 거야."

"크, 고립이 오히려 약이 되었네요."

"그런 셈이지. 하지만 경제 발전을 위해 물불을 가리지 않은 스탈린의 노력도 무시할 수 없어. 사실 소련은 미국이나 영국 같은 나라

용선생의 세계사 돋보기

알렉산드르 2세는 농노 해방령을 내리는 등 여러 개혁 정책을 통해 러시아의 산업화를 위해 노력한 차르야.

와 비교하면 산업화가 한참 뒤떨어져 있었어. 이미 70여 년 전 알렉산드르 2세 때부터 산업화를 이루려고 여러 정책을 펼쳤지만, 국민 대부분은 여전히 농촌에 살았고 공업 발전은 더디기만 했지. 더구나 러시아 혁명 이후 국제 사회에서 완전히 고립된 탓에 산업화는 더욱 힘들어졌어. 스탈린은 이렇게 가다가는 소련이 무너지는 게 시간문제라고 여겼단다. 살아남기 위해서는 미국이나 영국처럼 과학과 기술을 키우고 산업을 발전시켜야 했어."

"말은 쉬운데, 그걸 어떻게 해요?"

"스탈린은 자신의 절대 권력을 경제 개발에 고스란히 이용했어. 국민들의 자유로운 경제생활을 어느 정도 보장했던 레닌의 신경제정책을 뒤엎고, 철저히 국가가 주도해 경제를 발전시키는 계획을 짰거든. 이걸 이른바 '5개년 계획'이라고 해."

"5개년 계획? 5년 안에 어떤 걸 이룬다는 건가요?"

"국가가 모든 산업 분야마다 목표를 정하고 정해진 시간 안에 무슨

↑ **러시아 볼고그라드의 산업 단지** 볼고그라드는 1925년부터 1961년까지 '스탈린그라드'라고 불렸어. '스탈린의 도시'라는 뜻인데, 스탈린이 자신의 권위를 높이기 위해 이름을 바꾼 거란다.

↑ **드네프르강 수력 발전소** 5개년 계획으로 1927년부터 1932년까지 건설했어. 높이 57미터에 폭 762미터의 거대한 댐이야.

수를 써서라도 목표를 달성하게 만드는 거야. 예를 들어, '철강 생산량을 100톤 증가시킨다.'는 목표를 세워서 내려 보내면 명령을 받은 사람은 무조건 정해진 양을 채워야만 했지."

"무조건이라니? 그게 가능해요?"

"소련이라 가능했어. 소련은 국가가 모든 땅과 광산, 공장을 소유한 사회주의 국가니까. 더구나 스탈린에 반대하는 사람은 쥐도 새도 모르게 수용소로 끌려가 목숨을 잃기 십상인데 감히 반대할 사람이 있겠니?"

"스탈린은 경제 개발 방법도 무지막지했군요."

"응. 스탈린은 특히 중공업 발전에 국가의 역량을 집중했어. 중공업을 발전시키는 데에는 많은 돈이 필요하지만, 일단 중공업이 발전해야 다른 산업도 뒤따라 발전할 수 있거든. 예컨대 철강 생산이 늘어나고 기계 공업이 발전해야 다른 공장도 만들 수가 있지. 한편으로 스탈린은 전국에 학교를 세우고 과학자에게는 연구비를 팍팍 지원해서 기술 발전에 힘썼단다. 그 결과, 소련의 산업 생산량은 5개년 계획이 끝날 무렵 50퍼센트나 증가했어. 경제 성장률은 매년 20퍼센트에 이르렀지. 그야말로 기적적인 일이었어."

↑ '러시아의 심장 돈바스' 포스터 5개년 계획 동안 우크라이나의 석탄 산지인 돈바스 지역을 중화학 공업 단지로 집중 육성하려 했어.

"그런 막무가내식이 통하다니……."

장하다가 혀를 내둘렀다.

"5개년 계획을 통해 소련 전국에는 새로운 공업 도시가 들어섰고,

독재의 길로 내달리는 유럽 **237**

▲ 스탈린 시기 소련의 공업 발전

모스크바 같은 대도시는 인구 규모가 두 배로 늘어났어. 소련은 이제 대공황의 늪에서 허우적대던 영국과 프랑스를 뛰어넘어 세계 2위의 산업 국가로 거듭났어. 그야말로 완전히 다른 나라로 태어난 거야."

"스탈린이 엄청난 일을 해냈네요."

"그래. 하지만 양적으로는 성장을 이루었을지 몰라도 질적으로는 엉망이었어. 예컨대 신발 공장에서는 단 한 가지 디자인과 사이즈로 신발을 엄청나게 생산했단다. 이렇게 하면 생산비가 내려가 신발 가격을 대폭 낮출 수 있거든. 국민들은 신발이 발에 안 맞고 디자인이 맘에 안 들어도, 그냥 신어야 했지."

"그런 게 어디 있어요!"

"이상하지? 하지만 소련에서는 거의 모든 산업 분야가 이런 식이었어. 국가가 모든 생산 계획을 짜서 명령을 내리다 보니 개개인의 취

▲ 마그니토고르스크 엄청난 철광석 채굴량으로 5개년 계획 시기 급속하게 발전한 도시야.

↓ '노동의 용기' 메달
소련은 광산 노동자들에게 생산량을 할당하고 높은 성과를 낸 노동자에게 메달을 줬어.

향까지 신경 쓸 수가 없었거든. 그러니 모두가 똑같은 옷을 입고, 똑같은 집에 살고, 똑같은 음식을 먹는 거야. 당연히 품질도 떨어질 수밖에 없지. 품질을 낮게 한다고 해서 더 많이 팔리는 것도 아니니까."

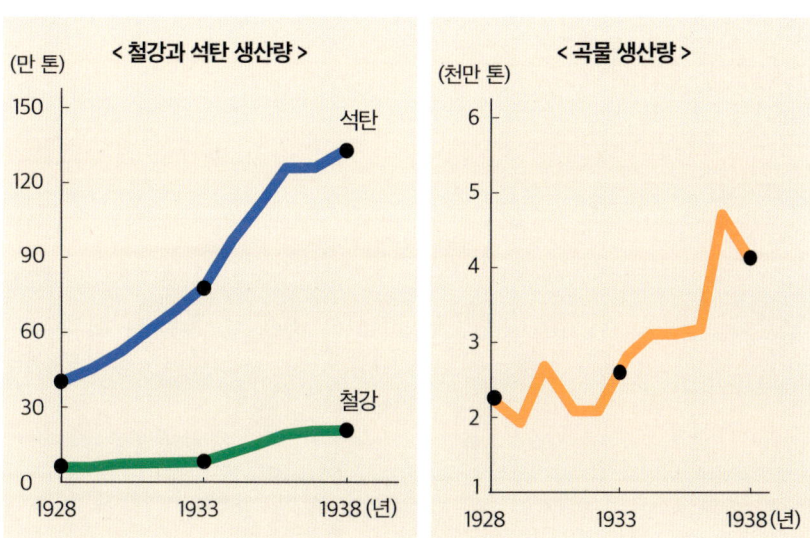

▲ 스탈린 집권 이후 소련의 주요 자원 생산량 변화

독재의 길로 내달리는 유럽

소련의 강제 수용소 굴라크

굴라크는 1918년부터 1988년까지 운영된 러시아와 소련의 강제 수용소야. 굴라크에서는 죄수를 강제 노동에 동원해 건물을 짓거나 광산을 운영하고 나무를 베는 등 여러 가지 일을 시켰지. 그래서 주로 척박한 시베리아와 중앙아시아, 혹은 신도시 개발이 예정된 곳에서 운영했어.

굴라크는 스탈린이 권력을 잡은 이후 크게 활성화됐단다. 스탈린의 대숙청을 통해 굴라크에 끌려온 사람들이 엄청나게 많았거든. 며칠 전까지 공산당의 권력자였다가 스탈린의 눈 밖에 나서 하루아침에 죄수 신세가 된 사람도 있었고, 전쟁 포로와 소련 내부에서 탄압받던 소수 민족, 간첩 혐의로 체포된 외국인 등 수많은 사람이 굴라크에 갇혔어. 이들은 운하와 철도를 건설하고 공장을 짓는 등 다양한 작업에 동원되어 스탈린 시기 소련의 경제 성장에도 큰 몫을 차지했어. 그러나 엄청난 추위와 굶주림에 시달리며 비인간적인 환경에서 살아야 했지.

▲ **알렉산드르 솔제니친** (1918년~2008년) 러시아의 작가야. 10년 동안의 굴라크 생활을 바탕으로 《수용소 군도》를 집필해 세계적으로 화제를 모았지.

굴라크를 거쳐 간 사람의 수는 아직도 정확히 밝혀지지 않았지만, 최소 천만 명에서 많게는 5천만 명을 거론하는 학자도 있어. 더 무서운 건 이 중 많은 사람이 가혹한 환경과 고문에 시달리다가 목숨을 잃었다는 거야. 최소 160만 명에서 많게는 천만 명까지 사망했다는 이야기도 있단다.

러시아의 작가 알렉산드르 솔제니친은 굴라크에 실제로 수용된 경험을 바탕으로 《수용소 군도》를 집필했어. 1973년 프랑스에서 발표된 이 작품은 솔제니친의 대표작이 되었지. 이 작품을 통해 소련의 강제 수용소가 어떻게 만들어지고 어떤 식으로 운영되는지, 스탈린의 대규모 숙청이 어떤 식으로 이루어졌는지 속속들이 밝혀졌단다.

▲ 소련 전역에 설치된 굴라크

▲ **운하를 건설하는 굴라크 수용자들** 백해와 발트해를 연결하는 운하 건설에 동원된 굴라크 수용자들의 모습이야.

"쩝! 그럼 경제가 성장해도 좋을 게 없네요."

"그냥 품질이 떨어지는 정도면 다행이지. 농촌에서는 상상을 초월하는 비극이 발생했단다. 특히 소련 제일의 곡창 지대인 우크라이나에서는 대기근이 발생해 300만 명이 넘게 굶어 죽었지."

"헉, 어떻게 그런 끔찍한 일이 벌어졌죠?"

"스탈린은 농업에서도 국가의 계획 아래 농산물을 생산하려고 했어. 그래서 농민의 토지를 모두 빼앗아 집단 농장을 만들고, 농민은 집단 농장에서 함께 일하며 수확물을 모두 똑같이 받도록 했지. 집단 농장에서 수확된 농산물은 우선 광산과 공장의 노동자에게 공급하고, 남은 건 수출할 계획이었어."

"그렇게 여기저기 쓰려다 보니 농산물이 모자랐던 거군요?"

"맞아. 하지만 더 큰 문제는 자기 땅을 잃은 농민들이 일할 의욕까지 잃었다는 거야. 열심히 일해서 수확량을 늘려 봐야 나라에 죄

↑ **첼랴빈스크의 트랙터 공장** 첼랴빈스크는 당시 소련의 주요 공업 도시 중 하나였어. 핵심 산업은 기계 공업으로 주로 트랙터를 생산했지.

 다 빼앗기고, 놀기만 한 사람하고 수확량을 똑같이 나눠 받으니, 일할 맛이 나지 않았던 거지. 그래서 집단 농장 정책이 실시된 이후 소련의 농업 생산량은 나날이 낮아졌어. 이 와중에 5개년 계획이 세워져서 농장마다 생산 명령이 떨어졌지. 예를 들어 '다음 달까지 달걀 100상자를 만들어라!'라고 명령하면 무슨 수를 써서라도 달걀을 생산해야 하는 거야."

"그럼 열심히 일해야겠군요?"

"하지만 그게 뜻처럼 되지 않았어. 닭이 갑자기 달걀을 많이 낳을 수 있겠니? 명령대로 생산량이 늘어나지 않으니, 농장을 책임지는

공산당의 관리들은 농촌의 곡물과 가축을 싹 쓸어 갔단다. 심지어 다음 농사에 쓸 씨앗까지 빼앗아 갔지. 농민들은 저항했지만 무력으로 진압당했어. 그러자 농산물 생산량은 점점 더 줄어들었고, 결국엔 엄청난 기근이 닥쳐서 수백만 명이 굶어 죽는 사태까지 일어난 거야."

"어흐, 진짜 너무하네요!"

"우크라이나 대기근 때문에 거센 비난이 쏟아졌지만 스탈린은 눈 하나 깜짝 안 했어. 오히려 자신을 비판하는 사람을 모조리 잡아들여 강제 수용소에 집어넣었지. 이렇게 강제 수용소로 끌려간 사람들은 각종 토목 공사에 동원돼 모진 강제 노동을 했단다. 이 와중에 수많은 사람이 목숨을 잃었지만, 이 죄수들이 만든 운하와 철도, 도시는 소련의 경제 성장에 한 몫을 차지했어."

"어휴, 소련의 경제 성장에는 보이지 않는 희생이 너무 많았군요."

나선애가 소름이 돋는 듯 온몸을 부르르 떨었다.

"그래. 경제 성장이 꼭 좋았던 건 아니야. 오히려 히틀러나 스탈린처럼 독재자들이 산업화를 이룩하고 강력한 나라를 건설하는 데에 성공한 탓에, 세계 평화는 더 큰 위협을 받게 되었다고 볼 수 있지. 이제 몇 사람의 잘못된 선택에 따라 언제라도 수백만, 수천만 명이 목숨

▼ 미국 〈시카고 아메리칸〉에 실린 우크라이나 대기근 기사
소련의 대기근 소식은 미국까지 전해져 신문 1면에 크게 실렸어.

▲ **우크라이나 대기근의 희생자들** 1932년부터 1년 만에 약 300만 명의 농민과 아이들이 굶어 죽었단다. 길거리에 굶어 죽은 사람이 즐비할 정도로 끔찍한 사건이었지.

을 잃는 비극이 일어날 수 있게 되었거든. 우리 그 결과가 어떻게 되었는지는 다음 시간에 계속 공부하자. 오늘은 여기까지! 다들 고생 많았어."

> **용선생의 핵심 정리**
>
> 스탈린은 국가 주도 아래 '5개년 계획'을 세우고 경제 개발을 실시하여 눈부신 산업 성장을 이룩함. 그러나 양적인 성장에만 치우쳐 질적인 성장은 이루지 못했고, 우크라이나에서는 대기근이 일어나 수백만 명이 목숨을 잃기도 함.

나선애의 **정리노트**

1. ### 전체주의의 등장
   - 전체주의: 국가를 위해 개인의 자유와 권리를 기꺼이 희생시키는 사상
     → 이탈리아에서는 국가파시스트당의 무솔리니가 국민의 지지 아래 독재를 펼침.
     → 독일에서는 히틀러의 나치당이 독일 최대 정당이 되고, 히틀러가 독재를 시작함.

2. ### 히틀러와 무솔리니의 통치 방식
   - 대규모 공공사업을 벌여 일자리를 늘리고, 노동 환경을 개선해 국민의 지지를 얻음.
   - 언론과 방송을 이용해 적극적으로 선전과 선동을 벌임.
     → 나치 독일은 사회 불만을 돌리려고 국민을 선동해 대대적인 유대인 탄압에 나섬.

3. ### 스탈린 시기 소련의 산업화
   - 레닌의 후계자가 된 스탈린은 대숙청을 통해 공포 정치를 펼침.
   - 소련은 스탈린의 5개년 계획 아래 눈부신 산업 발전을 이룩함.
     → 양적 성장에만 치우쳐 질적으로는 뒤처짐.
     → 집단 농장으로 농업 생산량은 낮아지고, 대기근도 발생함.

세계사 퀴즈 달인을 찾아라!

1~2 다음 사진을 보고 물음에 답해 보세요.

1 다음 설명에 해당하는 사진 속 인물의 이름을 써 보자.

> ○○○○는 국가파시스트당과 검은 셔츠단을 만들어 이탈리아의 권력을 잡은 독재자이다.

(   )

2 위의 인물이 활동한 시기의 유럽 사회에 대한 설명으로 옳지 <u>않은</u> 것은?
(   )

① 유럽에 사회주의 사상이 크게 퍼져나갔어.
② 동유럽 곳곳에서 독재자들이 권력을 잡기 시작했어.
③ 많은 나라가 극심한 사회 혼란과 경제 위기를 겪고 있었어.
④ 사회 안정을 바랐던 이탈리아 국민들은 전체주의 독재 정치를 반대했어.

3 히틀러의 독일 통치 방식에 대한 설명으로 옳은 것은? (   )

① 에티오피아를 침공해 식민지로 삼았다.
② 투표를 거치지 않고 불법으로 의회를 장악했다.
③ 언론과 방송을 이용해 적극적으로 선전과 선동을 벌였다.
④ 독일의 사회주의자들과 손을 잡고 사회주의 정부를 구성했다.

4 사진 속 당시 독일의 사회 모습에 대해 잘못 설명한 친구는? (   )

 ① 베를린 올림픽 이후 히틀러에 대한 지지는 약해졌을 거야.

 ② 당시 독일의 언론은 히틀러의 선전 도구에 불과했을 거야.

 ③ 나치 독일을 멋있게 연출해 국민의 환심을 사려고 했을 거야.

 ④ 언론의 선전과 선동으로 국민 다수가 히틀러를 지지했을 거야.

5 스탈린 시기 소련에 대한 설명으로 알맞은 것에 ○표, 알맞지 않은 것에 X표 해 보자.

○ 집단 농장 제도 덕분에 농산물 생산량이 늘어났다. (   )

○ '5개년 계획'을 통해 소련의 눈부신 산업 발전을 이끌었다. (   )

○ 공업은 양적 성장과 함께 질적 성장도 이뤄 크게 발전했다. (   )

○ 경제 대공황의 영향으로 소련의 경제 성장률이 매년 하락했다. (   )

 정답은 267쪽에서 확인하세요!

용선생 세계사 카페

대중을 휘어잡은 나치의 선전 선동

히틀러는 연설 기술이 뛰어난 사람이었어. 꼭 연극배우처럼 다채로운 표정과 화려한 손짓, 강조할 부분을 정확하게 짚어 내는 웅변술 덕택에 히틀러의 연설을 들은 대중들은 자기도 모르게 그 매력에 홀리듯 빠져들었지. 히틀러도 자신의 장점이 연설 기술이라는 걸 잘 알았기 때문에, 수시로 거울을 보고 연설을 연습하며 손짓과 표정, 목소리를 갈고닦았어.

▲ 요제프 괴벨스
(1897년~1945년) 나치 독일의 선전 장관으로, 언론과 미디어를 이용해 히틀러가 독일인의 마음을 사로잡는 과정에서 가장 큰 역할을 했던 인물이야.

괴벨스, 히틀러에게 날개를 달아 주다

그런데 히틀러의 화려한 연설 기술에 날개를 달아 준 인물이 있어. 바로 나치 독일의 선전 장관인 괴벨스란다.

나치의 선전 부장인 괴벨스는 히틀러 못지않게 뛰어난 연설가였고, 힘 있는 메시지를 단순하게 잘 정리해서 대중에게 전달하는 데 타고난 재능이 있었어. 예를 들어 '정치인들이 유대인과 손잡고 나라를 팔아먹었다.', '정부가 세금을 흥청망청 써 댄다.'처럼 자극적이고 쉽게 이해할 수 있는 문장을 잘 만들었지. 과격한 주장을 앞세운 소수 정당이었던 나치당이 불과 수년 사이 독일의 최대 정당으로 우뚝 선 데에는 괴벨스의 공이 몹시 컸어.

▲ 연설 연습 중인 히틀러 히틀러는 연설할 때의 손짓과 표정, 목소리 등 다양한 요소를 연습하고 이렇게 사진도 찍었어.

또 괴벨스는 텔레비전과 라디오, 영화 같은 대중 매체를 적극적으로 활용했지. 그래서 당대 최고의 영화감독을 고용해 히틀러와 나치 독일의 모습을 멋지게 담아내는 기록 영화를 제작했어. 특히 괴벨스가 기획한 영화 중에서도 〈의지의 승리〉라는 영화가 유명해.

선전 영화로 히틀러를 구세주로 포장하다

<의지의 승리>는 1933년 독일의 뉘른베르크에서 열린 나치당 행사 모습을 담은 기록 영화야. 뉘른베르크는 과거 신성 로마 제국에서 선제후들이 황제를 선출하던 도시였지. 괴벨스는 이 영화에서 히틀러를 독일인의 황제이자 구세주로 포장하려 했단다.

영화의 첫 장면은 히틀러가 구름을 뚫고 온 비행기에서 내리는 장면으로 시작돼. 마치 신이 하늘에서 내려오는 듯 거룩한 분위기를 자아내지. 비행기에서 내린 히틀러는 나치 깃발을 높이 든 당원 사이를 지나 연단으로 올라가 멋들어지게 연설을 시작해. 영상에는 내내 웅장한 배경 음악이 흘렀어. <의지의 승리>는 독일 전역에 상영됐고, 이 영화를 본 사람들은 히틀러가 위대한 지도자라는 환상에 사로잡혔지.

<의지의 승리>는 훗날 만들어진 모든 선전 영화의 모범이 되었어. 몇몇 장면은 우리가 잘 아는 영화에서도 재현됐단다. <스타워즈>에서 주인공이 공주에게 훈장을 받는 장면과 <반지의 제왕>에서 사악한 마법사가 군대를 불러모으는 장면이 대표적이야.

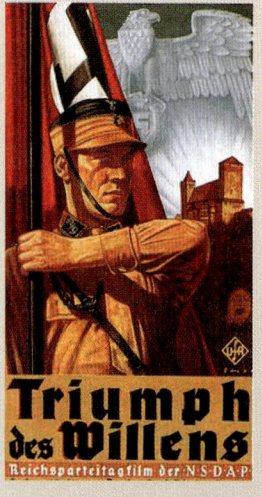

▲ <의지의 승리> 포스터

 만들어진 영웅, 히틀러

▲ <의지의 승리> 촬영 현장 감독을 맡은 레니 리펜슈탈이야. 리펜슈탈 감독은 베를린 올림픽에 참가했던 손기정 선수의 마라톤 영상도 촬영했대.

▲ <의지의 승리>의 한 장면 이 장면은 훗날 <스타워즈>나 <반지의 제왕> 등 웅장함을 강조하는 할리우드 영화에서도 종종 이용했단다.

용선생 세계사 카페

에스파냐 내전, 크나큰 비극을 예고하다

1930년대 유럽 각국에서 전체주의자들은 폭력을 앞세워 권력을 잡았어. 그래도 대부분 국민의 지지를 얻었기 때문에 내전이 발생한 경우는 거의 없었지. 그런데 전체주의 세력의 등장과 함께 수만 명이 목숨을 잃는 내전을 거친 나라가 있단다. 바로 에스파냐야.

극심한 혼란 끝에 내전이 시작되다

에스파냐는 1800년대 초 나폴레옹 전쟁 이후 거의 모든 식민지를 잃고 급속도로 추락했어. 국내에서도 시민 혁명과 왕당파의 반격이 계속되었어. 그 결과 공화정이 들어섰다가 다시 왕이 즉위하기를 반복하며 극심한 혼란을 겪었지. 1900년대 초에 접어들면 에스파냐에서는 소수의 부자와 지주를 대표하는 우파 세력과 대다수의 가난한 농부와 노동자를 대표하는 사회주의 좌파가 격렬하게 대립했단다.

제1차 세계 대전 이후 1931년, 에스파냐는 공식적으로 공화국이 되었고 1936년에는 사회주의자가 주도하는 '인민전선'이 에스파냐의 권력을 잡았어. 인민전선은 독일과 이탈리아에서 세력을 키우던 전체주의를 단호하게 반대했지. 또, 헌법 개정과 토지 개혁을 시도해 에스파냐 사회를 뒤바꾸려 했단다. 그러자 권력을 잃기 싫은 우파 세력의 반발이 이어졌고, 이들의 불만을 등에 업은 프란시스코 프랑코 장군이 반란을 일으켰어. 반란은 모로코에서 시작돼 에스파냐 전역으로 순식간에 번져 나갔지. 정부군이 반란군과 끈질기게 대치하면서 에스파냐는 3년간 치열한 내전을 겪었단다.

▼ 에스파냐 내전

전체주의 세력과의 대결이 된 에스파냐 내전

에스파냐 내전은 곧 유럽 주요 국가들의 주의를 끌었어. 당시 반란군을 이끌었던 프랑코는 독일의 히틀러, 이탈리아의 무솔리니와 같은 독재자의 지원을 받았어. 프랑코 역시 독재자였고 전체주의 세력이었기 때문에 같은 독재 정권의 지원을 받았던 거야. 반면 소련의 스탈린은 사회주의자가 주도하는 정부군을 지원하고 나섰단다.

미국, 영국, 프랑스 등 다른 나라에서도 에스파냐 내전을 두고 설전이 벌어졌어. 그러나 결국 정부 차원에서는 중립을 지키는 것으로 결론이 났단다. 자칫 잘못했다가는 에스파냐 내전이 또 다른 세계 대전으로 커질 수 있었기 때문이야. 그러자 세계 각국의 수많은 젊은이가 전체주의에 맞서 에스파냐를 지키겠다며 자발적으로 나섰어.

이들은 '국제 여단'이라는 의용군을 조직해 전쟁에 뛰어들었는데, 여기에는 영국의 조지 오웰, 미국의 어니스트 헤밍웨이, 프랑스의 생텍쥐페리, 칠레의 파블로 네루다 같은 지식인이 합류했지. 에스파냐에서 시작된 내전이 전체주의를 막아 내려는 이들과 전체주의 세력 사이의 대결로 번졌던 거야.

▲ **프란시스코 프랑코** (1892년~1975년) 반란을 통해 에스파냐 내전을 시작한 장본인이야. 내전에 승리한 뒤 1975년 죽을 때까지 독재를 했어.

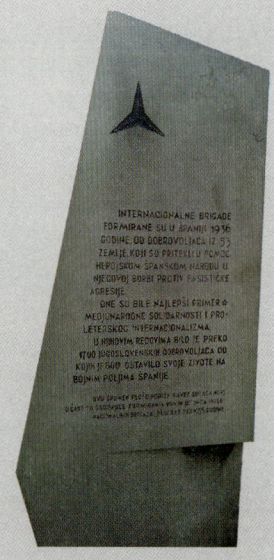

▼ **벨파스트 국제 여단 기념비** 아일랜드 의용군의 참전 기념비야. 오늘날 세계 곳곳에 이런 기념비가 있어.

▲ **국제 여단에 참여한 어니스트 헤밍웨이**(가운데) 세계의 많은 지식인이 국적과 인종을 초월해 국제 여단에 참여했어.

참혹한 세계 대전의 예고편

히틀러와 무솔리니에게 에스파냐 내전은 단순히 전체주의 세력을 지원하는 것 이상의 목적이 있었어. 에스파냐 내전에서 신무기를 시험해 보는 거였지. 히틀러는 에스파냐 내전에 신형 탱크 수십 대를 보냈을 뿐 아니라, 신형 폭격기를 보내 성능을 시험했어. 무솔리니 역시 수많은 이탈리아군을 파견했고, 소련도 탱크 300여 대와 비행기 800여 기를 보내 정부군을 지원했단다. 그래서 에스파냐 내전은 곧 작은 세계 대전 같은 모습을 띠게 되었어.

승부는 1939년 초에 갈렸어. 정부군은 독일과 이탈리아의 병력 지원을 받은 반란군에 결국 무릎을 꿇었지. 3년간의 내전으로 목숨을 잃은 사람이 모두 50만 명에 이르렀단다.

하지만 내전이 끝난 뒤에도 비극은 계속됐어. 권력을 잡은 프랑코는 대대적인 숙청과 정치 보복으로 수많은 사람을 죽였고, 세상을 떠날 때까지 수십 년간 에스파냐의 독재자로 군림했지. 에스파냐에는 프랑코가 죽은 1975년 이후에야 비로소 민주 정부가 들어섰단다.

↑ **폭격으로 파괴된 그라노예르스** 나치 독일의 폭격으로 에스파냐 곳곳은 폐허가 되었어.

↑ **독일 콘도르 군단의 신형 폭격기** 독일은 신형 탱크와 폭격기 등 각종 신무기를 에스파냐 내전에서 시험했어.

에스파냐 내전은 당시 지식인들에게 신념과 용기가 좌절할 수도 있고, 정의가 패배할 수도 있다는 사실을 알려 주었어. 다른 한편으로는 전 세계를 덮칠 비극을 알리는 신호이기도 했지. 에스파냐 내전이 끝나고 고작 몇 달 지나지 않아 독일이 진짜 무시무시한 전쟁을 일으켰거든.

▲ **전몰자의 계곡** 프랑코의 지시에 따라 내전 중 사망한 사람들을 위해 만든 공동 묘역이야. 그러나 실제로는 프랑코가 죽은 뒤 이 곳에 묻히고 프랑코 개인의 묘소나 다름없이 쓰여 비난을 받았어.

▲ **피카소의 〈게르니카〉(1937년)** 나치 독일은 에스파냐 내전 도중 에스파냐 북부의 작은 도시 게르니카에 대대적인 폭격을 가했어. 이 사건으로 도시가 크게 파괴되었고, 도시 인구의 3분의 1에 달하는 1654명이 사망하는 비극이 벌어졌지. 이 그림은 에스파냐 천재 화가 피카소가 게르니카 폭격을 주제로 그린 그림이란다. 전쟁의 충격과 아픔을 표현한 명작으로 잘 알려져 있어. 사진은 게르니카에서 원작의 반환을 주장하며 나중에 만든 벽화 복제품이야.

한눈에 보는 세계사-한국사 연표

세계사

1905년 1월	피의 일요일 사건
1914년 7월	제1차 세계 대전 발발
1916년 6월	아랍인 반란
1917년 11월	밸푸어 선언
1917년 3월	러시아, 2월 혁명
1917년 11월	러시아, 10월 혁명 / 러시아 내전 시작
1918년 3월	러시아, 제1차 세계 대전에서 빠짐
1918년 11월	제1차 세계 대전 종전
1918년 11월	독일에 바이마르 공화국 건국 선포
1919년 5월	중국에서 5·4 운동이 벌어짐
1922년 10월	무솔리니, 로마 진군
1923년 10월	튀르키예 공화국 탄생
1923년 11월	히틀러, 뮌헨 쿠데타
1924년 1월	제1차 국공합작
1925년 10월	유럽에서 로카르노 조약 체결
1928년	스탈린, 경제 개발 5개년 계획 시작
1929년 10월	검은 목요일 사건 (경제 대공황 시작)
1930년 3월	간디의 소금 행진
1931년 9월	만주사변
1933년	미국, 뉴딜 정책 시작
1933년 1월	히틀러, 독일 총리로 임명됨
1935년 3월	독일 베르사유 조약 파기, 재무장 선언
1934년 10월	중국 공산당, 대장정 시작
1937년 7월	중일 전쟁 발발 / 제2차 국공합작
1939년 9월	나치 독일, 폴란드 침공 (제2차 세계 대전 발발)
1940년 5월	나치 독일, 프랑스 침공
1941년 6월	나치 독일, 소련 침공
1941년 8월	영국과 미국, 대서양 헌장 발표
1941년 12월	일본, 진주만 공습 (태평양 전쟁 발발)
1942년 6월	미드웨이 해전
1943년 2월	소련, 스탈린그라드 전투 승리
1943년 11월	카이로 회담
1943년 12월	테헤란 회담
1944년 6월	연합군, 노르망디 상륙 성공
1945년 2월	얄타 회담
1945년 5월	소련, 베를린 점령. 독일 항복
1945년 8월	일본 항복 / 인도네시아 독립 전쟁 발발

러시아 혁명

간디의 소금 행진

경제 대공황

전체주의의 등장

한국사

1905년 11월	조선이 일본에 외교권 빼앗김(을사늑약)
1907년 7월	고종 퇴위, 군대 해산
1908년 1월	13도 창의군 서울 진공 작전
1909년 10월	안중근, 이토 히로부미 저격
1910년 8월	일본이 대한 제국을 병합함
1912년	토지 조사 사업 실시
1915년 8월	박상진, 대한 광복회 조직
1918년 8월	상하이에서 신한 청년당 조직
1919년 2월	일본 도쿄 유학생 독립 선언
1919년 3월	3·1 운동 발발
1919년 9월	상하이에 대한민국 임시 정부 수립
1920년 6월	홍범도가 이끄는 독립군이 봉오동에서 일본군 격파
1920년 10월	김좌진과 홍범도가 이끄는 독립군이 청산리에서 일본군에 대승(청산리 대첩)
1920년 11월	총독부, 산미 증식 계획 추진
1923년 8월	암태도에서 소작 쟁의
1925년 5월	총독부, 치안 유지법 시행
1926년 6월	6·10 만세 운동
1927년 2월	신간회 창립
1929년 11월	광주 항일 학생 운동
1931년 10월	김구, 한인 애국단 조직
1932년 4월	윤봉길, 상하이 홍커우 공원에서 일본군 장교에게 폭탄 투척
1933년 7월	대전자령에서 지청천이 이끄는 한국 독립군이 일본군에 승리
1933년 10월	조선어 학회, 〈한글 맞춤법 통일안〉을 발표
1935년 7월	항일 독립 운동 정당인 민족 혁명당 결성
1936년 8월	손기정, 베를린 올림픽 마라톤 경기에서 우승
1937년 10월	총독부, 황국 신민 서사 암송 강요
1938년 4월	국가 총동원법 발표
1938년 10월	김원봉, 조선 의용대 창설
1939년 10월	국민 징용령 실시
1940년 2월	일본식의 성과 이름 강요(창씨개명)
1940년 9월	대한민국 임시 정부, 한국광복군 조직
1941년 11월	대한민국 건국 강령 발표
1942년 5월	조선 의용대, 한국광복군에 합류
1942년 10월	총독부, 조선어 학회 강제 해산
1943년 8월	징병제 실시
1944년 8월	여운형 등이 비밀리에 조선 건국 동맹 조직
1945년 8월	일본의 항복으로 해방을 맞이함

안중근 의사

윤봉길 의사

조선총독부 청사

찾아보기

ㄱ
간디(모한다스 카람찬드 간디) 62, 92~95, 97~99, 101
검은 목요일 162, 164
검은 셔츠단 188, 200~204, 208
게오르기 가폰 27~28
경제 대공황 132, 169, 172, 205, 210, 217, 235
국공합작 115~117
군벌 113~120
굴라크 240

ㄴ
나치 188, 206~208, 211~215, 218~219, 222~224, 226~229, 248~249, 252~253
뉴딜 정책 173~178, 218
뉴욕 59, 132, 134~139, 153, 157~160, 162, 164, 184~185
니콜라이 2세 29, 32, 54~55

ㄷ
도스 계획 149~150, 167
돤치루이 111

ㄹ
라스푸틴 32~33, 54~55
러시아 내전(적백 내전) 13, 43~45, 47~48, 55, 58~59, 229~230, 232
레프 트로츠키 41, 229~231
로카르노 조약 133, 150~151
루르 133, 147~148, 150

ㅁ
멕시코 혁명 39
모스크바 13~17, 36, 45, 48~49, 56, 58, 189, 238

무스타파 케말 62, 82~89
무함마드 진나 96
뮌헨 148, 188, 190, 193~195, 208~209

ㅂ
바레인 64, 66~67
바이마르 공화국 140~144, 206~207, 213
밸푸어 선언 74, 78
베니토 무솔리니 188, 200~206, 208, 216, 218, 221~224, 233, 235, 251~252
베를린 55, 140~141, 149~150, 189~193, 213, 223~224, 249
볼고그라드 13, 47, 236
브레스트-리토프스크 조약 41~42
블라디미르 레닌 12, 18, 35~38, 40~43, 45~49, 55~59, 128~129, 189, 229~231, 233, 236
비폭력 비협조 운동 92~93

ㅅ
사우드 가문 72~73, 78~80
상트페테르부르크 13~14, 17~19, 24, 27, 34, 40
세브르 조약 82~84, 88
세속주의 64, 85~87
소금 행진 62, 97~99
소비에트 사회주의 공화국 연방 (소련) 13~18, 48~50, 59, 79, 102~103, 115~117, 120, 128~129, 177, 189, 191, 197, 229~231, 233~241, 243, 251~252
수정의 밤 227~228
수카르노 104~105
시온주의 75

10월 혁명(볼셰비키 혁명) 38, 40, 43, 55~56, 58, 229

ㅇ
아돌프 히틀러 188~189, 205~216, 218~219, 221~225, 227, 233, 235, 243, 248~249, 251~252
아르메니아인 82, 124~126
보조케 아웅 산 105
알렉산드르 2세 20~21, 24~25, 236
알렉산드르 3세 25
에스파냐 내전 250~253
5개년 계획 236~239, 242
5·4 운동 63, 111~112
요르단 64, 68~69, 80
요제프 괴벨스 248~249
월스트리트 136, 153, 162, 164, 184
위안스카이 108~109, 111, 114
유대인 62, 74~76, 139, 207, 212, 225~229, 248
이슬람 연합(인도네시아) 102~103, 105, 129
2월 혁명 34~36, 38, 55, 57~58
이오시프 스탈린 117, 129, 189, 229~241, 243, 251
인민주의자 22~25, 42, 44

ㅈ
자와할랄 네루 95, 98
자유방임주의 169
장제스 116~119
장쭤린 117~120
젬스트보 21, 25
존 메이너드 케인스 172~174, 177

ㅊ
청년 불교신자협회 101

체르보네츠 48

ㅋ

컨베이어 시스템 154~155
코민테른 103~104, 128~129
쿠르드인 82, 88, 124, 126~127
쿠웨이트 64~66
킬라파트 운동 94

ㅌ

튀르키예 공화국 81~88
테오도르 헤르츨 75

ㅍ

파시스트 200
파울 폰 힌덴부르크 212~213, 216
페트로그라드 13, 18, 34, 38, 48
프란시스코 프랑코 250~251, 253
프랭클린 루스벨트 173, 175~176
피우메 점령 189, 199
피의 일요일 13, 27~31, 36, 57

ㅎ

하심 가문 62, 73~74, 78~80
헨리 포드 154, 156
호찌민 103~104

참고문헌

국내 도서

2022 개정 교육과정에 따른 중학교, 고등학교 사회교과군 교과서.
21세기연구회 저/전경아 역, 《지도로 보는 세계민족의 역사》, 이다미디어, 2012.
E.H. 곰브리치 저/백승길, 이종숭 역, 《서양미술사》, 2012.
R.K. 나라얀 편저/김석희 역, 《라마야나》, 아시아, 2012.
R.K. 나라얀 편저/김석희 역, 《마하바라타》, 아시아, 2014.
가와카쓰 요시오 저/임대희 역, 《중국의 역사》, 혜안, 2004.
강선주 등저, 《마주보는 세계사 교실》, 1~8권, 웅진주니어, 2011.
강희숙, 공수진, 박미선, 이동규, 정기문 저, 《세계사 뛰어넘기 1》, 열다, 2012.
강창훈, 남종국, 윤은주, 이옥순, 이은정, 최재인 저, 《세계사 뛰어넘기 2》, 열다, 2012.
거지엔슝 편/정근희 외역, 《천추흥망》1~8권, 따뜻한손, 2010.
고려대 중국학연구소 저, 《중국지리의 즐거움》, 차이나하우스, 2012.
고처, 캔디스&월트, 린다 저/황보영조 역, 《세계사 특강》, 삼천리, 2010.
교육공동체 나다 저, 《피터 히스토리아》1~2권, 북인더갭, 2011.
권동희 저, 《지리이야기》, 한울, 2005.
금현진 등저, 《용선생의 시끌벅적 한국사》1~10권, 사회평론, 2016.
기노 쓰라유키 외 편/구정호 역, 《고킨와카슈(상/하)》, 소명출판, 2010.
기노 쓰라유키 외 편/최충희 역, 《고금와카집》, 지만지, 2011.
기쿠치 요시오 저/이경덕 역,《결코 사라지지 않는 로마, 신성 로마 제국》, 다른세상, 2010.
김경묵 저, 《이야기 러시아사》, 청아, 2012.
김기협 저, 《냉전 이후》, 서해문집, 2016.
김대륜, 김윤태, 안효상, 이은정, 최재인 글, 《세계사 뛰어넘기 3》, 열다, 2010.
김대호 저, 《장건, 실크로드를 개척하다》, 아카넷주니어, 2012.
김덕진 저, 《세상을 바꾼 기후》, 다른, 2013.
김명호 저, 《중국인 이야기 1~5권》, 한길사, 2016.
김상훈 저, 《통세계사 1, 2》, 다산에듀, 2015.
김성환 저, 《교실 밖 세계사여행》, 사계절, 2010.
김수행 저, 《세계대공황》, 돌베개, 2011.
김영한, 임지현 편저, 《서양의 지적 운동》, 1~2권, 지식산업사, 1994/1998.
김영호 저, 《세계사 연표사전》, 문예마당, 2012.
김원중 저, 《대항해 시대의 마지막 승자는 누구인가?》, 민음인, 2011.
김종현 저, 《영국 산업혁명의 재조명》, 서울대학교출판문화원, 2013.
김진섭 편, 《한 권으로 읽는 인도사》, 지경사, 2007.
김진호 저, 《근대 유럽의 역사: 종교개혁부터 신자유주의까지》, 한양대학교출판부, 2016.
김창성 저, 《세계사 산책》, 솔, 2003
김태권 저, 《르네상스 미술이야기》, 한겨레출판, 2012.

김현수 저, 《이야기 영국사》, 청아출판사, 2006.
김형진 저, 《이야기 인도사》, 청아출판사, 2013.
김호동 역, 《마르코 폴로의 동방견문록》, 사계절, 2005.
김호동 저, 《아틀라스 중앙유라시아사》, 사계절, 2016.
김호동 저, 《황하에서 천산까지》, 사계절, 2011.
남경태 저, 《종횡무진 동양사》, 그린비, 2013.
남경태 저, 《종횡무진 서양사(상/하)》, 그린비, 2013.
남문희 저, 《전쟁의 역사 1, 2, 3》, 휴머니스트, 2011.
남종국 저, 《지중해 교역은 유럽을 어떻게 바꾸었을까?》, 민음인, 2011.
노명식 저, 《프랑스 혁명에서 파리 코뮌까지 1789~1871》, 책과함께, 2011.
누노메 조후 등저/임대희 역, 《중국의 역사: 수당오대》, 혜안, 2001.
닐 포크너 저/이윤정 역, 《좌파 세계사》, 엑스오북스, 2016.
데라다 다카노부 저/서인범, 송정수 공역, 《중국의 역사: 대명제국》, 혜안, 2006.
데이비드 O. 모건 저/권용철 역, 《몽골족의 역사》, 모노그래프, 2012.
데이비드 아불라피아 저/이순호 역, 《위대한 바다: 지중해 2만년의 문명사》, 책과함께, 2013.
데이비드 프리스틀랜드 저, 이유영 역, 《왜 상인이 지배하는가》, 원더박스, 2016.
도널드 쿼터트 저/이은정 역, 《오스만 제국사》, 사계절, 2008.
두보, 이백 등저/최병두 편, 《두보와 이백 시선》, 한솜미디어, 2015.
라시드 앗 딘 저/김호동 역, 《부족지: 몽골 제국이 남긴 최초의 세계사》, 사계절, 2002,
라시드 앗 딘 저/김호동 역, 《칭기스칸기》, 사계절, 2003.
라시드 앗 딘 저/김호동 역, 《칸의 후예들》, 사계절, 2005.
라이프사이언스 저, 누결아 역, 《지도로 읽는다 세계5대 종교 역사두감》, 이다미디어, 2016.
라인하르트 쉬메켈 저/한국 게르만어 학회 역, 《인도유럽인, 세상을 바꾼 쿠르간 유목민》, 푸른역사 2013.
러셀 쇼토 저, 허형은 역, 《세상에서 가장 자유로운 도시, 암스테르담》, 책세상, 2016.
러셀 프리드먼 저/강미경 역, 《1차 세계대전: 모든 전쟁을 끝내기 위한 전쟁》, 두레아이들, 2013.
로버트 M. 카멕 편저/강정원 역, 《메소아메리카의 유산》, 그린비, 2014.
로버트 템플 저/과학세대 역, 《그림으로 보는 중국의 과학과 문명》, 까치, 2009.
로스 킹 저/신영화 역, 《미켈란젤로와 교황의 천장》, 다다북스, 2007.
로스 킹 저/이희재 역, 《브루넬레스키의 돔》, 세미콜론, 2007.
로저 크롤리 저/이순호 역, 《바다의 제국들》, 책과함께, 2010.
루츠 판다이크 저/안인희 역, 《처음 읽는 아프리카의 역사》, 웅진씽크빅, 2014.
류시화, 《백만 광년의 고독 속에서 한 줄의 시를 읽다》, 연금술사, 2014.

르네 그루세 저/김호동, 유원수, 정재훈 공역, 《유라시아 유목제국사》, 사계절, 1998.
르몽드 디폴로마티크 기획/권지현 등 역, 《르몽드 세계사 1, 2, 3》, 휴머니스트 2008/2010/2013.
리처드 번스타인 저/정동현 역, 《뉴욕타임스 기자의 대당서역기》, 꿈꾸는돌, 2003.
린 화이트 주니어 저/강일휴 역, 《중세의 기술과 사회변화: 등자와 쟁기가 바꾼 유럽 역사》, 지식의 풍경, 2005.
마르크 블로크 저/한정숙 역, 《봉건사회 1, 2》, 한길사, 1986.
마리우스 B. 잰슨 저/김우영 등역, 《현대일본을 찾아서》, 이산, 2010.
마이클 우드 저/김승욱 역, 《인도 이야기》, 웅진지식하우스, 2009.
마이클 파이 저/김지선 역, 《북유럽세계사 1, 2》, 소와당, 2016.
마크 마조워 저/이순호 역, 《발칸의 역사》, 을유문화사, 2014.
마틴 버넬 저/오홍식 역, 《블랙 아테나 1》, 소나무, 2006.
마틴 자크 저/안세민 역, 《중국이 세계를 지배하면》, 부키, 2010.
마틴 키친 편저/유정희 역, 《사진과 그림으로 보는 케임브리지 독일사》, 시공아크로총서, 2001.
매리 하이듀즈 저/박장식, 김동역 역, 《동남아의 역사와 문화》, 솔과학, 2012.
모방푸 저, 전경아 역, 《지도로 읽는다! 중국도감》, 이다미디어, 2016.
문수인 저, 《아세안 영웅들 – 우리가 몰랐던 세계사 속 작은 거인》, 매일경제신문사, 2015.
문을식 저, 《인도의 사상과 문화》, 도서출판 여래, 2007.
미르치아 엘리아데 저/이용주 등 역, 《세계종교사상사 1, 2, 3》, 이학사, 2005.
미셀 파루티 저/ 권은미 역, 《모차르트: 신의 사랑을 받은 악동》, 시공디스커버리총서 011, 시공사, 1999.
미야자키 마사카쓰 저/노은주 역, 《지도로 보는 세계사》, 이다미디어, 2005.
미야자키 이치사다 저, 조병한 역, 《중국통사》, 서커스, 2016.
미조구치 유조 저/정태섭, 김용천 역, 《중국의 공과 사》, 신서원, 2006.
박금표 저, 《인도사 108장면》, 민족사, 2007.
박노자 저, 《거꾸로 보는 고대사》, 한겨레, 2010.
박노자 저, 《러시아는 우리에게 무엇인가》, 신인문사, 2011.
박래식 저, 《이야기 독일사》, 청아출판사, 2006.
박노자 저, 《러시아 혁명사 강의》, 나무연필, 2017.
박수철 저, 《오다 도요토미 정권의 사사지배와 천황》, 서울대학교출판문화원, 2012.
박용진 저, 《중세 유럽은 암흑시대였는가?》, 민음인, 2011.
박윤덕 등저, 《서양사강좌》, 아카넷, 2016.
박종현 저, 《희랍사상의 이해》, 종로서적, 1990.
박지향 저, 《클래식영국사》, 김영사, 2012.
박찬영, 엄정훈 등저, 《세계지리를 보다 1, 2, 3》, 리베르스쿨, 2012.
박한제, 김형종, 김병준, 이근명, 이준갑 공저, 《아틀라스 중국사》, 사계절, 2015.
배병우 등저, 《신들의 정원, 앙코르와트》, 글씨미디어, 2004.
배영수 편, 《서양사 강의》, 한울아카데미, 2000.
배재호 저, 《세계의 석굴》, 사회평론, 2015.
버나드 루이스 편/김호동 역, 《이슬람 1400년》, 까치, 2001.

베른트 슈퇴버 저/최승완 역, 《냉전이란 무엇인가》, 역사비평사, 2008.
베빈 알렉산더 저/김형배 역, 《위대한 장군들은 어떻게 승리하였는가》, 홍익출판사, 2000.
벤자민 킨, 키스 헤인즈 공저/김원중, 이성훈 공역, 《라틴아메리카의 역사 상/하》, 그린비, 2014.
볼프람 폰 에센바흐 저/허창운 역, 《파르치팔》, 한길사, 2009.
브라이언 타이어니, 시드니 페인터 공저/이연규 역, 《서양 중세사》, 집문당, 2012.
브라이언 페이건 저/이희준 역, 《세계 선사 문화의 이해》, 사회평론아카데미, 2015.
브라이언 페이건 저/최파일 역, 《인류의 대항해》, 미지북스, 2012.
브라이언 페이건, 크리스토퍼 스카레 등저/이청규 역, 《고대 문명의 이해》, 사회평론아카데미, 2015.
비토리오 주디치 저/남경태 역, 《20세기 세계 역사》, 사계절, 2005.
사마천 저/김원중 역 《사기 본기》, 민음사, 2015.
사마천 저/김원중 역 《사기 서》, 민음사, 2015.
사마천 저/김원중 역 《사기 세가》, 민음사, 2015.
사마천 저/김원중 역 《사기 열전 1, 2》, 민음사, 2015.
사와다 아시오 저/김숙경 역, 《흉노: 지금은 사라진 고대 유목국가 이야기》, 아이필드, 2007.
새뮤얼 노아 크레이머 저/박성식 역, 《역사는 수메르에서 시작되었다》, 가람기획, 2000.
새뮤얼 헌팅턴 저/강문구, 이재영 역, 《제3의 물결: 20세기 후반의 민주화》, 인간사랑, 2011.
서영교 저, 《고대 동아시아 세계대전》, 글항아리, 2015.
서울대학교 독일학연구소 저, 《독일이야기 1, 2》, 거름, 2003.
서진영 저, 《21세기 중국정치》, 폴리테이아, 2008.
서희석, 호세 안토니오 팔마 공저, 《유럽의 첫 번째 태양, 스페인》, 을유문화사, 2015.
설혜심 저, 《소비의 역사 : 지금껏 아무도 주목하지 않은 '소비하는 인간'의 역사》, 휴머니스트, 2017.
송영배 저, 《동서 철학의 교섭과 동서양 사유 방식의 차이》, 논형, 2004.
수잔 와이즈 바우어 저/꼬마이실 역, 《교양 있는 우리 아이를 위한 세계역사이야기》, 1~5권, 꼬마이실, 2005.
스테파니아 스타푸티, 페데리카 로마뇰리 등저/박혜원 역, 《고대 문명의 역사와 보물: 그리스/로마/아스텍/이슬람/이집트/인도/켈트/크메르/페르시아》, 생각의나무, 2008.
시바료타로 저/양억관 역, 《항우와 유방 1, 2, 3》, 달궁, 2003.
시오노 나나미 저/김석희 역, 《로마 멸망 이후의 지중해 세계(상/하)》, 한길사, 2009.
시오노 나나미 저/김석희 역, 《로마인 이야기》, 1~15권, 한길사 2007.
신성곤, 윤혜영 저, 《한국인을 위한 중국사》, 서해문집, 2013.
신승하 저, 《중국사(상/하)》, 미래엔, 2005.
신준형 저, 《뒤러와 미켈란젤로》, 사회평론, 2013.
아사다 미노루 저/이하준 역, 《동인도회사》, 피피에, 2004.
아사오 나오히로 편저/이계황, 서각수, 연민수, 임성모 역, 《새로 쓴 일본사》, 창비, 2013.
아서 코트렐 저/까치 편집부역, 《그림으로 보는 세계신화사전》, 까치, 1997.

아일린 파워 저/이종인 역, 《중세의 사람들》, 즐거운상상, 2010.
안 베르텔로트 저/체계병 역, 《아서왕》, 시공사, 2003.
안병철 저, 《이스라엘 역사》, 기븐소식, 2012.
안효상 저, 《미국은 어떻게 만들어졌을까》, 민음인, 2013.
알렉산드라 미네르비 저/조행복 역, 《사진으로 읽는 세계사 2: 나치즘》, 플래닛, 2008.
알렉산드라 미지엘린스카 외 저, 《MAPS 색칠하고 그리며 지구촌 여행하기》, 그린북, 2017.
알렉산드라 미지엘린스카 외 저, 이지원 역, 《MAPS》, 그린북, 2017.
앙투안 갈랑/임호경 역, 《천일야화 1~6》, 열린책들, 2010.
애덤 하트 데이비스 편/윤은주, 정범진, 최재인 역, 《히스토리》, 북하우스, 2009.
양은영 저, 《빅히스토리: 제국은 어떻게 나타나고 사라지는가?》, 와이스쿨 2015.
양정무 저, 《난생 처음 한번 공부하는 미술 이야기 1~4》, 사회평론, 2016.
양정무 저, 《상인과 미술》, 사회평론, 2011.
에드워드 기번 저/윤수인, 김희용 공역, 《로마제국 쇠망사 1~6》, 민음사, 2008.
에르빈 파노프스키 저/김율 역, 《고딕건축과 스콜라철학》, 한길사, 2015.
에릭 홉스봄 저/김동택 역, 《제국의 시대》, 한길사, 1998.
에릭 홉스봄 저/정도역, 차명수 공역, 《혁명의 시대》, 한길사, 1998.
에릭 홉스봄 저/정도영 역, 《자본의 시대》, 한길사, 1998.
에이브러햄 애서 저/김하은, 신상돈 역, 《처음 읽는 러시아 역사》, 아이비북스, 2013.
엔리케 두셀 저/박병규 역, 《1492년, 타자의 은폐》, 그린비, 2011.
역사미스터리클럽 저, 안혜은 역, 《한눈에 꿰뚫는 세계사 명장면》, 이다미디어, 2017.
오토 단 저/오인석 역, 《독일 국민과 민족주의의 역사》, 한울아카데미, 1996.
윌리엄 로 저, 기세찬 역, 《하버드 중국사 청 : 중국 최후의 제국》, 너머북스, 2014.
웨난 저/이익희 역, 《마왕퇴의 귀부인 1, 2》, 일빛, 2005.
유랴쿠 천황 외 저/고용환, 강용자 역, 《만엽집》, 지만지, 2009.
유세희 편, 《현대중국정치론》, 박영사, 2009.
유용태, 박진우, 박태균 공저, 《함께 읽는 동아시아 근현대사 1, 2》, 창비, 2011.
유인선 등저, 《사료로 보는 아시아사》, 종이비행기, 2014.
이강무 저, 《청소년을 위한 세계사. 서양편》, 두리미디어, 2009.
이경덕 저, 《함께 사는 세상을 보여주는 일본 신화》, 현문미디어, 2005.
이기영 저, 《고대에서 봉건사회로의 이행》, 사회평론, 2017.
이노우에 고이치 저/이경덕 역,《살아남은 로마, 비잔틴 제국》, 다른세상, 2010.
이명현 저, 《빅히스토리: 세상은 어떻게 시작되었을까?》, 와이스쿨, 2013.
이병욱 저, 《한권으로 만나는 인도》, 너울북, 2013.
이영림, 주경철, 최갑수 공저, 《근대 유럽의 형성: 16~18세기》, 까치글방, 2011.
이영목 등저, 《검은, 그러나 어둡지 않은 아프리카》, 사회평론, 2014.

이옥순 등저, 《세계사 교과서 바로잡기》, 삼인, 2011.
이익선 저, 《만화 로마사 1, 2》, 알프레드, 2017.
이희수 저, 《이슬람의 모든 것》, 주니어김영사, 2009.
일본사학회 저, 《아틀라스 일본사》, 사계절, 2011.
임태승 저, 《중국 서예의 역사》, 미술문화, 2006.
임승희 저, 《유럽의 절대 군주는 어떻게 살았을까?》, 민음인, 2011.
임한순, 최윤영, 김길웅 공역, 《에다. 북유럽신화》, 서울대학교출판문화원, 2015.
임홍배, 송태수, 장병기 등저, 《독일 통일 20년》, 서울대학교출판문화원, 2011.
자닉 뒤랑 저/조성애 역, 《중세미술》, 생각의 나무, 2004.
장문석 저, 《근대정신은 어떻게 탄생했을까?》, 민음인, 2011.
장 콩비 저/노성기 외 역, 《세계교회사여행: 고대 · 중세 편》, 가톨릭출판사, 2013.
장진퀘이 저/남은숙 역, 《흉노제국 이야기》, 아이필드, 2010.
장 카르팡티에, 프랑수아 르브룅 편저/강민정, 나선희 공역, 《지중해의 역사》, 한길사, 2009.
재레드 다이어몬드 저/김진준 역, 《총, 균, 쇠》, 문학사상, 2013.
전국역사교사모임 저, 《살아있는 세계사 교과서 1, 2》, 휴머니스트, 2013.
전국역사교사모임 저, 《처음 읽는 미국사》, 휴머니스트, 2013.
전국역사교사모임 저, 《처음 읽는 인도사》, 휴머니스트, 2013.
전국역사교사모임 저, 《처음 읽는 일본사》, 휴머니스트, 2013.
전국역사교사모임 저, 《처음 읽는 중국사》, 휴머니스트, 2013.
전국역사교사모임 저, 《처음 읽는 터키사》, 휴머니스트, 2013.
전국지리교사모임 저, 《지리쌤과 함께하는 80일간의 세계여행 : 아시아 · 유럽 편》, 폭스코너, 2017.
전종한 등저, 《세계지리: 경계에서 권역을 보다》, 사회평론아카데미, 2017.
정기문 저, 《크리스트교의 탄생: 역사학의 눈으로 본 원시 크리스트교의 역사》, 길, 2016.
정기문 저, 《역사보다 재미있는 것은 없다》, 신서원, 2004.
정수일 편저, 《해상 실크로드 사전》, 창비, 2014.
정재서 저, 《이야기 동양신화 중국편》, 김영사, 2010.
정재훈 저, 《돌궐 유목제국사 552~745》, 사계절, 2016.
제니퍼 올드스톤무어 저/이연승 역, 《처음 만나는 도쿄》, SBI, 2009.
제임스 포사이스 저/정재겸 역, 《시베리아 원주민의 역사》, 솔, 2009
조관희, 《중국사 강의》, 궁리, 2011.
조길태 저, 《인도사》, 민음사, 2012.
조르주 루 저/김유기 역, 《메소포타미아의 역사 1, 2》, 한국문화사, 2013.
조성권 저, 《마약의 역사》, 인간사랑, 2012.
조성일 저, 《미국학교에서 가르치는 미국역사》, 소이연, 2014.
조셉 린치 저/심창섭 등역, 《중세교회사》, 솔로몬, 2005.
조셉 폰타나 저/김원중 역, 《거울에 비친 유럽》, 새물결, 2005.
조지무쇼 저, 안정미 역, 《지도로 읽는다 한눈에 꿰뚫는 전쟁사도감》, 이다미디어, 2017.
조지 바이런 저, 윤명옥 역, 《바이런 시선》, 지만지, 2015.
조지프 니덤 저/김주식 역, 《조지프 니덤의 동양항해선박사》, 문현,

2016.
조지형 등저, 《지구화 시대의 새로운 세계사》, 혜안, 2008.
조지형 저, 《빅히스토리: 세계는 어떻게 연결되었을까?》, 와이스쿨, 2013.
조흥국 등저, 《제3세계의 역사와 문화》, 한국방송통신대학교출판부, 2012.
존 루이스 개디스 저/박건영 역, 《새로 쓰는 냉전의 역사》, 사회평론, 2003.
존 리더 저/남경태 역, 《아프리카 대륙의 일대기》, 휴머니스트, 2013.
존 맥닐, 윌리엄 맥닐 공저/ 유정희, 김우역 역, 《휴먼 웹. 세계화의 세계사》, 이산, 2010.
존 줄리어스 노리치 편/남경태 역, 《위대한 역사도시70》, 위즈덤하우스, 2010.
존 후퍼 저, 노시내 역, 《이탈리아 사람들이라서 : 지나치게 매력적이고 엄청나게 혼란스러운》, 마티, 2017.
주경철 저, 《대항해시대: 해상 팽창과 근대 세계의 형성》, 서울대학교출판부, 2008.
주경철 저, 《히스토리아》, 산처럼, 2012.
주디스 코핀, 로버트 스테이시 등저/박상익 역, 《새로운 서양 문명의 역사. 상》, 소나무, 2014.
주디스 코핀, 로버트 스테이시 등저/손세호 역, 《새로운 서양 문명의 역사. 하》, 소나무, 2014.
중앙일보 중국연구소 외, 《공자는 귀신을 말하지 않았다》, 중앙북스, 2010.
지리교육연구회 지평 저, 《지리 교사들, 남미와 만나다》, 푸른길, 2011.
지오프리 파커 편/김성환 역, 《아틀라스 세계사》, 사계절, 2009.
찰스 다윈 저, 장순근 역, 《찰스 다윈의 비글호 항해기》, 리젬, 2013.
찰스 스콰이어 저/나영균, 전수용 공역, 《켈트 신화와 전설》, 황소자리, 2009.
최병욱 저, 《동남아시아사 –민족주의 시대》, 산인, 2016.
최병욱 저, 《동남아시아사 –전통시대》, 산인, 2015.
최재호 등저, 《한국이 보이는 세계사》, 창비, 2011.
최충희 등저, 《하쿠닌잇슈의 작품세계》, 제이앤씨, 2011.
카렌 암스트롱 저/장병옥 역, 《이슬람》, 을유문화사, 2012.
콘수엘로 바렐라, 로베르토 마자라 등저/신윤경 역, 《크리스토퍼 콜럼버스》, 21세기북스, 2010.
콘스탄스 브리텐 부셔 저/강일휴 역, 《중세 프랑스의 귀족과 기사도》, 신서원, 2005.
크리스 브래지어 저/추선영 역, 《세계사, 누구를 위한 기록인가?》, 이후, 2007.
클린 존스 저/방문숙, 이호영 공역, 《사진과 그림으로 보는 케임브리지 프랑스사》, 시공아크로총서, 2001.
타밈 안사리 저/류한월 역, 《이슬람의 눈으로 본 세계사》, 뿌리와이파리, 2011.
타키투스 저/천병희 역, 《게르마니아》, 숲, 2012.
토마스 말로리 저/이현주 역, 《아서왕의 죽음 1, 2》, 나남, 2009.
파멜라 카일 크로슬리 저/강선주 역, 《글로벌 히스토리란 무엇인가》, 휴머니스트, 2010.
패트리샤 버클리 에브리 저 /이동진, 윤미경 공역, 《사진과 그림으로 보는 케임브리지 중국사》, 시공아크로총서 2010.
퍼트리샤 리프 애너월트 저/한국복식학회 역, 《세계 복식 문화사》, 예담, 2009.
페리클레스, 뤼시아스, 이소크라테스, 데모스테네스 저/김헌, 장시은, 김기훈 역, 《그리스의 위대한 연설》, 민음사, 2012.
페르낭 브로델 저/강주헌 역, 《지중해의 기억》, 한길사, 2012.
페르낭 브로델 저/김홍식 역, 《물질문명과 자본주의 읽기》, 갈라파고스, 2014.
페르디난트 자입트 저/차용구 역, 《중세의 빛과 그림자》, 까치글방, 2002.
폴 콜리어 등저/강민수 역, 《제2차 세계대전》, 플래닛미디어, 2008.
프레드 차라 저/강경이 역, 《향신료의 지구사》, 휴머니스트, 2014.
플라노 드 카르피니, 윌리엄 루부룩 등저/김호동 역, 《몽골 제국 기행: 마르코 폴로의 선구자들》, 까치, 2015.
피터 심킨스 등저/강민수 역, 《제1차 세계대전》, 플래닛미디어 2008.
피터 안드레아스 저/정태영 역, 《밀수꾼의 나라 미국》, 글항아리, 2013.
피터 홉커크 저/정영목 역, 《그레이트 게임: 중앙아시아를 둘러싼 숨겨진 전쟁》, 사계절, 2014.
필립 M.H. 벨 저/황의방 역, 《12전환점으로 읽는 제2차 세계대전》, 까치, 2012.
하네다 마사시 저/이수열, 구지영 역, 《동인도회사와 아시아의 바다》, 선인, 2012.
하름 데 블레이 저/유나영 역, 《왜 지금 지리학인가》, 사회평론, 2015.
하야미 이타루 저/양승영 역, 《진화 고생물학》, 서울대학교출판문화원, 2012.
하우마즈 데쓰오 저/김성동 역, 《대영제국은 인도를 어떻게 통치하였는가》, 심산, 2004.
하인리히 뵐플린 저/안인희 역, 《르네상스의 미술》, 휴머니스트, 2002.
하타케야마 소 저, 김경원 역, 《대논쟁! 철학배틀》, 다산초당, 2017.
한국교부학연구회 저, 《교부학 인명・지명 용례집》, 분도출판사, 2008.
한종수 저, 굽시니스트 그림, 《2차 대전의 마이너리그》, 길찾기, 2015.
해양문화연구원 편집위원회 저, 《해양문화 02. 바다와 제국》, 해양문화, 2015.
허청웨이 편/남광철 등역, 《중국을 말한다》 1~9권, 신원문화사, 2008.
헤수스 알바레스 고메스 저/강운자 편역, 《수도생활: 역사 II》, 성바오로, 2002.
호르스트 푸어만 저/안인희 역, 《중세로의 초대》, 이마고, 2005.
홍익희 저, 《세 종교 이야기》, 행성B잎새, 2014.
황대현 저, 《서양 기독교 세계는 왜 분열되었을까?》, 민음인, 2011.
황패강 저, 《일본신화의 연구》, 지식산업사, 1996.
후지이 조지 등저/박진한, 이계황, 박수철 공역, 《쇼군 천황 국민》, 서해문집, 2012.

외국 도서

クリステル・ヨルゲンセン 等著/竹内喜, 德永優子 譯, 《戰鬪技術の歷史 3: 近世編》, 創元社, 2012.
サイモン・アングリム 等著/天野淑子 譯, 《戰鬪技術の歷史 1: 古代編》, 創元社, 2011.
じェフリー・リ・ガン, 《ウィジュアル版〈決戰〉の世界史》, 原書房,

2008.
ブライアン・レイヴァリ,《航海の歴史》, 創元社, 2015.
マーティン・J・ドアティ,《図説 中世ヨーロッパ 武器・防具・戦術百科》, 原書房, 2013.
マシュー・ベネット 等著/野下祥子 譯,《戦闘技術の歴史 2: 中世編》, 創元社, 2014.
リュシアン・ルスロ 等著/辻այよしふみ, 辻元玲子 譯,《華麗なるナポレオン軍の軍服》, マール社, 2014.
ロバート・B・ブルース 等著/野下祥子 譯,《戦闘技術の歴史 4: ナポレオンの時代編》, 創元社, 2013.
菊地陽太,《知識ゼロからの世界史入門 1部 近現代史》, 幻冬舎, 2010.
気賀澤保規,《絢爛たる世界帝国 隋唐時代》, 講談社, 2005.
金七紀男,《図説 ブラジルの-歴史》, 河出書房新社, 2014.
木下康彦, 木村靖二, 吉田寅 編,《詳説世界史研究 改訂版》, 山川出版社, 2013.
山内昌之,《世界の歴史 20: 近代イスラームの挑戦》, 中央公論社, 1996.
山川ビジュアル版日本史図録編集委員会,《山川 ビジュアル版日本史図録》, 山川出版社, 2014.
西ヶ谷恭弘 監修,《衣食住になる日本人の歴史 1》, あすなろ書房, 2005.
西ヶ谷恭弘 監修,《衣食住になる日本人の歴史 2》, あすなろ書房, 2007.
小池徹朗 編,《新・歴史群像シリーズ 15: 大清帝國》, 学習研究社, 2008.
水野大樹,《図解 古代兵器》, 新紀元社, 2012.
神野正史,《世界史劇場イスラーム三国志》, ベレ出版, 2014.
神野正史,《世界史劇場イスラーム世界の起源》, ベレ出版, 2013.
五十嵐武士, 福井憲彦,《世界の歴史 21: アメリカとフランスの革命》, 中央公論社, 1998.
宇山卓栄,《世界一おもしろい 世界史の授業》, KADOKAWA, 2014.
伊藤賀一,《世界一おもしろい 日本史の授業》, 中経出版, 2012.
日下部公昭 等編,《山川 詳説世界史図録》, 山川出版社, 2014.
井野瀬久美恵,《興亡の世界史 16: 大英帝国という経験》, 講談社, 2007.
佐藤信 等編,《詳説日本史研究 改訂版》, 山川出版社, 2013.
池上良太,《図解 装飾品》, 新紀元社, 2012.
後藤武士,《読むだけですっきりわかる世界史 近代編》, 玉島社, 2011.
後藤武士,《読むだけですっきりわかる現代編》, 玉島社, 2013.
後河大貴 外,《戦国海賊伝》, 笠倉出版社, 2015.
Acquaro, Enrico:《The Phoenicians: History and Treasures of An Ancient Civilization》, White Star, 2010.
Albert, Mechthild:《Das französische Mittelalter》, Klett, 2005.
Bagley, Robert:《Ancient Sichuan: Treasures from a Lost Civilization》, Princeton University Press, 2001.
Beck, B. Roger&Black, Linda:《World History: Patterns of Interaction》, Holt McDougal, 2010.
Beck, Rainer(hrsg.):《Das Mittelalter》, C.H.Beck, 1997.
Bernlochner, Ludwig(hrsg.):《Geschichten und Geschehen》, Bd. 1-6. Klett, 2004.
Bonavia, Judy:《The Silk Road》, Odyssey, 2008.
Borst, Otto:《Alltagsleben im Mittelalter》, Insel, 1983.
Bosl, Karl:《Bayerische Geschichte》, Ludwig, 1990.
Brown, Peter:《Die Entstehung des christlichen Europa》, C.H.Beck, 1999.
Bumke, Joachim:《Höfische Kultur》, Bd. 1-2. Dtv, 1986.
Celli, Nicoletta:《Ancient Thailand: History and Treasures of An Ancient Civilization》, White Star, 2010.
Cornell, Jim&Tim:《Atlas of the Roman World》, Checkmark Books, 1982.
Davidson, James West&Stoff, Michael B.:《America: History of Our Nation》, Pearson Prentice Hall, 2006.
de Vries, Jan:《Die Geistige Welt der Germanen》, WBG, 1964.
Dinzelbach, P. (hrsg.):《Sachwörterbuch der Mediävistik》, Kröner, 1992.
Dominici, David:《The Maya: History and Treasures of An Ancient Civilization》, VMB Publishers, 2010.
Duby, Georges:《The Chivalrous Society》, translated by Cynthia Postan, University of California Press, 1980.
Eco, Umberto:《Kunst und Schönheit im Mittelalter》, Dtv, 2000.
Ellis, G. Elisabeth&Esler, Anthony:《World History Survey》, Prentice Hall, 2007.
Fromm, Hermann:《Basiswissen Schule: Geschichte》, Duden, 2011.
Funcken, Liliane&Fred:《Rüstungen und Kriegsgerät im Mittelalter》, Mosaik 1979.
Gibbon, Eduard:《Die Germanen im Römischen Weltreich,》, Phaidon, 2002.
Goody, Jack:《The development of the family and marriage in Europe》, Cambridge University Press, 1988.
Grant, Michael:《Ancient History Atlas》, Macmillan, 1972.
Großbongardt, Anette&Klußmann, Uwe,《Spiegel Geschichte 5/2013: Der Erste Weltkrieg》, Spiegel, 2013.
Heiber, Beatrice(hrsg.):《Erlebte Antike》, Dtv 1996.
Hinckeldey, Ch.(hrsg.):《Justiz in alter Zeit》, Mittelalterliches Kriminalmuseum, 1989
Holt McDougal:《World History》, Holt McDougal, 2010.
Horst, Fuhrmann:《Überall ist Mittelalter》, C.H.Beck, 2003.
Horst, Uwe(hrsg.):《Lernbuch Geschichte: Mittelalter》, Klett, 2010.
Huschenbett, Dietrich&Margetts, John(hrsg.):《Reisen und Welterfahrung in der deutschen Literatur des Mittelalters》, Würzburger Beiträge zur deutschen Philologie. Bd. VII, Königshausen&Neumann, 1991.
Karpeil, Frank&Krull, Kathleen:《My World History》, Pearson Education, 2012.
Kircher, Bertram(hrsg.):《König Aruts und die Tafelrunde》, Albatros, 2007.
Klußmann, Uwe&Mohr, Joachim:《Spiegel Geschichte 5/2014: Die Weimarer Republik》, Spiegel 2014.
Klußmann, Uwe:《Spiegel Geschichte 6/2016: Russland》, Spiegel 2016.

Kölzer, Theo&Schieffer, Rudolf(hrsg.): 《Von der Spätantike zum frühen Mittelalter: Kontinuitäten und Brüche, Konzeptionen und Befunde》, Jan Thorbecke, 2009.
Langosch, Karl: 《Profile des lateinischen Mittelalters》, WBG, 1965.
Lesky, Albin: 《Vom Eros der Hellenen》, Vandenhoeck&Ruprecht, 1976.
Levi, Peter: 《Atlas of the Greek World》, Checkmark Books, 1983.
Märtle, Claudia: 《Die 101 wichtgisten Fragen: Mittelalter》 C.H.Beck, 2013.
McGraw-Hill Education: 《World History: Journey Across Time》, McGraw-Hill Education, 2006.
Mohr, Joachim&Pieper, Dietmar: 《Spiegel Geschichte 6/2010: Die Wikinger》, Spiegel, 2010.
Murphey, Rhoads: 《Ottoman warfare, 1500-1700》, Rutgers University Press, 2001
Orsini, Carolina: 《The Incas: History and Treasures of An Ancient Civilization》, White Star, 2010.
Pieper, Dietmar&Mohr, Joachim: 《Spiegel Geschichte 3/2013: Das deutsche Kaiserreich》, Spiegel 2013.
Pieper, Dietmar&Saltzwedel, Johannes: 《Spiegel Geschichte 4/2011: Der Dreißigjährige Krieg》, Spiegel 2011.
Pieper, Dietmar&Saltzwedel, Johannes: 《Spiegel Geschichte 6/2012: Karl der Große》, Spiegel 2012.
Pötzl, Nobert F.&Traub, Rainer: 《Spiegel Geschichte 1/2013: Das Britische Empire》, Spiegel, 2013.
Pötzl, Nobert F.&Saltzwedel: 《Spiegel Geschichte 4/2012: Die Päpste》, Spiegel, 2012.
Prentice Hall: 《History of Our World》, Pearson/Prentice Hall, 2006.
Rizza, Alfredo: 《The Assyrians and the Babylonians: History and Treasures of An Ancient Civilization》White Star, 2007.
Rösener, Werner: 《Die Bauern in der europäischen Geschichte》, C.H.Beck, 1993.
Schmidt-Wiegand: 《Deutsche Rechtsregeln und Rechtssprichwörter》, C.H.Beck, 2002.
Seibt, Ferdinand: 《Die Begründung Europas》, Fischer, 2004.
Seibt, Ferdinand: 《Glanz und Elend des Mittelalters》, Siedler, 1992.
Simek, Rudolf: 《Erde und Kosmos im Mittelalter》, Bechtermünz, 2000.
Speivogel, J. Jackson: 《Glecoe World History》, McGraw-Hill Education, 2004.
Talbert, Richard: 《Atlas of Classical History》, Routledge, 2002.
Tarling, Nicholas(ed.): 《The Cambridge of History of Southeast Asia》, Vol. 1-4. Cambridge University Press 1999.
Todd, Malcolm: 《Die Germanen》Theiss, 2003.
van Royen, René&van der Vegt, Sunnyva: 《Asterix - Die ganze Wahrheit》, übersetzt von Gudrun Penndorf, C.H.Beck, 2004.
Wehrli, Max: 《Geschichte der deutschen Literatur im Mittelalter》, Reclam, 1997.
Zimmermann, Martin: 《Allgemeine Bildung: Große Persönlichkeiten》, Arena, 2004.

논문

기민석, 〈고대 '의회'와 셈어 mlk〉, 《구약논단》 17, 한국구약학회, 2005, 140-160쪽.
김병준, 〈진한제국의 이민족 지배: 부도위 및 속국도위에 대한 재검토〉, 역사학보 제217집, 2013, 107-153쪽.
김인화, 〈아케메네스조 다리우스 1세의 왕권 이념 형성과 그 표상에 대한 분석〉, 서양고대사연구 38, 2014, 37-72쪽
남종국, 〈12~3세기 이자 대부를 둘러싼 논쟁: 자본주의의 서막인가?〉, 서양사연구 제52집, 2015, 5-38쪽.
박병규, 〈스페인어권 카리브 해의 인종 혼종성과 인종민주주의〉, 이베로아메리카 제8권, 제1호. 93-114쪽.
박병규, 〈카리브 해 지역의 문화담론과 문화모델에 관한 연구〉, 스페인어문학 제42호, 2007, 261-278쪽.
박수철, 〈직전정권의 '무가신격화'와 천황〉, 역사교육 제121집, 2012. 221-252쪽.
손태창, 〈신 아시리아 제국 후기에 있어 대 바빌로니아 정책과 그 문제점: 기원전 745-627〉, 서양고대사연구 38, 2014, 7-35
우석균, 《《포폴 부》와 옥수수〉, 이베로아메리카연구 제8권, 1997, 65-89쪽.
유성환, 〈아마르나 시대 예술에 투영된 시간관〉, 인문과학논총, 제73권 4호, 2016, 403-472쪽.
유성환, 〈외국인에 대한 이집트인들의 두 시선: 고왕국 시대에서 신왕국 시대까지 창작된 이집트 문학작품 속의 외국과 외국인에 대한 묘사를 중심으로〉, 서양고대사연구 제34집, 2013, 33-77쪽.
윤은주, 〈18세기 초 프랑스의 재정위기와 로 체제〉, 프랑스사연구 제16호, 2007, 5-41쪽.
이근명, 〈왕안석 신법의 시행과 대간관〉, 중앙사론 제40집, 2014, 75-103쪽.
이삼현, 〈하무라비 法典 小考〉, 《법학논총》 2, 국민대학교 법학연구소, 1990, 5-49쪽.
이은정, 〈'다종교, 다민족, 다문화'적인 오스만제국의 통치 전략〉, 역사학보 제217집, 2013, 155-184쪽.
이은정, 〈오스만제국 근대 개혁기 군주의 역할: 셸림3세에서 압뒬하미드 2세에 이르기까지〉, 역사학보 제 208집, 2010, 103-133쪽.
이종근, 〈고대 메소포타미아의 수메르 우르-남무 법의 도덕성에 관한 연구〉, 《법학연구》 32, 한국법학회, 2008, 1-21쪽.
이종근, 〈메소포타미아 법사상 연구: 받는 소(Goring Ox)를 중심으로〉, 《신학지평》 16, 안양대학교 신학연구소, 2003, 297-314쪽.
이종근, 〈생명 존중을 위한 메소포타미아 법들이 정의: 우르 남무와 리피트이쉬타르 법들을 중심으로〉, 《구약논단》 15, 한국구약학회, 2003, 261-297쪽.
이종득, 〈멕시코-테노츠티틀란의 성장 과정과 한계: 삼각동맹〉, 라틴아메리카연구 제23권, 3호. 111-160쪽.
이지은, 〈"인도 센서스"와 식민 지식의 구축: 19세기 인도 사회와

정립되지 않은 카스트〉, 역사문화연구 제59집, 2016, 165-196쪽.
정기문, 〈로마 제국 초기 디아스포라 유대인의 팽창원인〉, 전북사학 제48호, 2016, 279-302쪽.
정기문, 〈음식 문화를 통해서 본 세계사〉, 역사교육 제138집, 2016, 225-250쪽.
정재훈, 〈북아시아 유목 군주권의 이념적 기초: 건국 신화의 계통적 분석을 중심으로〉, 동양사학연구 제122집, 2013, 87-133쪽.
정재훈, 〈북아시아 유목민족의 이동과 정착〉, 동양사학연구 제103집, 2008, 87-116쪽.
정혜주, 〈태초에 빛이 있었다: 마야의 천지 창조 신화〉, 이베로아메리카 제7권 2호, 2005, 31-62쪽.
조주연, 〈미학과 역사가 미술사를 만났을 때〉, 《미학》 52, 한국미학회, 2007. 373-425쪽.
최재인, 〈미국 역사교육의 쟁점과 전망: 아프리카계 미국인 역사교육을 중심으로〉, 역사비평 제110호, 2015, 232-257쪽.

인터넷 사이트

네이버 지식백과: terms.naver.com
미국 자율학습 사이트: www.khanacademy.org
미국 필라델피아 독립기념관 역사교육 사이트: www.ushistory.org
영국 브리태니커 백과사전: www.britannica.com
영국 대영도서관 아시아, 아프리카 연구 사이트: britishlibrary.typepad.co.uk/asian-and-african
영국 BBC방송 청소년 역사교육 사이트: www.bbc.co.ukschools/primaryhistory
독일 브록하우스 백과사전: www.brockhaus.de
독일 WDR방송 청소년 지식교양 사이트: www.planet-wissen.de
독일 역사박물관 www.dhm.de
독일 청소년 역사교육 사이트: www.kinderzeitmschine.de
독일 연방기록원 www.bundesarchiv.de
위키피디아: www.wikipedia.org

사진 제공

수록된 사진 중 일부는 노력에도 불구하고 저작권자를 확인하지 못하고 출간하였습니다. 확인되는 대로 최선을 다해 협의하겠습니다. 퍼블릭 도메인은 따로 표기하지 않았습니다.

표지 레닌의 연설 장면 Wikipedia

1교시

모스크바 붉은 광장 AGE Fotostock
성 바실리 대성당 A.Savin
모스크바 신시가지 Shutterstock
테크노폴리스 모스크바 Oleg-THN-PL
반도체를 생산하는 직원들 Oleg-THN-PL
크렘린 궁전 Shutterstock
우스펜스키 대성당 Shutterstock
승리의 날 행사 RIA Novosti archive, image #802356 / Vladimir Rodionov
붉은 광장 Shutterstock
모스크바 예술 극장 A.Savin
볼쇼이 극장 A.Savin
트레티야코프 미술관 Shutterstock
모스크바 지하철 Antares 610
모스크바 국립 대학교 I.s.kopytov
상트페테르부르크 항구 Ingvar-fed
상트페테르부르크 현대차 공장 Russian Government
상트페테르부르크 Shutterstock
페트로파블롭스크 성당 Shutterstock
궁전 광장 Shutterstock
예르미타시 박물관 Fumihiko Ueno
알렉산드르 넵스키 수도원 Shutterstock
도스토옙스키 묘지 Тулип
페테르고프 궁전 Shutterstock
차르의 황제관과 황제봉 Stan Shebs
피 흘리신 구세주 교회 NoPlayerUfa
민스크 Shutterstock
나르바 개선문 Florstein
시위대를 막는 근위대 Bundesarchiv, Bild 183-S01260
연설하는 레닌 Planetzerocolor
판초 비야와 에밀리아노 사파타 Grimaldydj14
스몰니 학원 Andrew Shiva / Wikipedia / CC BY-SA 4.0
우크라이나 도네츠크의 공장 Andrew Butko
크렘린궁 Рустам Абдрахимов
울리야놉스크 레닌 생가 Oblam
레닌 무덤 내외부 Ю.Л. Шабельников, Ю.И. Фесенко / Russia-2007-Moscow-Kremlin Senate at night.jpg
베트남 하노이 레닌 동상 globalquiz.org
미국 뉴욕의 레닌 동상 Getty Images/게티이미지코리아

2교시

무스타파 케말 추모 묘 Alamy
암리차르 시 학살 추모비 Bijay chaurasia
황푸 군관 학교 Rolfmueller
인도네시아 이슬람 연합 모임 Tropenmuseum, part of the National Museum of World Cultures
슈웨이크 항구 Getty Images/게티이미지코리아
수도 쿠웨이트 Shutterstock
애비뉴 몰 EnGxBaDeR
쿠웨이트 오페라 하우스 Alamy
쿠웨이트 교통 체증 연합뉴스
수도 마나마 Shutterstock
마나마의 호텔들 Alamy
바레인 인터내셔널 서킷 Derek Morrison from Kuwait, Kuwait
바레인 DVD 대여점 Getty Images/게티이미지코리아
킹 파드 코스웨이 Shutterstock
페트라 Shutterstock
베타니 예수 세례터 Shutterstock
느보산 Shutterstock
수도 암만 Shutterstock
암만의 의료 센터 연합뉴스
사해 진흙 Shutterstock
사해 수영 Shutterstock
팔레스타인 난민 수용소 연합뉴스
월터 로스차일드 Helgen KM, Portela Miguez R, Kohen J, Helgen L
리야드 Ville Hyvönen
사우디아라비아의 정유 공장 Shutterstock
이즈미르 Shutterstock
앙카라 Peretz Partensky from San Francisco, USA
무스타파 케말을 추도하는 튀르키예 사람들 Getty Images/게티이미지코리아
암리차르 시 학살 기념 벽 Dr Graham Beards
청년 불교신자협회 우 옥뜨마 스님 연합뉴스
아웅 산 mohigan
아르메니아인 Eldhorajan92
아르메니아 학살 추모관 Armineaghayan
쿠르드인 무장 조직 대원들 Kurdishstruggle
튀르키예 쿠르드인 시위 연합뉴스

3교시

뉴욕 증권 거래소 토픽이미지스
1914년 포드 자동차 SnapMeUp
돌진하는 황소 PFHLai
후버 댐 Pamela McCreight from Florida, USA
루르 공장 Rainer Halama
로카르노 회담 Bundesarchiv, Bild 183-R03618
뉴욕 Shutterstock
페리 InSapphoWeTrust
자유의 여신상 Shutterstock

국제 연합 본부 Shutterstock
뉴욕타임스 본사 Nightscream
뉴욕타임스 김형수
월스트리트 표지판 Shutterstock
타임스 스퀘어 Terabass
센트럴 파크 Shutterstock
센트럴 파크 여름 Noralanning at English Wikipedia
센트럴 파크 겨울 Tomás Fano
로우메모리얼 도서관 Ad Meskens
메트로폴리탄 박물관 Sracer357
링컨 센터 Robert Mintzes
뉴욕 현대 미술관 Alsandro
뉴욕 양키스 모자 Ulrich Waack
뉴욕 양키스 홈 구장 Matt Boulton
뉴욕 마라톤 대회 Metropolitan Transportation Authority of the State of New York
세리스 이스라엘 시나고그 Gryffindor
산 제나로 축제 연합뉴스
뉴욕의 할랄 푸드 트럭 Alamy
베이글 Shutterstock
바이마르 국립 극장 SchiDD
카프 쿠데타 Bundesarchiv, Bild 146-1970-051-65 / H. Otto
독일 비행선 Bundesarchiv, Bild 102-05517
루르 지방 점령 항의 시위 Bundesarchiv, Bild 102-00121
미국의 재정 지원 Bundesarchiv, Bild 102-00924
독일에서 철수하는 프랑스군 Bundesarchiv, Bild 102-10036
엠파이어스테이트 빌딩 Sam Valadi
워싱턴 D.C의 연방 준비 제도 본부 AgnosticPreachersKid
시민 보호 기구의 텐트촌 vastateparksstaff
프랭클린 루스벨트 FDR Presidential Library & Museum
빅스비 크릭 브리지와 해안 도로 Diliff
냉장고 Magi Media
《위대한 개츠비》 표지 http://www.beautifulbookcovers.com/wp-content/uploads/2013/01/gatsby-original-cover-art
오헤카성 OhekaCastle
2013년 영화 〈위대한 개츠비〉 한 장면 Alamy

4교시

독일 베를린 국회 의사당 Alamy
아우토반 기공식의 히틀러 Bundesarchiv, Bild 183-R27373
뮌헨 오데온 광장 Rafael Fernandes de Oliveira
아돌프 히틀러 Phot-colorization
베를린 구도심 Getty Images/게티이미지코리아
브란덴부르크 문 SteffiS
이스트사이드 갤러리 Tony Webster from Portland, Oregon, United States
베를린 영화제 Martin Kraft
포츠담 광장 Avda / www.avda-foto.de
페르가몬 박물관 Raimond Spekking
베를린 훔볼트 대학교 H.Helmlechner
팩토리 베를린 Ansgar Koreng / CC BY-SA 3.0 (DE)
지멘스 본사 Martin Falbisoner
뮌헨 올림픽 공원 Shutterstock
뮌헨 Shutterstock
BMW 자동차 M 93
뮌헨 레지덴츠 내부 Allie_Caulfield from Germany
님펜부르크 궁전 Shutterstock
바이에른 국립 오페라하우스 Shutterstock
마리아 광장 Shutterstock
시청사 시계 Giljae Lee
마리아 탑 Shutterstock
옥토버 페스트 Shutterstock
호프브로이 하우스 Sergey Ashmarin
맥주 Bbb at wikivoyage shared
알리안츠 아레나 Richard Bartz, Munich aka Makro Freak
오늘날 피우메 Antonio199cro
연설하는 무솔리니 Bundesarchiv, Bild 102-09844
국가파시스트당 청년 모임 Bundesarchiv, Bild 102-12292
가짜 뉴스 CDU
나치식 경례 Bundesarchiv, Bild 146-1982-159-22A
히틀러의 뮌헨 반란 Bundesarchiv, Bild 119-1486
대공황 시기 무료 배식 받는 독일인들 Bundesarchiv, Bild 183-T0706-501
독일 의회에서 연설하는 히틀러 Bundesarchiv, Bild 183-1987-0703-507 / unbekannt
나치당 선거 포스터 든 사람들 Bundesarchiv, Bild 102-03497A
나치 돌격대의 복장 Malchen53
베를린을 행진하는 나치 돌격대 Bundesarchiv, Bild 102-03110A
총리로 임명된 히틀러 Ruffneck88
현재 독일 국회 의사당 Avda / www.avda-foto.de
영국 파시스트 연합 Alamy
폰티네 평야 Hengist Decius
독일 고속도로 아우토반 Vladislav Bezrukov
아우토반 건설 노동자 숙소 Bundesarchiv, Bild 146-1984-075-18
독일 신형 탱크 AP Images
히틀러 청소년단 Bundesarchiv, Bild 146-1976-008-05
베를린 올림픽 경기장 Bundesarchiv, Bild 183-R82532
1936년 베를린 올림픽 성화 봉송 Getty Images/게티이미지코리아
유대인 상점에 경고장 붙이는 나치 돌격대원 Bundesarchiv, Bild 102-11100 / Georg Pahl
반유대주의 포스터 Wolfgang Sauber
파괴된 유대인 상점 Bundesarchiv, Bild 146-1970-083-42
타슈켄트 시장의 고려인 뉴스뱅크
러시아 볼고그라드의 산업 단지 Shutterstock
드네프르강 수력 발전소 Shutterstock
마그니토고르스크 Shutterstock
연설 연습 중인 히틀러 Bundesarchiv, Bild 102-10460 / Hoffmann, Heinrich
요제프 괴벨스 Bundesarchiv, Bild 102-17049 / Georg Pahl
〈의지의 승리〉 촬영 현장 Bundesarchiv, Bild 152-42-31
〈의지의 승리〉 한 장면 Bundesarchiv, Bild 102-04062A
〈의지의 승리〉 영화 포스터 http://www.moviegoods.com/Assets/product_images/1020/198741.1020.A
국제 여단의 어니스트 헤밍웨이 Bundesarchiv, Bild 183-84600-0001 / Unknown
독일 콘도르 군단의 신형 폭격기 Bundesarchiv, Bild 183-C0214-0007-013
전몰자의 계곡 Jorge Díaz Bes
피카소의 게르니카 Papamanila

퀴즈 정답

1교시

1. ③
2. 피의 일요일
3. ㉠-㉢-㉡-㉣
4. 레닌
5. ④
6. ③

2교시

1. 영국
2. ①
3. ②
4. ①-㉡, ②-㉠, ③-㉢
5. Ⓐ 장제스, Ⓑ 국공합작

3교시

1. ①
2. O, O, X, O
3. ④
4. 헨리 포드
5. ②
6. 뉴딜

4교시

1. 무솔리니
2. ④
3. ③
4. ①
5. X, O, X, X

일러두기

- 맞춤법과 띄어쓰기는 국립국어원에서 펴낸 《표준국어대사전》을 따랐습니다.
- 역사 용어와 띄어쓰기는 《교과서 편수자료》의 표기 원칙을 따랐습니다.
  단, 학계의 일반적인 표기와 다른 경우 감수자의 자문을 거쳐 학계의 표기를 따랐습니다.
- 중국의 지명은 현재까지 남아 있는 지명은 중국어 발음, 남아 있지 않은 지명은 한자음을 따랐습니다.
- 중국의 인명은 변법자강 운동을 기준으로 그 이전은 한자음, 그 이후는 중국어 발음을 따라하는 것을 원칙으로 했습니다.
- 일본의 지명과 인명은 일본어 발음을 따랐습니다.

- 이 책에 실린 사진은 북앤포토를 통해 저작권자로부터 사용허가를 받았습니다.
- 일부 사진은 wikipedia commons public domain에 게재되어 있습니다.
- 저작권자와 접촉이 되지 않는 등 불가피한 사정으로 사용 허가를 받지 못한 사진에 대해서는
  저작권자의 허락을 구하는 대로 게재 허락을 받고 사용료를 지불하겠습니다.
- 이 책에 실려 있는 지도와 그림의 저작권은 별도의 표기가 없는 한 (주)사회평론에 있습니다.

교양으로 읽는 용선생 세계사 ⑬ 두 세계 대전 사이의 세계 ― 러시아 혁명, 경제 대공황, 전체주의의 등장

전면 개정판 1쇄 발행   2025년 7월 23일

글	차윤석, 김선빈, 박병익, 김선혜
그림	이우일, 박기종
지도	김경진
구성	장유영, 정지윤
자문 및 감수	강영순, 박병규, 박상수, 이은정, 이지은, 최재인
교과 과정 감수	박혜정, 한유라, 원지혜
어린이사업본부	이승필
편집	송용운, 김언진, 윤선아
마케팅	윤영채, 정하연, 안은지, 박찬수, 염승연
경영지원	나연희, 주광근, 오민정, 정민희, 김수아, 김승현
디자인	이수경
본문디자인	박효영, d.purple
사진	북앤포토
영상 제작	(주)트립클립
펴낸이	윤철호
펴낸곳	(주)사회평론
전화	02-326-1182
팩스	02-326-1626
주소	03993 서울시 마포구 월드컵북로6길 56 사평빌딩
용선생 클래스	yongclass.com
출판등록	1993년 10월 6일 제 10-876호

ⓒ사회평론, 2018

ISBN 979-11-6273-372-1 73900

- 이 책 내용의 일부나 전부를 다시 사용하려면 저작권자와 사회평론의 동의를 받아야 합니다.
- 잘못 만들어진 책은 구입하신 곳에서 바꾸어 드립니다.

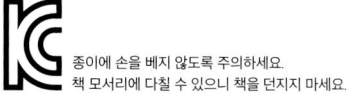

종이에 손을 베지 않도록 주의하세요.
책 모서리에 다칠 수 있으니 책을 던지지 마세요.

이 책을 만드는 데 강의, 자문, 감수하신 분

강영순(한국외국어대학교 강사)
아세아연합신학대학교 아세아학과를 졸업하고 한국외국어대학교 대학원 아시아학과에서 석사 학위를, 국립 인도네시아대학교에서 박사 학위를 받았습니다. 현재 한국외국어대학교 말레이·인도네시아어통번역 학과에서 강의를 하고 있습니다. 〈인도네시아 환경정치에 대한 연구: 열대림을 중심으로〉, 〈수까르노와 이승만: 제2차 세계 대전 후 건국 지도자 비교〉, 〈인도네시아 서 파푸아 특별자치제에 관한 연구〉 등의 논문을 지었습니다.

김광수(한국외국어대학교 HK교수)
한국외국어대학교를 졸업하고 남아프리카 공화국 노스-웨스트대학교 역사학과에서 석사·박사 학위를 받았습니다. 현재 한국외국어대학교 아프리카연구소 HK교수로 재직 중입니다. 지은 책으로 《스와힐리어 연구》, 《에티오피아 악숨 문명》 등이 있고, 함께 지은 책으로 《7인 7색 아프리카》, 《남아프리카사》 등이 있으며 《현대 아프리카의 이해》를 우리말로 옮겼습니다.

김병준(서울대학교 교수)
서울대학교 동양사학과를 졸업하고 같은 학교 대학원에서 석사·박사 학위를 받았습니다. 현재 서울대학교 역사학부 교수로 재직 중입니다. 《순간과 영원: 중국고대의 미술과 건축》, 《고사변 자서》 등을 우리말로 옮겼고, 《중국고대 지역문화와 군현지배》 등을 지었습니다. 함께 지은 책으로 《사료로 보는 아시아사》, 《역사학의 성과와 역사교육의 방향》, 《동아시아의 문화교류와 소통》 등이 있습니다.

남종국(이화여자대학교 교수)
서울대학교 서양사학과를 졸업하고 같은 학교 대학원에서 석사 학위를, 프랑스 파리1대학에서 박사 학위를 받았습니다. 현재 이화여대 사학과 교수로 재직하고 있습니다. 지은 책으로 《이탈리아 상인의 위대한 도전》, 《지중해 교역은 유럽을 어떻게 바꾸었을까?》, 《세계사 뛰어넘기》 등이 있으며 《프라토의 중세 상인》을 우리말로 옮겼습니다.

박병규(서울대학교 HK교수)
고려대학교 서어서문학과를 졸업하고 멕시코 국립대학(UNAM)에서 문학 박사 학위를 받았습니다. 현재는 서울대 라틴아메리카연구소 HK교수로 재직 중입니다. 《불의 기억》, 《파블로 네루다 자서전 - 사랑하고 노래하고 투쟁하다》, 《1492년, 타자의 은폐》 등을 우리 말로 옮겼습니다.

박상수(고려대학교 교수)
고려대학교 사학과를 졸업하고 같은 학교 대학원에서 석사학위와 박사과정 수료를, 프랑스 국립 사회과학고등연구원에서 박사 학위를 받았습니다. 현재 고려대학교 사학과 교수로 재직하고 있습니다. 지은 책으로 《중국혁명과 비밀결사》 등이 있고, 함께 지은 책으로는 《동아시아, 인식과 역사적 실재: 전시기(戰時期)에 대한 조명》 등이 있습니다. 《중국현대사 - 공산당, 국가, 사회의 격동》을 우리말로 옮겼습니다.

박수철(서울대학교 교수)
서울대학교 역사교육과를 졸업하고 같은 대학 대학원 동양사학과에서 석사를, 일본 교토대에서 박사 학위를 받았습니다. 현재는 서울대학교 역사학부 교수로 재직 중입니다. 지은 책으로는 《오다·도요토미 정권의 사사지배와 천황》이 있으며, 함께 지은 책으로는 《아틀라스 일본사》, 《사료로 보는 아시아사》, 《일본사의 변혁기를 본다》 등이 있습니다.

성춘택(경희대학교 교수)
서울대학교 고고미술사학과와 대학원에서 고고학을 전공했으며, 워싱턴대학교 인류학과에서 고고학으로 석사와 박사 학위를 받았습니다. 현재 경희대학교 사학과 교수로 재직 중입니다. 《석기고고학》이란 책을 쓰고, 《고고학사》, 《다윈 진화고고학》, 《인류학과 고고학》 등을 우리말로 옮겼습니다.

유성환(서울대학교 강사)
부산대학교 영문학과를 졸업하고 미국 브라운대학교에서 박사 학위를 받았습니다. 현재 서울대 아시아언어문명학부에서 강의를 하고 있습니다. 〈이히, 시스트럼 연주자 - 이히를 통해 본 어린이 신 패턴〉과 〈외국인에 대한 이집트인들의 두 시선〉 등의 논문을 지었습니다.

윤은주(국민대학교 강의 전담 교수)
서울대학교 서양사학과를 졸업하고 프랑스 사회과학고등연구원에서 박사 학위를 받았습니다. 현재 국민대학교 교양대학 강의 전담 교원으로 일하고 있습니다. 《넬슨 만델라 평전》을 우리말로 옮겼으며 《히스토리》의 4~5장과 유럽 국가들의 연표를 우리말로 옮겼습니다.

이근명(한국외국어대학교 교수)
서울대학교 동양사학과를 졸업하고 같은 학교 대학원에서 석사·박사 학위를 받았습니다. 현재 한국외국어대학교 사학과 교수로 재직하고 있습니다. 지은 책으로는 《남송 시대 복건 사회의 변화와 식량 수급》, 《아틀라스 중국사(공저)》, 《동북아 중세의 한족과 북방민족》 등이 있고, 《중국역사》, 《중국의 시험지옥 - 과거》, 《송사 외국전 역주》 등을 우리말로 옮겼습니다.

이은정(서울대학교 강사)
한국외국어대학교 터키어과를 졸업하고 터키 국립 앙카라 대학교 역사학과에서 석사 학위를, 서울대학교 서양사학과에서 박사 학위를 받았습니다. 현재는 서울대학교 등에서 강의를 하고 있습니다. 〈16-17세기 오스만 황실 여성의 사회적 위상과 공적 역할 - 오스만 황태후의 역할을 중심으로〉와 〈'다종교·다민족·다문화'적인 오스만 제국의 통치전략〉 등의 논문을 지었습니다.

이지은(한국외국어대학교 전임연구원)
이화여대 사학과를 졸업하고 한국외국어대학교와 인도 델리대학교, 네루대학교에서 석사·박사 학위를 받았습니다. 현재 한국외국어대학교 인도연구소 전임연구원으로 일하고 있습니다. 함께 지은 책으로는 《탈서구중심주의는 가능한가》가 있으며 〈인도 식민지 시기와 국가형성기 하층카스트 엘리트의 저항 담론 형성과 역사인식〉, 〈반서구중심주의에서 원리주의까지〉 등의 논문을 지었습니다.

정기문(군산대학교 교수)
서울대학교 역사교육과를 졸업하고 같은 학교 대학원에서 석사·박사 학위를 받았습니다. 현재 군산대학교 사학과 교수로 재직하고 있습니다. 지은 책으로는 《한국인을 위한 서양사》, 《내 딸을 위한 여성사》, 《역사란 무엇인가》 등이 있고, 《역사, 시민이 묻고 역사가가 답하고 저널리스트가 논하다》, 《고대 로마인의 생각과 힘》, 《지식의 재발견》 등을 우리말로 옮겼습니다.

정재훈(경상대학교 교수)
서울대학교 동양사학과를 졸업하고 같은 학교 대학원에서 석사·박사 학위를 받았습니다. 현재 경상대학교 사학과 교수로 재직 중입니다. 지은 책으로는 《돌궐 유목국가사》, 《위구르 유목 제국사(744~840)》 등이 있고 《유라시아 유목제국사》, 《사료로 보는 아시아사》 등을 우리말로 옮겼습니다.

최재인(서울대학교 강사)
서울대학교 서양사학과를 졸업하고 같은 학교 대학원에서 석사·박사 학위를 받았습니다. 현재 서울대학교 강사로 일하고 있습니다. 함께 지은 책으로 《서양여성들 근대를 달리다》, 《여성의 삶과 문화》, 《다민족 다인종 국가의 역사인식》, 《동서양 역사 속의 다문화적 전개양상》 등이 있고, 《가부장제와 자본주의》, 《유럽의 자본주의》, 《세계사 공부의 기초》 등을 우리말로 옮겼습니다.